최성묵 평전

최성묵 평전

—부산 민주화운동의 거목

—차성환 지음

산지니

아! 최성묵 목사님

송기인 신부 (부산민주항쟁기념사업회 명예이사장)

세월이 유수와 같다더니 최 목사님 가신 지 벌써 22년 세월이 흘렀다.

돌이켜 보면 최성묵 목사님은 어두운 시대를 살다 간 뜨거운 가슴의 목회자였다. 군인들이 총으로 권력을 빼앗고 국민을 위협하던 공포의 시대에 두려움을 떨치고 정면으로 맞선 분이었다. 그러면서도 유머를 잃지 않고 무엇에도 속박되지 않은 자유인으로 살아가신 분이었다.

최 목사님은 생전에 민주정부가 세워지는 것을 보지 못하셨다. 3당 합당으로 거대여당이 등장하여 또다시 민주화의 전도가 암담해 보이는 때에 그 상황을 돌파하기 위해 어려운 길을 걷다가 가셨다. 그러나 우리 국민들은 그 상황을 반전시키고 민주정부를 만들어내었다. 하지만 우리의 노력이 부족한 탓에 또다시 과거로 회귀하는 듯한 상황을 맞고 있다. 최 목사님이 계셨으면 어땠을까 하는 생각을 해본다.

어쨌든 지금 우리가 맞닥뜨린 현실은 우리가 풀어야 할 몫이다. 다만 최 목사님께 배워야 할 것은 절망적인 상황 속에서도 희망을 잃지 않고, 낙관을 잃지 않는 일이다. 하느님을 믿고 주어진 길에서 최선을 다하는 삶이다.

나는 최 목사님도 대단하셨지만 사모님이나 가족들이 대단하다고
생각한다. 그렇게 온갖 궂은일을 다하셔도 묵묵히 믿고 뒷바라지해
준 가족들의 힘이 있었기에 최 목사님이 자유인으로, 투사로 살 수 있
었을 것이다.

다시 봄이 오는 길목에서 최 목사님처럼 우리도 희망을 잃지 말고
긴 역사를 생각하면서 마음을 가다듬어야겠다.

아! 최성묵 목사님이여!

이 세상은 산 사람들에게 맡기고 부디 편히 쉬시라.

하느님의 영원한 은총 속에서.

'최성묵 목사님 평전' 출판에 즈음하여

차선각 목사(한국YMCA 전국연맹 증경 이사장)

'최성묵 목사님 평전'을 22주기를 맞이하여, 뒤늦게나마 출간하게 됨을 기쁘게 생각합니다.

역사 한복판에서 그리스도의 증언자로 살다간 어른들이 많건만, 고작 회고록을 접해야 그분의 삶을 조명할 수 있는데, 이는 극히 본인의 고백에 의존하기 마련인지라 객관적인 평가와 잠복해 있는 그분의 인생철학, 실천적인 삶의 깊이를 꿰뚫기에는 매우 부족합니다.

그런 의미에서 최성묵 목사님과 함께 고락을 나누었던 동지들의 증언이야말로 최 목사님을 객관적으로 관측해내는 데 큰 도움이 되리라고 사료됩니다.

정사(正史)와 야사(野史)를 통해서 최 목사님이 그렇게도 갈망했던 정의로운 사회, 억압받지 않는 평화공동체 실현을 꿈꾸어오신 열정과 신념과 용기를 엿볼 수 있어 얼마나 기쁜지 모르겠습니다.

최성묵 목사님은 세례 요한처럼, 본 회퍼 목사처럼, 엘살바도르의 로메로 주교처럼, 불의의 현장을 외면하지 못하고 두 눈 부릅뜨고 고함치셨으며, 청소년 운동을 통해서는 분별력과 통찰력으로 역사의 흐름을 바로잡아주셨고, 목회자로서는 선지자 또는 예언자의 사명을 감당해왔던 당대의 아모스였습니다.

최 목사님은 폭력과 거짓으로 백성을 겁먹게 하는 그 어떤 세력 앞에서도 무릎 꿇지 않았던 참 목자(牧者)요, 스승이셨습니다.

　행여나 우둔한 후진들이 그를 잊어서는 아니 되겠다는 명제(命題) 앞에서 정성껏 기록으로 남겨 역사(歷史)의 교훈(敎訓)으로 보존케 됨을 기뻐하지 않을 수 없습니다.

　'나를 본받으라'는 최 목사님의 외침이 이기적인 사고, 편견과 아집, 독선과 위선에서 탈출할 수 있는 깨우침을 주실 것을 내다보며, 출간을 위해서 전국을 누비며 수고한 집필자 차성환 선생을 비롯한 편집위원과 후원자 모두에게 감사와 찬사를 보냅니다.

거룩한 침묵의 바보 사도, 최성묵 목사님

김성재 목사(연세대 석좌교수)

존경하고 사랑하는 목사님.

목사님께서 하나님 품에 가신 지 어느덧 22년이 되어, 그리운 목사님을 다시 생각하며 추모집을 펴냈습니다.

최근 1982년 부산 부림사건을 재조명하며 故 노무현 대통령이 변호사로 활약한 〈변호인〉이라는 영화가 온 국민의 마음에 진한 감동을 주고 있습니다.

그런데 비교의 관점에서가 아니라 그 당시 목사님은 부산민주화운동을 품에 안은 큰 어른 목사님이셨고, 이 사건보다 더 큰 감동을 준 목사님의 삶이 우리 속에 생생히 살아 있는데, 왜 우리는 〈목사님〉이란 영화를 못 만들어 내었을까요?

그래서 목사님은 역설적으로 바보 노무현보다 더 바보, 살아 있을 때도 소천해서도 바보가 되었군요.

목사님은 일찍이 서울대 수학과를 졸업한 수재였는데, 수학자의 길을 계속가지 않고 돌연히 소명의 깨달음에서 한국신학대학과 연세대 연합신학대학원에서 신학을 공부하셨지요. 그리고 유학을 가서 훌륭한 신학자가 될 수도 있었고, 보다 일찍 목사가 될 수도 있었는데, 목사님은 SCM 기독학생운동에 헌신해서 목사안수도 뒤늦게 받았지요.

복음서를 보면 예수님은 자기 계획에 따라 사람을 선택해서 만나고 준비된 복음을 전한 것이 아니라 예수님을 필요로 하고 다가온 사람들, 아이들이든, 거리의 여인이든, 빈자들이든, 병자들이든, 죄인들이든 가리지 않고 그들에게 자신을 전적으로 내어주었지요. 그것이 바로 복음이었지요. 그래서 잘난 유대인들 눈에 비친 예수님은 거리낌이고 어리석은 바보였습니다.

목사님이 그랬습니다. 자신의 미래 계획이나 조건에 매이지 않고 오직 예수님의 부름에 응답했지요. 귀천과 노소를 불문하고 자신에게 오는 누구든 맞아주고 품어 안았지요. 자신의 생활도 어려운데, 어려운 사람들 보면 있는 대로 도와주고, 학생들 장학금도 주고, 학생운동 자금도 지원해주고, 민주화운동하는 학생과 노동자들에게 밥과 술도 사주었지요. 심지어 겨우 마련한 집까지도 내어주었지요. 그래서 가족의 고통은 이루 말할 수 없었지요.

이렇게 목사님은 참으로 누구보다 깊은 신앙의 삶, 오직 예수님만 따르는 삶을 살았지만 교회제도나 교리의 형식에 매이지 않는 영적 자유함이 있었기 때문에 술과 담배를 한 것이 교리를 범한 죄가 되어 제도교회로부터 비난받았지요. 그러나 교회제도 밖에서 목사님은 성자였습니다. 온갖 비난에 대해서 침묵하는 거룩한 바보였지요. 반면에 목사님은 민주주의, 인권, 정의, 평화를 위해서는 침묵을 깨고 온몸으로 포효했지요.

예수님도 유대인들로부터 '먹보와 술꾼'이라고 비난당했지요. 유대인들은 예수님을 하나님의 아들 그리스도라고 인정하지 않았습니다. 도리어 하나님을 모독했다고 십자가 처형을 했습니다. 그러나 유대인들로부터 버림받고 죄인 취급받은 빈자, 천민, 창녀, 병자들은 예수님을 하나님의 아들 그리스도라고 고백하고 따랐습니다.

따라서 오늘 우리가 예수님을 그리스도라고 고백하는 참된 신앙을 가졌다면 우리의 삶의 자리, 우리의 친구는 바로 이들이어야 하는데 우리는, 한국교회는 유대인의 자리에서, 유대인 행세를 하고 싶어 하지요. 그래서 한국그리스도인들이, 한국교회가 사회로부터 버림받고, 비난받고 있습니다.

이렇게 되고 보니 그동안 수많은 사람들이 희생과 고통으로 일구어온 민주주의 인권, 평화통일이 다시 유신 후예세력에게 짓밟히고 있는데도 한국교회와 그리스도인들은 침묵하고, 아니 심지어 드러내놓고 크게 외치고 찬양하는 현실이 되었습니다. 목사님이 이 현실을 보며 얼마나 통탄하실까요.

그러나 목사님!

우리가 목사님을 잊지 않고 조촐하지만 이렇게 추모집을 펴내는 것은 단지 목사님을 추모하는 데 그치지 않고 목사님의 삶과 뜻을 이어가려는 다짐이기에 목사님, 하나님 품에서 희망 속에 우리를 위해 기도해주십시오.

마침 지금은 예수님의 고난을 따르는 사순절 기간입니다. 예수님이 지신 십자가의 고난은 빈자와 천민과 죄인, 곧 민중들을 사랑한 결과이기에, 우리도 예수님의 고난을 종교적 의미로만 말하지 않고 오늘 우리의 현실에서 예수님이 사랑했던 그 사람들, 민중들을 사랑하는 고난의 길을 가려고 합니다. 예수님의 고난의 길이 부활의 새 역사가 되었듯이 우리도 민중들과 함께하는 사랑의 고난을 통해 부활의 새 역사를 성령의 도우심으로 일구어 가렵니다.

목사님과 우리가 성령 안에서 교통하며 부활의 그날에 함께하기를 기도드립니다.

목 차

제1장

흥해의 격랑 속에서

제2장

하느님과의 약속을 지키기 위해

제3장   십자가를 지고 민주화의 길로

제4장

부산의 우람한 봉우리 되어

말씀은 몸을 통해서만 말한다.
그러나 파라독스는 몸이 부서져야만 말씀이 산다는 것이다.
그래서 말씀은 몸을 부수면서 다른 몸으로 옮겨가는 것이다.
이 잔인한 리듬이 현존(現存)의 역사다.
―오재식

프롤로그

1979년 10월 26일, 부마항쟁이 계엄군의 총칼로 진압된 지 7일째 되던 날, 계엄사령부 합동수사본부가 사용하고 있는 부산시 중구 영주동의 보안사 건물 밀실에는 중년의 한 사나이가 책상 앞에 놓인 철제 의자에 앉아 있었다. 책상의 주인은 자리에 없었다. 밤중임에도 실내에는 밝은 형광등이 하얗게 빛나고 있었고, 온통 시뻘건 색깔로 칠해진 사방의 벽은 섬뜩한 기운을 내뿜고 있었다. 그 사나이와 멀찍이 떨어진 입구에는 이제 막 교대한 병사 한 명이 역시 철제 의자에 앉아 몽둥이 하나를 손에 들고 무표정한 얼굴로 사나이 쪽을 바라보고 있었다. 사나이는 금방이라도 쓰러질 듯한 상태였다. 며칠간이나 잠을 못 잤는지 두 눈은 새빨갛게 충혈되어 있었고 눈꺼풀이 천근만근처럼 무거워 거의 반쯤 감겨 있었다. 눈동자도 초점을 잃고 있었다. 얼굴도 부어서 푸석푸석했고 창백한 모습이었다. 두 다리는 퉁퉁 부어올라 겉으로 보기에도 위태로워보였다. 병사는 그런 사나이를 한동안 바라보다가 의자에서 일어나 가까이 다가갔다. 사나이는 거의 반수면 상태에 빠진 듯했다. 병사는 손에 든 몽둥이로 사나이 앞에 있는 책상의 모서리를 세차게 내리쳤다. 쿵하는 둔탁한 소리에 사나이는 순간 놀란 듯, 꿈틀하는 표정이 얼굴에 스쳤다. 사나이는 힘겹게 눈을 떠 병사를 잠시 쳐다보는 듯하더니 이내 눈꺼풀이 다시 아래로 처졌다. 철제 의자 아래로 굴러 떨어지지 않고 버티고 있는 것이 신기할 정도로 온몸은 균형을 잃고 있었다. 사나이의 의식은 가물가물 현실과 꿈결 사이를 헤매고 있었다. 그리고 마음속으로 하느님께 간절한 기도를 계속했다. 아니 기도라기보다 차라리 하느님과의 대화라고 해야 할지도 몰랐다. 그런 마음속의 대화라도 하지 않으면 그의 심신은 금방이라도 허물어져버릴 것 같았다.

　전능하신 하느님 아버지, 제게 이 고통을 이겨나갈 용기와 지혜를 주소서. 저는 지금 며칠간이나 밤을 새웠는지 모르겠습니다. 저를 심문하는 자들은 제게 올가미를 씌워 죽이려 하고 있습니다. 바라옵건대 제게 이 죽음의 올가미를 거두어주소서. 하지만 제 뜻대로 하지 마시고 하느님 아버지의 뜻대로 하옵소서.

겟세마네 동산에서 예수가 올렸던 기도가 마치 자신의 것인 양 마음 속에서 절로 기도가 흘러나왔다. 로마군에게 체포되기 직전의 예수의 심정이 실감되었다.

이 사나이가 바로 부산 중부교회 목사 최성묵이었다. 부마항쟁이 해일처럼 부산과 마산을 휩쓸고 지나간 후 점령군처럼 들이닥친 계엄군은 보복에 굶주린 듯 시민들을 짓이겨대었다. 그리고 최성묵을 비롯한 부산의 재야인사들은 일시에 체포되어 밀실에 구금되었고 부마항쟁의 배후조종 혐의로 수사를 받았다. 그건 수사라기보다 미리 짜여진 각본에 따라 만들어진 한편의 희비극(喜悲劇)이었다. 하지만 그 희비극에 등장하는 인물들에게는 가혹한 운명이 예정되어 있었다.

최성묵은 이 건물에 들어서는 순간부터 그런 운명을 예감했고, 수사관이라는 자들을 대면하면서 그런 예감은 확신으로 굳어져갔다.

더구나 그는 그 희비극의 주연배우 역할을 하게 되어 있었다. 수사관들이 제시한 도표에 의하면 제일 위에 김일성이 있고 그 바로 아래쪽에 최성묵의 이름이 있었다. 수사관들에 의하면 부산과 마산에서 일어났던 시위는 거의 내란이었고 그는 내란의 수괴가 되어야 했다. 국가보안법상 내란의 수괴는 사형에 처하도록 되어 있었다. 그에게는 독배를 마셔야 할 운명이 배정되어 있었던 것이다.

하지만 최성묵에게 더 괴로웠던 것은 함께 끌려간 다른 사람들, 특히 청년들이 받는 고통이었다. 목사라는 신분 때문에 최성묵에게는 함부로 고문을 가하지 않았지만 청년들에게는 수시로 폭력과 고문을 행사했다. 고통을 이기지 못한 비명소리, 울음소리가 최성묵의 귀에도 똑똑히 들려왔다. 그때마다 최성묵은 수사관에게 자신이 모든 죄를 다 뒤집어써도 좋으니 제발 청년들에 대한 고문은 멈추어달라고 호소했다. 그렇게 할 수만 있으면 자신은 어떤 혐의라도 인정하고 기꺼이 처벌을 받을 생각이었다. 자신을 내란의 수괴로 만들려는 권력의 흉계도 힘들었지만 그보다는 당장 청년들이 당하는 아픔이 더 견디기 힘들었다. 하지만 수사관들은 최성묵의 호소를 묵살했고 그의 고통은 점점 더 견딜 수 없을 만큼 심해졌다.

수사가 진행될수록 최성묵은 박정희 유신정권이 자신을 부마항쟁의 희생양으로 지목했음을 확신할 수 있었다. 그리고 불과 4년 전, 형장의 이슬로 사라진 인혁당 사건 관련자 여덟 사람의 죽음을 떠올렸다. 그들은 국가 전복을 도모했다는 혐의로 가혹한 고문에 시달렸고 형식적인 재판을 거쳐 사형이 확정된 후 불과 18시간 만에 형이 집행되었다. 이처럼 포학한 권력이었으므로 그의 운명은 풍전등화와 같았다. 최성묵은 겟세마네 동산의 예수처럼 자신의 운명을 하느님 앞에 간구할 수밖에 없었다.

　　전능하신 하느님 아버지, 만약 제가 이 독배를 받아야 한다면
기꺼이 받겠나이다. 하지만 남북으로 갈라지고 독재권력의 발톱
아래 갈가리 찢어진 이 민족을 굽어살피사 위로해주시고 이 나라
민중의 고통을 덜어주소서. 예수님의 이름으로 간절히 기도하나
이다.

　바로 같은 날, 저녁 6시 조금 넘어 18년간 대한민국을 지배해온 대
통령 박정희는 서울 궁정동 중앙정보부 안가에서 주연을 벌이고 있
었다. 여가수와 여대생이 불려와 있었고 박정희 옆에는 비서실장 김
계원, 경호실장 차지철, 중앙정보부장 김재규가 주안상을 놓고 마주
앉았다. 이 자리에서 박정희는 시국 상황에 대해 불만을 표했고 차지
철이 과잉충성 발언을 늘어놓으며 김재규를 궁지에 몰아넣었다. 김재
규는 신민당에 대한 공작의 실패와 부마항쟁의 발발 등으로 박정희
의 신임을 잃고 있었다. 이날 주연에서 있었던 대화와 김재규의 저격
상황은 다음과 같다.

　박정희 : 신민당 공작은 어떻소?
　김재규 : 공화당이 발표했기 때문에 다 틀렸습니다. 사표를 내겠다
고 한 친구들도 다 강경으로 돌아섰습니다. 암만해도 당분간 정대행
출범이 어렵겠습니다. 주류들이 강경해져서 다소 시끄럽겠습니다.
　박정희 : (공화당 간부들이 못마땅하다는 말을 함)
　차지철 : 새끼들 까불면 신민당이고 학생이고 간에 전차로 싹 깔아

뭉개버리겠습니다.

김재규 : (속으로 "자식, 여전히 지랄이구나"고 생각)

박정희 : 부산사태는 신민당이 개입해서 하는 일인데 괜히들 놀라 가지고 야단이야. 오늘 삽교천 행사에 가 보았더니 대다수 국민들은 그렇게 열심히 일하는데, 부산 데모만 하더라도 식당 보이나 똘마니들이 많지 않아. 그 놈들이 어떻게 국회의원의 사표를 선별수리하느니 뭐니 알겠는가. 신민당이 계획한 일인데도 괜히 개각이니 뭐니, 국회의장을 사퇴시켜야 한다느니 하면서 … 중앙정보부는 수고는 많이 하는 줄 알지만 더 정확한 정보를 수집해야겠어. 부마사태 사진을 보니까 깡패들만 보이는데 다른 사진을 가져와 봐. (중략)

박정희 : 미국의 브라운 장관이 오기 전에 김영삼이를 구속 기소하라고 했는데 유혁인이가 말려서 취소했더니 역시 좋지 않아. 국방장관 회의고 뭐고 볼 것 없이 법대로 하는데 뭐가 잘못이란 말이야. 미국 놈은 범법해도 처벌 안 하나.

김재규 : 김영삼은 사법조치는 아니지만 이미 국회에서 제명이 된 걸로 처벌했다고 국민들이 봅니다. 같은 것으로 두 번 처벌하는 인상을 줍니다.

박정희 : 중앙정보부가 좀 무서워야지. 당신네는 (신민당 의원) 비행조사서만 움켜쥐고 있으면 무엇 하나. 딱딱 입건해야지.

김재규 : 알겠습니다. 정치는 대국적으로 상대방에게 구실을 주고 국회에 나오라고 해야지 그러지 않고서는 나오지 않을 것입니다.

차지철 : 신민당 놈들 그만두고 싶은 놈은 한 놈도 없습니다. 언론을 타고 반정부적인 놈들의 선동에서 그러는 거지 문제가 없다고 봅니다. 그 자식들, 신민당이고 뭐고 나오면 전차로 싹 깔아뭉개겠어요.

김재규 : (오른쪽에 앉아 있던 김계원을 오른손으로 툭 치면서) 각하를 똑바로 모십시오. (차 실장을 쳐다보며) 각하, 이따위 버러지 같은 자식을 데리고 정치를 하니 올바로 되겠습니까? ("탕!", 권총 한 발 발사)

차지철 : 김부장, 왜 이래, 왜 이래.

박정희 : 무슨 짓들이야!

김재규 : (일어서면서 박 대통령 향해서 한 발 발사)*

이날 밤, 김재규의 총탄에 박정희는 운명했다.

박정희의 사망은 유신체제의 붕괴를 의미했고 최성묵에게는 생환(生還)을 의미했다. 박정희의 죽음으로 부마항쟁 배후조종 혐의에 대한 수사는 중단되었다. 권력이 짠 각본에 따라 만들어질 예정이었던 한편의 희비극(喜悲劇)은 무산되었다. 하지만 역사가 만들어낸 희비극은 두 사람의 운명을 이렇듯 극적으로 바꾸어버렸던 것이다.

* 조갑제, 1987, 『유고』 2, 한길사, 137-139쪽

제1장

흥해의 격랑 속에서

출생과 유년 시절

　　　　　　최성묵은 1930년 11월 11일 경상북도 영일군 포항읍 포항동 468번지에서 부친 최석현 장로와 모친 안갑선 권사 사이에서 2남 3녀의 장남으로 태어났다.* 최 장로와 안 권사 모두 신심이 깊은 크리스천으로서 봉건적인 남아선호사상을 갖고 있지는 않았지만 그래도 위로 두 딸에 이어 첫 아들이 태어나자 여간 기쁜 게 아니었다.

　최성묵이 태어난 날짜는 11월 11일인데, 1이라는 숫자가 네 번씩이나 거듭 들어간 이 날짜는 그의 꼿꼿하고 강직한 삶을 예고하는 것처럼 보였다. 최성묵의 부인 김순이는 그가 태어난 날짜의 모양대로 평생 타협을 모른 채 원칙을 지키고 살았다고 회상했다.

　최성묵 일가가 살았던 흥해는 경상북도 동해안에 위치한 풍광 수려하고 사람 살기 좋은 고장이었다. 그리고 흥해는 경주 최 씨와 동원 분파인 흥해 최 씨의 본관이기도 하다. 그래서 최 씨들이 많이 살았던 곳이었다. 최성묵은 고향 흥해를 무척 사랑했는데 흥해에 대해 다음

---

* 호적이나 학적부 등에는 최성묵의 출생일이 1931년 1월 10일로 기재되어 있으나, 가족들의 증언에 의하면 실제 출생일은 1930년 음력 11월 11일이다. 호적등본에 의하면 출생 신고 일자가 1931년 1월 13일로 되어 있는 것으로 보아 출생 신고를 하면서 신고 일자에 가까운 날짜로 등록이 된 듯하다. 호적 신고가 부정확한 것은 이 시대에는 아주 흔한 일이었다.

과 같이 썼다.

　　내 고향 흥해는 아담한 농촌이다. 여간 가물어도 물 걱정 않고 모심기만 끝나면 입에 쌀밥이 저절로 들어오는, 베개를 높이 베고도 충분하리만치 비옥한 농장이다. 서편에 태백의 정기 어린 비학산이 떠오르는 아침 해를 태연히 맞아준다. 마을 서남쪽을 제외하고는 사방을 둘러보아도 넓은 들판이다. 사시사철 푸른 대나무와 밤나무가 우거진 향교산, 죽림사가 남향으로 따뜻하게 자리잡고 있는 이 산은 높은 향태를 이루어 흥해를 지켜주는 수호신 같이 내려다보고 있다.*

　흥해가 속해 있는 경상북도는 안동을 중심으로 유교의 전통이 가장 오랫동안 남아 있었던 곳이었다. 그러나 구한말부터 서세동점(西勢東漸)의 물결이 한반도로 밀려들면서 낯선 서양의 종교, 기독교(개신교)도 함께 찾아왔다. 흥해는 변방의 작은 고장으로서는 매우 일찍부터 기독교가 전파되었던 지역이었다. 기록에 의하면 1905년에 이미 흥해에는 교회가 설립되었다. 미국인 아담스 선교사가 파송한 이기우를 통해 기독교를 접하게 된 김상연(金尙淵)은 복음에 감동받아 흥해 최초의 교회(흥해교회)를 세웠다고 한다.**

　최성묵의 부친 최석현 장로는 바로 이 흥해교회에 커다란 발자취를 남겼던 신앙인이었다. 그는 유교적 교양을 지닌 양반 출신으로서

---

* 「그의 앞에 무릎 꿇고」(최성묵 6·25체험 수기)
** 흥해제일교회100년사편찬위원회, 2006, 『흥해제일교회 100년사』, 포항: 흥해제일교회

처음부터 기독교를 받아들였던 것은 아니었으나 결혼 후 부인을 통해 기독교에 입문하게 되었다고 한다. 그가 기독교에 입문한 연대는 정확히 알 수 없지만 기록에 의하면 최석현 장로는 1933년 흥해교회의 장로로 장립받았으며, 1934년 1월 28일에 포항교회(포항제일교회 전신)에서 장립받아 시무하였다. 1936년에는 흥해교회의 제3대 목사인 임종하 목사가 사임하자 임시 교역자로서 1940년까지 3년간 시무하였다. 이 기간 동안 그의 목회 활동의 결과, 교인 수가 장년 226명, 유년 주일학교 학생 250명으로 흥해 주민의 4.67%로 교세가 확장되었다고 한다. 1939년 3월 현재 작성된 영일군 일대의 교회별 통계를 보면 전체 24개 교회 중, 교인 수는 포항 다음으로 두 번째로 많았고 교회 재정 지출액은 3,985원으로 타 교회에 비해 압도적으로 많았다.

이처럼 최석현 장로는 교회의 지도자로서 탁월한 능력과 지도력을 가졌을 뿐 아니라 그 성품이 강직, 청렴하기 짝이 없어 면민들이 모두 존경하는 분이었다. 그는 서당에서 전통적인 유교 교육을 받았지만, 일제가 개설한 신식 학교도 졸업하신 분으로 당시로서는 고등교육을 받은 인텔리였다. 그는 평소 집에서 항상 독서하는 생활을 했는데 그런 생활은 자식들의 삶에 큰 영향을 끼쳤던 것 같다. 그 시절에는 최 장로의 학교 동기들이 면사무소, 금융조합 등에서 많이 일하고 있었는데 그는 일제의 지배에 봉사하는 일을 해서는 안 된다는 신조를 굳게 지켜 평생토록 그런 직업을 갖지 않았다.

최 장로에게는 누이가 한 분 있었는데 그 남편이 당시 흥해 제일의 부자로 알려진 정해초라는 분이었다. 그는 넓은 어장(漁場) 등을 경영하고 있었는데 최 장로는 자형의 사업을 돕는 집사 일을 하면서 생계를 유지했다고 한다. 그러나 그 일로 안정적인 수입을 얻기는 어려웠던 듯하다. 왜냐하면 최 장로 댁의 생활은 부인 안갑선 권사의 삯바느질로 지탱이 되었기 때문이다. 안 권사의 삯바느질 솜씨는 흥해에서는 유명했다고 한다.

안갑선 권사는 흥해교회의 독실한 교인이자 간부로서 부군인 최석현 장로를 기독교에 입문하게 한 분이었다. 안 권사는 그 성품이 최 장로 못지않게 곧고 강직하여 자신이 한 번 옳다고 생각하면 어떤 어려움이 있어도 타협하거나 복종하지 않았다. 유교문화가 여전히 강력했던 당시에 이러한 태도는 큰 파장을 일으켰다. 최석현 장로의 집안은 월성(月城) 최씨로서 전통적 양반 가문의 자부심이 대단했는데 최 장로 부부가 모두 기독교 신앙을 고수함으로써 당시에는 가문에서 일종의 파문을 당했던 상황이었다. 안갑선 권사의 철저한 신앙 태도는 제사를 둘러싼 문화적 갈등을 일으켰다. 안 권사는 제사를 미신에 속하는 것으로 규정한 교리를 철저히 신봉하여 제사를 거부하였다. 그래서 안 권사는 시아버지보다 먼저 돌아가신 시어머니의 제사를 거부했다. 유교 전통에 충실한 시아버지가 노발대발했음은 말할 필요도 없다. 그래도 안 권사는 끝내 제사를 모시지 않았다. 그러나 시아버지가 말년에 앓다가 돌아가셨을 때는 미음을 끓이느라고 큰 가마솥의 밑이 다 빠졌을 정도로 극진히 간호했다고 한다. 즉 효부임에도 신앙에는 타협이 없었던 안 권사는 자신의 제사도 절대 모시지 말도록 했다.*

* "죽어서 천국에 갔으면 됐지, 사후에 지내는 제사는 아무런 쓸모가 없다. 제사는 산 사람들이 모이기 위해 만든 것일 뿐 차라리 살아 있을 때 주변에 잘해야 한다."라는 것이 제사에 대한 안 권사의 생각이었다. 그래서 안 권사는 매년 당신의 생일날이 되면 교인들과 주민들은 불러 모아 잔치상을 차렸다. 새벽부터 포항에 가서 커다란 광어와 미역을

이런 부모님 아래서 최성묵은 어려서부터 독실한 신앙심을 지니고 주일이면 빠짐없이 교회를 다녔다. 물론 흥해의 아름다운 자연 속에서 뛰어노는 일에도 열심이었다. 바다와 산이 함께 어우러진 흥해의 자연은 어린 최성묵의 마음 속에 깊고 순수한 바탕을 깔아주었다. 하지만 무심한 자연과 달리 인간의 역사는 여전히 짙은 어둠 속에 갇혀 있었다.

최성묵이 태어난 시기는 1931년 7월의 만주사변, 1937년의 중일전쟁, 1941년의 태평양 전쟁으로 이어지는 15년에 걸친 일본의 침략전쟁이 본격화되기 시작할 무렵이었다. 일제의 지배하에 있던 한반도에서는 소수의 친일파 외에는 모든 민초(民草)들의 삶이 벼랑 끝으로 내몰려 가고 있었다. 1919년 3·1운동의 기세에 놀란 일제는 식민지 조선에 대한 무단통치를 접고 이른바 문화정치를 표방했지만 이 문화정치는 오래가지 못했다. 1927년 일본의 금융공황을 시발로 1929년 세계대공황을 거치면서 군부가 일본정치의 전면에 등장했다. 군국주의가 대두한 것이다. 일본의 식민지정책은 억압적인 동화주의를 강화하기 시작했다. 일본의 침략전쟁이 격화하면서 이른바 황국신민화정책(皇國臣民化政策)이 본격적으로 시행되었다.

바로 이런 시기에 최성묵의 세대는 황국신민화 교육이 지배하던 국민학교에서 불행한 유년기를 강요당할 수밖에 없었다. 최성묵은 1939년경 의창공립국민학교 초등과(의창은 흥해의 옛 행정지명임)에 입학하여 1944년에 수료하게 된다.* 학교에서는 어린 학생들이 본래의 이름

사서 미역국을 끓이고, 젊은 부처 웬만한 잔치집보다 더 푼섬한 음식으로 손님을 대접했다고 한다.(김순이 구술, 2010)
* 입학 연도를 특정하기 어려운 이유는 의창공립국민학교 시절 최성묵의 흔적을 알 수

을 버리고 일본식 이름을 써야 했고, 일본어만을 사용해야 했으며, 아침마다 일본 천황이 산다는 동쪽을 향해 궁성요배(宮城遙拜)를 하고 신사참배(神社參拜)를 해야만 했다.*

최성묵은 1944년경 약 1년 동안 고현의 한 산촌에서 생활했던 일이 있는데 이것은 일제 말기의 엄중한 상황과 연관된 것으로 보인다. 한 자료에 의하면 이 산촌 생활은 그가 학병으로 끌려갈 위기에서 산으로 도피한 것으로 기록하고 있지만** 가족들의 증언을 토대로 종합적으로 판단하면 태평양전쟁 말기 일제의 발악적 폭압에 위협을 느낀 최석현 장로가 자신과 장남을 보호하기 위해 스스로 산촌에서 벌목 일을 하면서 일종의 피신생활을 한 것으로 보인다. 전쟁의 광기에 휩싸여 있던 당시의 상황에서는 신변의 위협이 언제 어떤 형태로 들이닥칠지 알 수가 없었다. 최 장로가 소속해 있던 흥해교회는 당시 조선교회의 주류와는 달리 일제 말기까지 저항적 태도를 굽히지 않았기 때문이었다. 일제는 조선 교회에도 신사참배를 강요하고 이에 저항하는 기독교인들을 투옥, 고문했기 때문에 올바른 신앙 태도를 지키기 위해 목숨을 걸어야 하는 상황이었다.

여기서 일제하 흥해교회의 민족운동에 대해 잠시 살펴보자. 그러면 우리는 최석현 장로가 왜 이 시기에 피신생활을 해야 했는지 충분히

있는 자료는 거의 찾기 어렵기 때문이다. 학적부조차 보존되어 있지 않은 탓이다.
* 궁성요배는 일본제국과 그 식민지 주민들이 천황의 궁성이 있는 방향으로 고개 숙여 절을 하는 의식이며, 신사참배는 일본의 민족신앙인 신도를 바탕으로 만든 종교시설인 신사에 참배하는 종교의식이다.
** "독실한 기독교 집안에서 자란 그는 어린 시절 일세 말기 학병으로 끌려길 위기에서 산으로 도피, 일제의 만행에 대응할 정도로 그때부터 특유의 저항정신을 지니고 있었다." (주간인물, 1992년, 15호) 하지만 이 무렵은 최성묵이 학병에 끌려갈 연령에 이르지는 못했으므로 정확한 기록이라 보기 어렵다.

짐작이 갈 것이다.

흥해교회의 초대 목사인 박문찬 목사는 1916년부터 교회 조사로 시무하면서 1920년 평양신학교를 졸업하고 그해부터 1924년까지 목사로 시무하였다. 박문찬 목사는 1917년 흥해교회 부설 명신학교를 설립하는 등 교육·문화운동에 힘썼고, 청년운동에 앞장서 흥해 청년회장, 흥해 기독청년회장 등을 역임하였다.

흥해지역 역시 다른 곳과 마찬가지로 3·1운동에 참가하였다. 1919년 3·1운동이 일어나자 당시 흥해교회 송문수 장로는 영수 장운환, 장로 최경선, 집사 이봉학, 교인 이기춘 등과 함께 만세시위를 준비하여 3월 11일 장날에 거사하기로 하였으나 일본 경찰에 사전 탐지되어 인쇄물 등을 압수당하고 실패하였다. 이 소문을 들은 주민들과 교회에 모여 있던 교인 1천여 명이 합세하여 시위를 일으켰고 일제 헌병에 의해 해산당하였다. 이 사건으로 송 장로는 체포되어 대구형무소에 6개월간 투옥되었으며, 출옥 후에도 이봉학과 함께 3·1동지회를 조직하여 독립운동을 계속하였다. 1926년부터 1935년까지 흥해교회 목사로 시무했던 박영조 목사도 목회와 함께 일제에 대한 저항적 태도를 지속했다. 이로 인해 당시 흥해 지서 주임이 지서에 출두하라고 요구했으나 이를 거부하여 문책을 받기도 했다.

일제 말기로 접어들자 교회에 대한 일제의 탄압은 더욱 심해져서 신사참배를 거부한다는 이유로 평양신학교를 폐쇄하는 등 교회는 일대 수난기를 맞았다. 그러나 조선의 기독교회는 지역적, 파벌적 분열을 극복하지 못하고 친일의 길로 가는 비극적인 상황이 벌어졌다. 1938년 9월, 당시 예수교장로회 총회는 '국민정신 총동원 조선예수교장로회 연맹'을 조직하여 일제의 시책에 적극 협력할 것을 결의하고 신사참배, 궁성요배, 황국신민서사, 일본 국가 제창 등 국민의례를 하기로 결정했으며, 교회 헌법, 교리, 의식 등에서 민족적 요소를 제거하고 순 일본식 교회로 만들 것과 찬송가와 기타 기독교 서적을 재검토하여 일제의 시책에 어긋나는 것은 자구까지 수정하기로 하였다.*

이 무렵 일찍이 흥해교회에서 장로로 봉직한 바 있던 노석 김대현 장로(당시 서울 승동교회 장로)는 광산업에 투신하여 모은 많은 재산을 정리하여 그중 50만 원의 거금을 조선신학원(현 한신대 신학전문대학원의 전신)을 설립하는 데 바치고 1940년 4월 19일 초대 조선신학원장이 되기도 했다. 조선신학원은 당시 조선의 거의 유일한 신학교였다.

태평양전쟁 말기로 갈수록 일제의 종교 탄압은 가중되었다. 일본 경찰은 흥해교회 강단을 구둣발로 올라서서 교인들을 위압하였다. 찬송가의 가사도 천황숭배사상의 입장에서 '왕', '만왕의 왕', '태평왕' 등 왕이라는 글자가 들어가는 찬송가는 금지되었다. 또 세상의 모든 것은 천황의 소유이므로 '삼천리 반도 금수강산 하느님 주신 동산' 같은 찬송가도 금지되었으며, 세상 모든 군대는 천황의 군대이므로 '십자가 군병들아' 등 군병이란 단어가 들어가는 찬송가도 금지되는 등 20여 개의 찬송가를 금지하여 찢거나 X 표시를 하기도 했다. 이 때문에 수시로 찬송가 검열을 받으러 경찰지서로 가야 했다. 부흥회를 할 때도 사전에 지서에 가서 강사명, 설교 내용, 기간 등을 신고하고 허가를 받아야 했고 부흥회 기간 중에는 경찰이 강대상(講臺床) 바로 아래쪽 좌석에 앉아 감시했다. 또 신사참배를 강요하였으나 거부하자 동방 궁성요배를 강요하기도 했다.

* 정해송, 2010, 『새로 쓴 한국교회사』, 커뮤니케이션, 409-410쪽

특히 1943년부터 1949년까지 흥해교회에서 시무한 박순석 목사는 이러한 일제의 억압에 끝까지 저항했다. 박순석 목사는 일제가 창씨개명을 강요할 때 적극 저항했으나 결국 고심 끝에 자신의 성(姓)을 '육부왕(六部王)'이라고 지었다. 일본 경찰들은 박순석 목사가 지나가면 "왕이 지나간다."라고 조롱했다. 이에 박 목사는 "나는 신라 6부 촌장의 추대를 받은 왕(박혁거세)이다."라고 하며 당당히 맞섰다고 한다. 또 박순석 목사가 지명수배 당했을 때 초등학교 4학년인 장남을 붙잡아 사닥다리에 묶어놓고 그 모친이 보는 앞에서 물고문을 하면서 아버지를 찾아내라고 닦달했지만 그는 실신하면서까지 끝내 부친의 소재를 대지 않았다는 일화가 있을 만큼 박 목사는 저항적인 종교인이었다.

이런 상황에서 일본의 패색이 짙어지면서 당시 흥해지서 이자와(伊澤) 지서장은 목사, 장로 등의 살생 명단을 작성하여 살해 준비 중에 해방을 맞았다고 한다. 일제의 경찰이 패전에 대비하여 저항적인 민족지도자들을 살해할 살생부까지 만들었던 상황에서 흥해교회에서 지도적 위치에 있었던 최석현 장로의 피신은 생명이 위협받는 절박한 위기를 피하기 위한 불가피한 선택이 아닐 수 없었다.

의창공립국민학교 시절 최성묵의 삶을 살필 수 있는 증언이나 기록의 편린을 찾기는 매우 어려우나, 엄격한 황민화교육이 지배하던 학교생활과 일제 말기의 흥해교회의 분위기, 산촌에서의 고생스러운 도피 생활 등을 감안할 때 그는 일찍부터 시대의 위기를 민감하게 느낄 수밖에 없는 분위기에서 유년 시절을 보내었을 것으로 짐작된다. 그를 둘러싼 환경은 일찍부터 어린 최성묵에게 사회적, 민족적 모순에 눈 뜨게 하고, 불의와 억압에 대한 분노와 저항심을 충동질했으며 위기의 순간에 결단과 행동이 필요함을 가르쳤을 것이다. 이러한 성향들은 최성묵이 성장하면서 더욱 뚜렷하게 나타나는데 특히 위기의 순간에 그의 결단력은 매우 강력했으며 때로는 독불장군으로 보일 만큼 비타협적이었다. 그리고 최성묵의 부모님들 또한 그에게 깊은 영향을 미쳤음에 틀림없다.

　부모님들의 생활태도가 근검절약하고 매사에 철저한 점은 공통점이었지만 그 성격은 상당히 대조적이었는데 부친 최 장로가 과묵하고 강직한 분이었다면 모친은 신앙심도 철저하였지만 성격도 불같은 분이었다. 자연히 집안에서 모친의 목소리가 높았다. 부친과 모친 사이에 부부 싸움이 일어난다면 으레 모친의 높은 목소리가 원인을 제공했던 것 같다. 다음과 같은 이야기가 그 분위기를 짐작케 한다.

　부부싸움이 시작되면 모친의 목소리가 점점 높아지고 부친은 묵묵히 불평, 불만의 소리를 듣고 있다. 이윽고 부친의 인내심이 한계에 달하면 부친은 아무 말 없이 옆에 있던 작은 화로를 높이 치켜들고 자리에서 벌떡 일어났다. 그리고 분노를 참으며 꼼짝도 하지 않고 그 자리에 화로를 들고 서 계셨다. 그러면 모친도 더 이상의 언쟁을 삼가게 된다. 이윽고 분노가 사그라지면 부친은 서서히 화로를 내리면서 자리에 다시 앉았다. 최 장로 댁의 부부싸움은 늘 그렇게 감정으로 시작해도 이성의 우위로 끝나곤 했다.*

　이렇듯 과묵한 부친과 엄격한 모친 아래서 최성묵의 형제들은 반듯하고 예의 바른 태도를 배우고 실천했다. 또한 부모님의 철저한 신앙 자세는 최성묵에게 크리스천으로서의 삶의 자세를 일찍부터 체득

* 이 일화는 김순이의 기억에 의거했다.(김순이 구술, 2010)

하게 했던 것으로 짐작된다. 그렇지만 최성묵이 모든 일에서 부모님을 순종하지만은 않았다. 후일 최성묵은 자신의 결혼 문제에서 모친과 심각한 갈등을 겪으면서도 결코 타협하지 않고 자신의 의지를 관철했다.

최성묵이 유년시절을 보낸 일제 말기는 정치적으로 엄혹한 상황이었을 뿐 아니라 최석현 장로 일가의 삶에서도 하나의 전환점이 되는 변화를 가져왔다. 그것은 경제적 삶에서의 변화였는데 최 장로와 안 권사가 생업을 전환하여 과수 농사를 시작한 것이었다.

최 장로가 과수 농사를 시작한 계기는 분명하지 않으나 가족, 친지들의 증언에 의하면 1944년경 자형 정해초의 어장 사업에 불황이 찾아와 새로운 생업을 찾아야 할 상황에 이르렀으며 자식들이 성장함에 따라 안정된 수입원이 필요했던 것으로 추측된다. 새로 시작한 과수 농사는 사과를 재배하는 것이었는데 당초에는 월성 최씨 선산과 가까운 곳에 있던 토지를 매입하여 재배를 시작했다고 한다. 이 토지는 안갑선 권사의 친정 쪽 친척으로부터 매입한 것인데 이곳에서 농사를 짓다가 후에는 현재의 경북 경주시 강동면 국당리에 있는 형산강 하류의 하천 부지를 6천 평 정도 매입하여 과수원을 일구었다고 한다. 강동면은 북쪽과 동쪽으로는 포항시, 서쪽으로는 안강과 접하고 있었다. 국당리는 평지가 대부분인 전형적인 농촌 지역으로 마을 북쪽으로 형산강이 흐르고 있으며, 그 밑으로 작은 동산이 위치해 있었다. 국당리의 과수원 땅을 매입한 시기는 초등학교 교사를 하던 장녀의 지원도 받았다고 하니 아마 해방 직후 무렵이었을 것으로 추측된다.

아무튼 새로 개간한 과수원은 흥해와는 상당한 거리가 있었다. 그래서 최 장로 부부는 과수원을 가꾸기 위해 과수원 인근에 방을 한 칸 얻어 기거하면서 일을 했고, 아이들은 학교를 다녀야 하므로 흥해의 집에서 살도록 하여 부모와 아이들이 상당 기간 떨어져 살았다. 그러니까 흥해 집에서는 최성묵과 두 누나 그리고 남동생, 여동생 모두 다섯 남매만 살게 되었다. 위로 누나들이 있었지만 최성묵은 장남이었기 때문에 부모 대신 가정을 이끌어 나가야 할 책임감을 갖지 않을 수 없었다.

최 장로 부부는 열심히 과수원을 일구어 사과 농사를 지었다. 국당리에서 최 장로 댁은 능금집으로 불리었다. 사과 농사는 최 장로가 별세한 이후에도 안 권사 혼자 힘으로 이끌어 갔다. 1959년에는 유명한 사라호 태풍이 불어 과수원이 물에 잠기고 살고 있던 집이 통째로 형산강의 급류에 휘말렸다. 안 권사는 지붕 위로 피신하여 강물에 떠내려가다 극적으로 구출되기도 했다. 이런 곡절을 겪으면서도 안 권사는 사과 농사를 지어 다섯 명의 자녀들을 모두 고등교육까지 시켰으니 참으로 훌륭하고 주체적인 여성의 귀감이라 할 것이다.

02

소년시절

1945년 8월 15일 조선은 마침내 일제의 사슬에서 해방되었다. 해방과 함께 한반도는 미군과 소련 군대에 의해 북위 38도선을 경계로 분단되었다. 한반도의 어느 누구도 인지하거나 동의하지 않은 가운데 강대국 간의 거래에 의해 한 민족의 운명이 결정되었다. 한반도 전체가 거대한 분열과 격동의 소용돌이 속에 휘말리기 시작하는 순간이었다.

이해에 최성묵은 의창공립국민학교를 졸업하고 11월 5일 포항중학교에 입학한다. 당시 학제는 중학교와 고등학교가 분리되기 전이어서 일제시대 5년제였던 포항중학교는 해방 이후 6년제로 바뀌었다. 흥해에서 포항중학교가 있던 포항까지는 약 20리 정도 떨어져 있었는데 최성묵은 다른 학생들과 함께 걸어서 통학했다.

이 시기 최성묵의 활동을 먼저 교회를 중심으로 살펴보자. 당시 흥해교회 박순석 목사는 1948년 1월 7일 미래세대의 신앙교육을 위해 흥해교회 소년회를 창립하였는데 최성묵이 초대 회장을 맡았다. 포항중학교 3학년 때였다. 1949년이 되자 한국신학대학을 졸업한 젊은 정용철 목사가 담임 목사로 부임하면서 교회는 여러 가지 사업을 더욱 활발하게 추진하였다. 정 목사는 특히 학생활동을 지원, 관리하기 위해 한신대의 김재준 교수에게 젊은 교역자의 파견을 부탁하였다. 김재준 목사는 정 목사의 1년 후배인 강혜순 전도사를 파견했다. 강혜순 전도사는 1949년 12월에 흥해에 가서 초등학생과 중등부 학생들의 활동을 지도했다.

이때 최성묵은 소년회 회장으로서 강혜순 전도사와 함께 활동했다. 강 전도사의 회고에 의하면, 최성묵은 매우 다재다능한 사람이었다. 음악은 성가대를 지휘할 정도로 잘했고, 예능이든 운동이든 뭐든지 다 잘했다. 매사에 자신감을 가지고 솔선수범함으로써 일찍부터 지도자로서의 자질을 보여주었다. 겨울이면 교회 사택의 난방에 쓸 장작을 패어 가지런히 정리해두거나, 나이 많은 교회 사찰을 대신해서 청소를 하는 등 아무도 시키지 않는 일을 스스로 찾아서 했다. 하급생들에게는 음악, 영어, 수학 등 공부를 가르치기도 했다. 크리스마스 때는 하룻밤 사이에 극본을 만들어 연극을 연출하고 무대에 올리는 재능도 발휘했다. 그리고 생활은 너무나 소박했다. 강 전도사는 이 무렵에 최성묵이 했던 다음과 같은 농담을 기억했다.

"선생님, 단벌 신사는 걱정이 없어요. 왜냐고요? 단벌 신사는 옷 한 벌만 있으면 학교 갈 때나, 밥 먹을 때나, 화장실 갈 때나 뭐 입을까 걱정이 없잖아요? 옷이 여러 벌 있으면 무엇을 입을지 외출할 때마다 걱정을 해야 하니까요."

이 이야기는 단순한 농담에 그친 것이 아니라 실생활에서도 최성묵은 일찍부터 근검하는 소박한 생활이 몸에 배어 있었다고 한다.

음악에 대한 최성묵의 열정은 일찍부터 나타났는데 1949년부터 1951년까지는 김옥점 선생, 강혜순 전도사와 함께 최성묵이 번갈아 흥해제일교회의 성가대를 지휘하였고, 1953년부터 1957년까지는 정식 지휘자로서 활동하였다. 최성묵의 음악 활동은 교회에서 그치지 않고 학교에서도 펼쳐졌다. 그는 포항중학교에서 악대반(밴드부)의 반장을 맡아 지휘했다. 그가 악대반에서 맡은 역할은 트럼펫 주자였다. 여름이 되면 흥해교회는 여름 성경학교를 바닷가에서 열었는데 최성묵은 트럼펫을 불면서 대열을 바닷가로 이끌곤 했다. 최성묵은 바다가 좋았다. 맑고 푸른 동해 바다가 가없이 펼쳐진 수평선을 바라보면서 그는 상념에 잠기곤 했다. 가슴속이 답답할 때면 트럼펫으로 마음을 달래기도 했다. 소년회 회장으로서, 성가대의 지휘자로서 그 밖의 모든 일에서 최성묵은 교회에서 중추적인 역할을 도맡아 하고 있었다.

다음으로 학교를 중심으로 최성묵의 활동을 살펴보면 그가 학도호국단장을 맡아서 활동했다는 기록이 여러 곳에서 보이지만 아직 분명히 확인되지 않는다. 학적부의 기록에는 그런 것이 나타나 있지 않다. 학적부의 기록에 의하면 그의 성격은 온순, 쾌활하며, 협동심이 있고, 책임감은 강한 것으로 나타난다. 또 적극성과 통솔력이 있으며, 언어는 명확하고 동작은 활발하다고 기록되어 있다. 흥미란에는 수학, 물리, 화학이 기록되어 있으며, 운동과 기타 취미는 야구와 축구로 되어 있다. 가정 및 환경에는 생활 정도는 하(下), 교육열은 상(上)으로 기록되어 있다.

또한 학적부에는 1950년을 전후한 5학년과 6학년 때 출석 상황이 불량한 것으로 나와 있는데 5학년 때는 출석해야 할 일수 198일 중 결석이 48일로, 6학년 때는 226일 중 출석일수가 164일로 기록되어 있다. 이는 전쟁 중의 사건으로 인해 출석이 거의 어려웠던 사정을 그대로 반영하고 있다.

학적부의 기록에서도 엿보이듯이 그는 적극적인 성격에다 리더십이 있어 당시 중학교 내에서도 정치적 대립이 치열했던 상황에서 우파 학생그룹의 지도자 역할을 했던 것으로 보인다. 이는 전쟁이 발발하고 전선이 포항으로 이동해 오자 학도의용대(흥해 학도의용대)를 조직하여 이끈 데서 충분히 엿볼 수 있다. 당시 흥해 학도의용대의 노래는 최성묵이 작사, 작곡한 것으로 추측되는데 그 가사를 옮기면 다음과 같다.

> 높은 비학산 정기 북천이 흐르고
> 우리는 자라노라 진리의 곳에
> 쓰고 읽고 외치며 나가 싸워서
> 무궁한 대한의 기둥이 되리
> 아 - 아 - 우리는 대한의 젊은이
> 조국 건설 흥해 학도대

당시 최성묵의 정치적 입장은 전쟁 체험을 기록한 육필 원고를 통해 표출된 강력한 반공사상을 보더라도 짐작할 수 있는 것이다. 이러한 최성묵의 위치는 당시 중학생의 신분이었음에도 면장이나 다른 어른들이 그리고 교회에서도 그를 학생으로 취급하지 않고 '최 선생'으로 호칭했다는 데서도 알 수 있다.

이 시기에 최성묵은 두 살 연하의 김순이를 흥해교회에서 만나 사랑하게 되었다. 두 사람의 사랑은 6·25전쟁이 일어나기까지 주변의 누구도 눈치채지 못하는 사이에 은밀하게 그리고 뜨겁게 익어갔다. 김순이는 흥해교회 소년회 멤버가 되어 회장인 최성묵과 자주 교회에서 만나는 사이였으나 봉건적인 집안 분위기와 자유연애를 금기시하는 당시 사회 분위기 때문에 따로 만나는 것은 생각지도 못하고 성경책 속에 연애편지를 끼워 몰래 주고받을 따름이었다.

최성묵이 포항중학교와 흥해교회에서 활동하던 1945년과 1950년 사이에 한반도는 미소 양국에 의해 분단된 상태에서 1948년 남북한에 각기 다른 정부가 들어서게 되었고 이는 전 세계적 냉전의 개시와 함께 동족상잔의 비극을 잉태하고 있었다. 1948년부터 1950년 6월에 이르기까지 38선 일대에서는 남북 양측 사이에 크고 작은 충돌이 끊임없이 이어졌다. 그리고 한반도를 둘러싼 냉전의 기류는 비등점을 향해 끓어올랐다. 그리하여 마침내 1950년 6월 25일, 전쟁은 발발하고야 말았다.

03

6·25전쟁과
학도의용대*

　　　　　전쟁은 북한 측에 의해 개시되었으나 북한의 전쟁 준비는 매우 불충분했다. 북한의 병력이나 무기, 지휘능력 등은 남한에 비해 다소 우세한 수준이었지만 전쟁을 단기간에 승리로 이끌기에는 턱없이 부족했다. 소규모 빨치산 전투 외에 현대적인 정규전의 경험이 없는 북한군은 시행착오를 거듭하면서 진격했지만 그 사이에 전열을 정비한 국군과 유엔군의 이름으로 참전한 미군은 이미 견고한 방어선을 구축하고 낙동강 전선에서 대치하였다.

---

* 제3장부터 제8장까지는 최성묵이 남긴 육필원고를 토대로 김순이와 강혜순의 구술 등을 원용하여 재구성한 것임을 밝힌다. 최성묵은 직접 몸으로 겪은 6·25전쟁의 생생한 체험을 원고로 작성해 남겼는데 그 문체나 내용이 모두 빼어난 기록문학이라 할 만하다. 이 기록은 2002년에 간행된 고 최성묵 목사 추모집 『그의 부활을 기다리며』에 「그의 앞에 무릎 꿇고」란 제목으로 수록되어 있다.

1950년 8월 초, 영덕·흥해 지역에서 인민군의 공세가 시작되었고 흥해의 학생들은 흥해학도의용대(興海學徒義勇隊)를 조직하여 계몽과 정보수집, 오열(五列)*의 활동을 경계하는 한편 만약의 경우 전투태세를 갖추고 있었다. 이때 최성묵은 흥해학도의용대의 부대장(副隊長)이었다.

8월 10일 학도의용대는 대원 150명을 50미터 간격으로 신광, 포항, 청하에 이르는 길에 배치하여 인민군의 침입을 알리도록 했다. 이날은 밤새 포화소리와 붉은 불꽃이 밤하늘에 피어오르고 함포의 탄환이 별똥처럼 북쪽으로 날았다.

8월 11일 아침 7시, 인민군이 흥해를 향해 진군하고 있다는 정보를 접하자 최성묵은 먼저 집과 교회 정 목사에게 상황을 알린 후 김순이의 집으로 달려갔다. 그러나 김순이네 집은 이미 피난을 떠난 후였다. 최성묵이 김순이의 집으로 가는 것을 본 마을 사람들은 비로소 최성묵과 김순이가 연인 사이라는 것을 눈치챘다고 한다. 최성묵은 몇몇 학생들과 함께 흥해 지서로 가서 인민군과 전투를 하게 되지만 곧 퇴각하지 않을 수 없었다. 그들은 인민군의 포위망을 피해 국군과 함께 배로 후퇴할 희망이 있으리라 여겨 영덕 방면으로 갔지만 아무런 성과도 없이 절망 속에서 흥해로 되돌아왔다.

8월 12일, 일행과 헤어진 최성묵은 남송(南松)이란 마을에서 피난 온 가족과 정용철 목사 그리고 교우들을 다시 만났다. 그날 오후 학도대 간부 몇 사람이 찾아왔는데 흥해의 지방 좌익이 인민위원회와

---

* 오열(五列)이란 적의 스파이를 가리키는 1950년대 당시의 용어로서, 1930년대 스페인 내란에서 프랑코 군대가 사용했던 데서 유래하였다고 한다.

치안대를 조직하여 인민군의 정치공작대를 기다리고 있다는 정보를 전했다. 그러자 학도대 대장 최붕한이 학도의용대 사무실에 그대로 두고 나온 대원 명부가 인민군의 손에 들어가면 안 된다는 점을 상기시켰다. 그 자리에 있던 학도대원들은 모두 큰 고민에 빠졌다. 오랜 침묵이 흐른 후 최성묵이 절망에 빠진 동료들을 격려했다. 최성묵은 형산강과 낙동강 방어선이 최후의 방어선이기 때문에 유엔군이 더 이상 후퇴하지 않고 머지않아 반격이 있을 것이라고 말하고, 대원 명부는 내일 안으로 자신이 책임지고 반드시 빼낼 것을 약속했다. 그렇게 동료들을 안심시켜 보낸 후 최성묵은 밤새 명부를 빼낼 방법을 고민했다.

8월 13일, 최성묵은 중학교 1학년생인 동생을 불러 학도의용대 사무실에 가서 대원 명부를 빼 오라고 말했다. 동생은 아직 어렸기 때문에 의심을 받을 위험성이 적었다. 하루 종일 초조와 불안 속에 기다린 끝에 저녁 무렵 동생이 돌아왔다. 그의 교복 안에서 태극기와 대원 명부가 나왔다. 이로써 학도의용대원의 명단이 인민군의 손에 넘어갈 위기를 모면했다.

8월 15일 아침, 최성묵은 정용철 목사와 함께 해방기념일 축하예배를 올렸다. 피난민으로 들어찬 교회에서 초라하지만 마음을 다해 민족해방을 기념했다. 그 직후 미군 제트기의 폭격을 받았다. 그 폭격은 후퇴하는 국군을 엄호하는 것으로 보여 국군의 반격을 기대했던 사람들에게 절망감을 안겨주었다. 그 사이에 인민군과 지방 좌익들의 움직임이 시작되었다.

8월 16일, 아침서시 후 미음속에 이상한 충동을 느껴 형제늘의 만류도 뿌리치고 밖으로 나섰다. 금장리에 피난 가 있는 김순이를 찾아

나섰다. 금장리는 김순이의 외가 마을이었다. 최성묵은 김순이를 보러 갔지만 겉으로는 김순이의 오빠를 만나러 가는 것으로 가장했다. 김순이의 부친은 매우 봉건적인 사람이었고 기독교를 싫어했다. 최성묵이 집에 들어서자 김순이는 반가우면서도 가슴이 철렁했다. 그러나 내색하지 않고 모른 체했다.

"우째 왔노?"

김순이 부친의 물음에 최성묵은 지금 바닷가에 정 목사님 등 우익 인사들이 뱃길로 후퇴를 기다리고 있는데 김순이 오빠도 거기 같이 갔으면 좋겠다 싶어서 얘기하러 왔노라고 말했다. 김순이의 부친은 하나뿐인 아들을 끔찍하게 아끼는 사람이었다. 절대로 자신의 곁을 떠나게 할 사람이 아니었다. 그는 약간 퉁명스럽게 내 아들은 내가 알아서 책임질 것이니 너나 빨리 피신하라고 잘라 말했다. 최성묵은 알겠노라고 답하고 그 집을 나섰다. 식구들이 배웅차 문 밖으로 나왔을 때 김순이는 부엌에서 나오지 못했다. 최성묵은 잠깐 물 좀 마시고 나오겠다 하고 부엌으로 들어갔다. 김순이를 본 최성묵은 급히 무언가를 김순이에게 전해주면서 상황이 어떻게 변할지 모르니 나중에라도 영덕과 흥해 접경 지역의 교회가 있는 곳에서 만나자는 말을 전하고 다시 문 밖으로 나갔다. 김순이는 받은 것을 급히 피난보따리 속에 숨겼다. 나중에 보니 그것은 매우 정성스럽게 마련한 선물과 편지였다.

8월 16일부터 20일 사이에 최성묵과 피난민들은 고통스러운 나날을 보내고 있었다. 피아를 가리지 않는 미군기의 폭격과 함포사격, 인민군과 지방 좌익들의 활동, 그들의 눈을 피해 산과 들로 숨어 다녀야 하는 긴장의 연속이었다.

04

생사의 기로에서

8월 21일, 정용철 목사의 제의로 정 목사, 김종수, 이영호, 최성묵 네 사람은 아침에 바닷가로 피난을 갔다. 거기서 일행은 모두 인민군 정치공작대와 지방 좌익들에게 적발되어 40여 명의 우익인사들을 연행하는 대열에 끌려가게 되었다. 최성묵은 하느님의 가호를 빌고 또 빌었다. 그들은 바닷가의 한 마을로 끌려가서 간단한 조사를 받았고, '조막손'이라는 별명의 동해지대 빨치산대장에게 호명받은 최성묵 등 열대여섯 명은 다시 험한 계곡으로 끌려갔다. 그 길이 죽음으로 향하는 길이라는 것을 직감한 일행은 모두 절망과 공포 속에 빠졌다. 계곡 속에서 최성묵 등 네 명이 남았는데 먼저 최형택이라는 의사가 조막손의 총을 맞고 즉사하였다. 그리고 이웅호라는 교원은 운 좋게 방면되었다. 최성묵과 김종수 두 학생이 남았고, 조막손은 일본도를 빼 들고 외쳤다.

"너희는 인민의 적이다. 인민의 이름으로 여기서 최후의 심판을 받으라."

최성묵은 갑자기 용기가 솟구쳐 맞받았다.

"나는 여기서 심판받을 수 없습니다."

"무엇이 어째? 심판을 받을 수 없다?"

"당신이 누군지 모르겠소. 당신은 나의 죄과를 모릅니다. 이미 흥해에는 인민위원회가 조직되었고, 그곳엔 학생과가 있으니 그들은 누구보다도 나를 잘 알 것입니다. 그들 앞에 데려다 주십시오. 그들 앞에서 정당하게 심판받겠습니다."

그러자 한바탕 웃음소리와 함께 조막손이 말했다.

"내려가자."

다시 계곡을 내려와 납치인사들이 있던 마을로 돌아와 보니 모두들 어디론가 가버리고 네 사람만 쪼그리고 앉아 있었다. 다시 여섯 명은 정치공작대원들의 감시 속에 이끌려 흥해로 가는 산길로 올랐다. 감시자들과 격투를 벌이고 도주하고 싶어도 총구가 너무 많았다. 산 허리에서 조막손이 다시 문답을 시작했다. 조막손의 전과 같은 물음에 같은 대답을 하고 난 순간 "탕, 탕" 연발하는 총성이 들렸다. 총성이 오랫동안 울린 후 멈췄고, 몽롱한 의식을 깨우는 노랫소리가 들렸다. 고개를 돌려 보니 다른 다섯 사람은 형체도 분간하기 어려운 피투성이가 되어 있었다. 최성묵은 자신도 죽을 거라고 직감하고 "하느님, 나의 영혼을 받으시옵소서." 하며 기도를 올렸다. 얼마나 시간이 흘렀을까? 의식이 깨어나서 벌떡 일어서려 하다가 크게 넘어졌다. 손을 허리로 가져가 보니 허리에서 피가 흘러 온몸이 피투성이였다. 와이셔츠를 찢어 응급조치를 하고 싶었으나 불가능했다. 절망감에 휩싸여 있는 그때 산 밑에서 한 남자가 지나가고 있었다. 최성묵은 있는 힘을 다하여 살려달라고 외쳤다. 남자는 처참한 광경에 놀란 듯 창백한 얼굴로 최성묵의 와이셔츠를 찢어서 상처를 묶어준 다음, 아무 말도 없이 도망치듯이 가버렸다.

최성묵은 기어서라도 500보밖에 안 되는 남송마을까지 갈 수 있으리라 생각했지만 생각처럼 몸이 움직이지 않았다. 풀뿌리를 잡고 기다가 경사지를 굴러 길바닥으로 내려왔으나 갑자기 목이 타기 시작했다. 갈수록 갈증이 심해졌지만 길에는 사람 그림자도 보기 어려웠다. 멀리서 총성이 들려왔다. 하느님께 물을 달라고 거듭 기도했다.

그러다 해 질 녘에 젊은 아낙네가 지나갔다. "아주머니, 논의 물을 좀 담아주세요." 죽을 힘을 다해 외치는 소리였건만 그 소리는 모기 소리만큼 작았다. 최성묵의 애원에 아낙은 흰 고무신에 논물을 가득 담아 건네주고는 황급히 달아나버렸다.

최성묵은 다시 이를 악물고 기어가서 개울물이 고인 곳까지 가서 물을 마셨다. 그리고 견딜 수 없는 통증이 온몸을 휘감은 가운데 신음하다가 해 질 무렵 소를 몰고 지나가는 노파를 만나게 되었다. 그는 노파에게 남송 마을에 가서 소식을 전해달라고 부탁했다.

그러나 해가 지고 밝은 달이 떠올라도 아무도 나타나지 않았다. 절망이었다. 이제 여기서 죽을 수밖에 없다는 생각이 들자 죽기 전에 하느님께 마지막 기원을 드리고 죽겠다고 생각했다. 최성묵은 별빛이 쏟아지는 밤하늘을 바라보고 누운 채 부모형제를 위한 기도를 드리고 찬송을 불렀다. 그리고 하느님께 눈물로써 통회하고 죽음을 기다렸다. 이왕 죽을 거라면 이 무서운 고통을 벗어나 빨리 죽고 싶었다. 그리고 만약 이 죽음의 고통을 벗어날 수 있다면 남은 생은 하느님을 위해 바치겠다고 마음속으로 서약했다.

그러나 기다리는 죽음은 쉽게 오지 않았다. 짧은 여름밤이었지만 죽음을 기다리는 최성묵에게는 참으로 긴 밤이었다. 통증이 몰려오면 신음하고, 통증이 잦아들면 기도 올리기를 반복하면서 그 자리에서 몸을 뒤척일 뿐이었다.

동해에서 아침 해가 떠오르기 전에, 소 방울 소리와 함께 어제저녁의 노파가 찾아왔다. 노파는 공습과 함포 때문에 부락민 모두가 집을 비워 말을 진힐 사람이 없어 못 선했다며 그를 바라보며 혀를 찼다. 그는 노파에게 다시 한 번 피난 간 사람들에게 자신의 처지를 전해달라고 애원했다. 노파는 부탁을 받고 소를 끌고 되돌아갔다.

오전 9시쯤 되었을까? 갑자기 요란한 발자국 소리가 귓전을 울렸다. 최성묵의 누나와 아우, 누이동생, 교회의 강 선생이 통곡을 하며 미친 듯이 달려왔다. 한바탕 울음바다가 지나간 후 형제들은 정용철 목사의 침대를 가져와 그를 눕히고 이동을 시작했다. 운반 도중 갑자기 총탄세례가 쏟아져 외딴 대밭에 몸을 숨겨가며 정오가 되어서야 피난민들이 모여 있는 남천 제방에 도착했다. 옷을 찢어 소독한 후 아우가 의사를 데려왔다. 그는 상처의 이곳저곳을 눌러보더니 아무런 말도 없이 가버렸다. 오후 3시경, 약을 구하러 갔던 누이와 동생이 머리는 산발한 채로 땀투성이가 되어 약을 구하지 못하고 돌아왔다. 의사도 가 버리고 약도 구하지 못하자 모두들 비탄에 잠겼다.

그때, 조막손과 치안대원 예닐곱 명이 최성묵이 누워 있는 천막으로 들어왔다.

"이놈, 참 모진 놈이다."

조막손은 무서운 얼굴로 총을 들어 최성묵을 겨누었다. 최성묵의 누나와 아우가 총신을 붙잡고, 조막손의 손목을 잡으며 살려달라고 애원했다. 최성묵은 침대 위에 엎드린 채 마음속으로 "하느님, 저를 구하시옵소서. 무서운 흉탄에서 살게 하신 주님, 긍휼의 손을 다시 한 번 뻗어주시옵소서." 하고 간절히 기도했다. 치안대원 중에는 그의 죽마고우도 있었고, 포항중학 동기동창생도 있었다. 그들은 최성묵에게 상처가 어떤지 물었다. 최성묵은 말없이 눈물 어린 눈으로 그들을 바라보았다. 조막손은 검은 색안경을 끼고 최성묵을 뚫어져라 응시하고 있었다. 그때 최 씨 성을 가진 지방 출신의 치안대원이 말했다.

"동무, 이승만과 그놈의 대한민국이 나쁜 게지 이 학생이 나쁜 게 아니잖소? 그만둡시다."

조막손은 무슨 생각을 했는지 최성묵에게 다가와 백포를 걷고 상처를 들여다보았다.

"모진 놈이다."

그는 상처에 손을 대보았다. 잔뜩 찌푸린 조막손의 얼굴에 놀라움이 스쳤다.

"호박을 걸러 바르시오. 그러면 낫소."

그 말을 남기고 조막손과 치안대원들은 뒤돌아 나갔다.

최성묵은 하느님께 감사함과 함께 흉악한 공산주의자로만 생각했던 조막손에게도 일말의 민족적 양심이 남아 있었음을 느꼈다.

다음 날인 8월 23일, 포항 주변의 전투는 더욱 치열해졌다. 제트기와 함재기가 연달아 날아오고, 함포사격이 천지를 울렸다. 간혹 빗나간 포탄이 흥해에 떨어지면 그 진동소리에 피난민 모두가 깜짝깜짝 놀랐다. 그럴수록 인민군 부상병들은 늘어났고, 치안대는 피난민 천막을 뒤져 남자들을 의용군으로 징발했다. 최성묵은 조막손이 말한 대로 호박을 걸러 상처에 발랐으나 통증은 전과 다름없었고 몸은 평소의 두 배로 부어올랐다. 총상에는 물을 마시면 안 된다고 해서 물은 목만 축이고 뱉어내야 했다. 식욕도 떨어져 사과즙으로 공복을 채웠다. 그 사과는 그의 누나가 위험을 무릅쓰고 흥해의 과수원에서 따온 것이었다. 그러나 약은 고사하고 호박조차 구하기 어려웠다. 더구나 호박을 바른 상처 부위는 무더운 날씨에 구더기가 끓고 심한 악취가 났다. 이 상황에서 어떻게 해야 살 수 있을지 최성묵은 고뇌를 거듭했다.

8월 24일, 최성묵은 가족들에게 중대한 제안을 했다. 언제 국군이

홍해를 수복할지도 알 수 없고, 약도, 의사도 없는 형편에서 중한 상처를 방치한다면 머지않아 죽게 될 것이니 차라리 곡강(曲江) 터널*에 있는 인민군 야전병원에 미군 폭격으로 부상을 입었다 하고 입원하는 것이 어떨까 하고 말했다. 그의 제안에 가족들은 모두 통곡하였다. 그도 하염없이 절망의 눈물을 흘렸다. 최성묵은 설사 국군이 오더라도 그 전에 치안대에 의해 죽을지도 모르니 속 시원히 치료나 받게 해달라고 간청하였다. 형제나 이웃들 모두 내키지 않는 선택이었으나 다른 방도가 없었으므로 마지못해 그의 청을 받아들였다.

8월 25일, 형제와 친구, 이웃의 도움을 받아 최성묵은 들것에 실려 인민군 야전병원으로 향하였다. 비가 내려 미끄럽고 좁은 논두렁길을 엎어졌다 일어났다 하는 고된 행로를 3km 이상 이어갔다. 목적지를 1km 남짓 남겨두고 산발적인 포격과 비행기의 공습이 심해졌다. 그 바람에 몇 번 주저했으나 가지 않을 수 없었다. 그때 최성묵의 동창 몇 사람과 조막손에게 변명해주었던 최 씨를 만났다. 그들의 도움으로 야전병원인 제1터널의 북쪽 입구로 들어갔다. 들어가자마자 환자들의 신음소리, 울음소리, 고함소리가 울려 퍼지는 터널 안은 상상을 넘는 참상을 이루고 있었다. 병원의 안내자인 치안대원이 군의관 1명과 간호사들을 데려왔다. 최성묵은 심한 공포에 사로잡혔다. 만약 군의관이 상처를 보고 문제 삼는다면 신분이 탄로 날까 두려웠다. 군의관이 함경도 사투리로 물었다.

"어떻게 해서 왔는가요?"

---

* 일제 시기에 흥해와 청하 사이에 철로를 깔기 위해 만든 터널이었는데 철로가 완성되기 전에 해방을 맞아 그대로 방치된 것을 당시 인민군이 야전병원으로 활용했다고 한다.(김순이 구술, 2010)

"미군의 폭격으로 기총을 맞았습니다."

최성묵의 누나가 말했다. 군의관은 상처를 보더니 간호원에게 수술 준비를 시켰고 최성묵은 어두컴컴한 굴속에서 썩어가는 상처 부위를 도려내는 수술을 받았다. 최성묵은 비로소 살아난 듯했고, 삼복더위에도 터널 속은 시원해서 좋았다. 군의관이 말했다.

"우리가 반드시 회복시켜 자기 발로 집으로 걸어가도록 해줄 터이니 여성 동무들은 집으로 가시오."

누나는 치료를 위해 끝까지 남겠다고 했으나 군의관은 거절하고 부하에게 명령하여 제2터널로 옮기도록 했다. 같이 온 형제, 이웃과 눈물의 작별을 한 후 최성묵은 제2터널로 이송되었다. 이송 도중 갑자기 나타난 제트기는 계곡을 급강하하면서 기총을 퍼부었다. 최성묵의 주변으로 총알이 마구 떨어졌다. 이어서 로켓탄이 섬광을 내뿜으며 제1터널의 입구에 폭발하였다. 조금 전까지 그곳에 있었던 최성묵은 다시 한 번 생명을 구해주신 하느님께 감사하지 않을 수 없었다. 비행기가 사라진 후 다시 들것에 실려 제2터널로 들어가니 그 속에는 코를 찌르는 악취와 신음 속에 몇 천 명인지 모를 환자들이 2열종대로 누워있었다. 거기서 그는 총상을 입은 후 처음으로 밥을 먹었다. 간이 맞지 않는 국에 주먹만 한 쇠고기도 들어 있었지만 먹을 수가 없어 국물만 마셨다. 그리고는 잠이 들었다.

어렴풋이 정신을 차리고 보니 그는 터널 밖 산 위로 옮겨지고 있었고, 트럭의 짐칸에 실렸다. 차머리를 보니 북쪽으로 향하고 있어 환자 후송임을 짐작했다. 터널 입구에 자리잡은 덕에 그는 맨 먼저 트럭에 실리게 되었던 것이나. 통해 쪽에서 포격소리가 원뢰(遠雷)와 같이 들려오고 별이 총총한 밤에 헤드라이트를 끈 트럭은 총알 맞은 산돼지처럼 30여km를 폭주했다. 트럭의 진동에 따라 상처의 통증이 심해져 환자들의 신음소리, 고함소리가 그칠 새가 없었다. 트럭은 영덕(盈德)에 환자들을 내려놓고 사라졌다. 20여 명의 일행은 추위와 모기떼에게 시달리면서 보리짚 속에 들어 있다가 몇 시간 후 군의관과 간호사가 도착하여 간단한 진료를 한 후 다시 들것에 실려 방으로 옮겨지자 잠이 들었다.

8월 26일, 깨어나 보니 시골 민가에 들어 있었고 식사도 입맛을 돋궈주는 것이었으나, 몸을 움직일 수 없는 형편에 대소변을 처리하는 것도 고통스런 일이었다. 밤 9시경, 일행은 트럭에 실려 다시 북상했다. 질주 끝에 트럭은 영해(寧海)의 어느 아담한 마을에 일행을 내려놓았다. 한 집에 일곱 명씩 배정받아 최성묵은 가난한 농가의 한 방에 들게 되었다. 이 마을에서 최성묵은 9월 2일까지 머물렀다. 하루 한 번씩 오는 군의관과 간호사들이 그의 상처가 상당히 좋아졌다고 알려주었다. 식욕도 증진되어 밥도 맛있게 먹었고 상체의 움직임도 훨씬 수월해졌다. 함께 기거하는 인민군 부상병들은 일어나면 군가를 합창하고, 시간이 나면 쉼 없이 잠을 잤다. 그들은 최성묵에게 노래를 권했으나 힘이 들어 못 부른다고 거절하였다. 또 그들은 인민군, 한국군, 미군에 대한 소감을 묻기도 했다. 최성묵은 거짓으로 그들의 환심을 살만한 이야기를 하고 나서는 마음속으로 하느님께 용서를 빌기도 했다.

9월 2일, 인민군 부상병들이 잠든 저녁 무렵, 고향의 부모 형제들의 모습이 못 견디게 그리워지면서 최성묵의 눈에는 뜨거운 눈물이 흘러내렸다. 그리고 나지막한 소리로 찬송가를 불렀다. 그러자 부엌으로 통하는 문이 열리면서 스무 살쯤으로 보이는 아가씨가 나타나 그의 얼굴을 뚫어지게 바라보았다. 방금 부른 찬송가를 이 여자는 알고 있었구나. 그는 갑자기 두려워 간이 콩알만큼 졸아들었다. 최성묵은 뚫어지게 쪼아보는 여자의 시선을 피할 수 없었다. 이윽고 여자가 입을 열었다.

"낯 씻을 물 드릴까요?"

부드러운 목소리였지만 그로서는 영문을 알 수 없는 물음이었다. 필요 없다고 말했지만 여자는 대야에 물을 길어 와서 씻기를 권했다. 그는 힘든 몸을 억지로 일으켜 십여 일간 씻지 못한 얼굴을 떨리는 손으로 문질렀다. 이 정도의 동작도 그에게는 너무나 힘들었다. 여자가 주는 수건으로 얼굴을 훔쳤다. 수건에서 얼굴을 떼기 전에 여자가 물었다.

"당신, 예수를 믿지요?"

두려워하던 질문이었다. 가까이서 자고 있는 인민군이 듣지나 않았나 무서웠다.

"예, 아니올시다. 조금 믿었습니다."

허둥대면서 두서없이 대답했다. 그러자 젊은 아가씨는 문턱에 기대어 조용히 말했다. 이 영해 아가씨는 인민군이 들어오자 흥해로 피난을 갔는데 교회에서 최성묵을 본 기억이 있다는 것이었다. 자신도 세례 받은 교인이라고 귓속말로 전했다. 최성묵은 너무나 기뻐 자신에 대해 솔직히 털어놓았다. 아가씨는 그를 위로하면서 이곳에는 교인도 몇 있으니 여기 있으면 약이라도 구해주겠다고 했다.

그런데 바로 그때, 몇 대의 환자 수송 차량이 도착했고 환자들의 송치를 독촉하였다. 최성묵은 잠시 갈등에 빠졌다. 남아서 연명하고 싶은 생각과 인민군을 따라가서 온전히 치료를 받아야 한다는 생각이 상충했지만 곧 그들을 따라가기로 마음먹었다. 교인인 아가씨와 동네 사람들의 배웅을 받으며 트럭은 북으로 떠났다. 헤드라이트도 켜지 않은 트럭은 차가운 밤공기를 뚫고 첩첩산중을 질주하였다. 대부분 중환자들인 트럭 위의 인민군들은 난폭한 운전으로 짐칸 속에서 이리저리 부딪치고 몰리면서 고통으로 신음하고 울부짖었다. 12시가 지나 차가 정지한 곳은 영양(英陽)이었다. 거기는 파괴된 교량을 복구하느라고 지방민들이 야간작업을 하는 강변이었다. 정지한 트럭 위로 군의관이 올라와 한 사람씩 손목을 만져보더니 운전사를 불렀다. 트럭의 동요로 두 사람의 환자가 숨을 거둔 것이다. 군의관과 운전사는 두 환자의 시체를 강물에 던져버렸다. 비정한 처사였다. 트럭은 다시 달려 영양을 지나 안동으로 향했다. 안동 입구의 낙동강 다리가 파괴되어 도강이 어려웠으나 트럭은 급상승과 급강하를 반복하며 무사히 도강에 성공하였다.

안동(安東)에 도착한 후송 트럭은 다시 안동을 떠나 춘천(春川)으로 달렸다. 낮에는 미군의 폭격을 피해 피난 떠나고 사람 없는 빈집에 들어가 남은 양식을 찾아 밥을 지어 먹고 밤으로만 달리다 보니 춘천까지는 수일이 걸렸다. 일행은 춘천 인민군 야전병원에 도착했다. 이 무렵 미군의 폭격은 더욱 심해져 야전병원도 안전하지 못했다.

05

기적으로 살아오다

　　　　　　　　어느 날인가부터 인민군은 더 이상 환자
를 트럭으로 후송할 수 없으니 걸을 수 있는 사람은 알아서 걸어가라
고 했다. 1950년 9월 15일, 인천상륙작전과 함께 미군의 반격이 시작
된 것이었다. 인민군의 패주는 무질서했다. 그 혼란 속에서 최성묵은
흥해를 향해 남쪽으로 가기로 작정했다. 더 이상의 치료를 인민군에
게 기대할 수는 없었기 때문이었다. 최성묵은 아직 힘든 몸을 막대기
에 의지해 겨우 일어서서 힘든 발걸음을 떼어보았다. 겨우 걸을 수는
있었으나 한 걸음, 한 걸음이 힘겨웠다. 최성묵은 신변의 안전을 위해
우선 죽은 인민군 시체에서 옷을 벗겨 인민군복을 입었다. 그리고 북
쪽으로 도주하는 인민군 부대를 만나면 숨고, 어두워지면 지팡이에
의지해 한 걸음씩 남쪽을 향해 걸었다.

　남으로 향해 걷기 시작한 날 밤, 달빛이 흐린 산 속을 걷다가 쉬어
가고 싶어 보니 멀리 산막이 보였다. 산돼지를 지키기 위해 지은 산막
이었다. 반가워서 산막으로 다가가니 갑자기 안에서 "누구냐?" 하면
서 총구가 튀어나왔다. 보니 인민군의 다발총이었다. 소속 부대를 묻
는 말에 야전병원에서 주워들은 인민군 부대를 대고 위기를 넘겼다.
산막 속에는 두 명의 인민군이 추위를 피하고 있었다. 산막에서 세 명
이 잠을 자고 이튿날 인민군들이 함께 북으로 가자고 할 때 최성묵은
몸이 성치 않아 조금 더 쉬고 가겠다고 하여 그들이 떠난 후 다시 남
으로 향했다. 그렇게 힘든 걸음으로 부지런히 걸어도 하루에 10리도
가기가 어려웠다. 그런 걸음으로 흥해에 도착하는 데 거의 두 달이 걸

렸다. 그 사이의 고생은 이루 말할 수 없었다.

남루한 인민군복을 입고 머리는 빡빡 밀었는데 총상으로 인해 허리는 휘어지고 얼굴과 몸은 피골이 상접하여 우스꽝스럽기조차 한 모습으로 갈 길을 재촉하던 최성묵은 영덕(盈德) 근처에서 국군에게 붙잡혔다. 국군 소대장은 최성묵에게 신원을 물었고 최성묵은 자신은 인민군이 아니라 대한민국 포항중학생이며 흥해제일교회 학생회장이며 장로의 아들이라고 대답했다. 그는 주기도문과 사도신경을 외어보라고 했다. 최성묵이 정확히 외자 이번에는 찬송가를 불러보라고 했다. 최성묵은 아픈 허리를 움켜쥐고 죽을 힘을 다해 찬송가를 불렀다. 후일 최성묵은 그의 생애에서 그때만큼 온몸으로 찬송가를 불렀던 적은 없었다고 회상했다. 그는 최성묵을 자기 막사로 데려가서 재워주고 다음 날 국군복으로 갈아입힌 후 남쪽으로 가는 트럭에 태워 포항까지 데려다 주라고 부탁했다. 그리고 약간의 용돈까지 주었다. 최성묵은 진심으로 그에게 감사를 표했다. 그리고 포항까지 간 후 밤새 걸어서 새벽녘에 흥해에 도착하였다.

한편, 8월 25일 최성묵을 인민군 야전병원에 두고 온 누나와 형제들은 미군의 폭격이 심해지면서 점점 불안해졌다. 그런데 들려오는 소문으로는 인민군 야전병원에 있던 환자들을 밤에 트럭에 실어 포항(浦項) 보경사로 옮기고 거기서 좀 나은 사람들은 다시 영덕으로 옮긴다는 것이었다. 마침 아들이 인민군 야전병원에 수용되었다는 이웃 할머니 한 분이 계셔서 최성묵의 누나와 그 할머니가 가족을 찾으러 가자고 의논 중이었다. 바로 그때 김순이가 나타났다. 그녀는 피난길에 최성묵이 총상을 입었다는 소식을 듣고 어찌할 줄 모르다가 기회를 틈타 최성묵 일가의 피난처로 달려왔던 것이다. 최성묵의 누나가 김순이에게 동행을 제의했고, 김순이는 두말없이 따라나섰다. 그래서 할머니를 포함한 세 사람의 여인이 길을 떠났다. 가다가 어두워지면 농가의 마당을 빌려서 잠을 잤다.

보경사에 도착하니 입구에 선 인민군이 따발총을 들고 "어디서 왔느냐?" 하고 가로막았다. 김순이는 무의식적으로 "우리는 인민군을 환영하는 사람들이다" 하고 말하고, 환자를 찾으러 왔다고 했더니 통과시켜주었다. 보경사로 들어가 보니 빈방에 보리짚을 깐 위에 많은 환자들이 수용돼 있었고, 상태가 다소 나은 사람들은 바깥으로 나와 나무 밑에 쉬고 있었다. 그러나 세 여인이 경내를 다 돌아보아도 찾는 사람은 보이지 않았다.

세 여인은 다시 영덕을 향해 발걸음을 옮겼다. 8월의 찌는 듯한 더위 속을 걷다 보니 또 하루해가 저물었다. 그들은 바닷가 농가의 마당을 빌려 잠을 잤다. 무서운 바닷가 모기가 달려들어 온몸을 물어뜯었다. 아침에 다시 영덕을 향해 걷기 시작하여 한참을 가다가 다시 인민군을 만났다. 그들에게 물어보니 "영덕으로 가도 소용없다. 환자들은 다 북쪽으로 후송했다."고 대답하는 것이었다. 영덕으로 가더라도 찾는 사람을 만날지 기약할 수 없는 상황에서 그들은 부득이 발길을 되돌릴 수밖에 없었다.

그들이 되돌아온 지 얼마 안 돼 흥해는 다시 수복이 되었다. 경주 과수원에서 애태우던 부모님들과 최성묵의 형제들이 다시 흥해에서 만났지만 최성묵의 소식은 알 길이 없었다. 게다가 흥해의 집은 폭격을 맞아 날아가 버렸다. 그래서 최성묵의 고모댁에서 더부살이를 하게 되었다. 고모댁은 낭시 전석순으로 잘 살았고 집도 매우 넓었기 때문에 우선 지낼 만하였다.

    그렇지만 생사조차 모르는 최성묵을 생각하면 부모 형제들의 마음은 한없이 무거웠다. 최성묵에 대해 떠도는 소문들은 한결같이 그가 죽었을 것이라는 얘기였다. 당시 야전병원으로 쓰던 터널 입구가 폭격으로 박살이 났는데 거기서 살아났을 리가 없다는 것이었다. 더구나 죽은 것을 직접 보았다는 사람이 있다는 말도 들렸다. 살아남을 가능성이 거의 없을 거라는 체념이 마음속에 자리 잡기는 했지만 차마 죽음을 인정하고 싶지 않은 가족들은 한 가닥 기적 같은 소식을 기다리며 그해 가을을 다 보내고 겨울을 맞았다.

    그러나 기다리던 소식은 오지 않았고 마침내 11월 15일, 부모님들은 최성묵이 죽은 것으로 생각하고 동네에서 삽을 빌려다 놓고 다음날 날이 밝는 대로 곡강터널 입구로 가서 유골이라도 수습해 장례를 치르기로 결심했다. 최성묵의 부모님은 내일 아들의 장례를 치를 생각을 하니 잠이 오지 않았다. 밤새 잠을 못 이루고 뒤척이다 어렴풋이 선잠이 든 새벽녘에 어디선가 가느다란 소리가 들렸다. "어머니, 아버지, 성묵이가 왔습니다." 그것은 마치 최성묵의 혼령이 부르는 소리처럼 희미하게 들려왔다. 혼신을 다해 외치는, 그렇지만 가느다란 소리가 몇 차례 반복된 후 뒤이어 문간방에 살던 복남이 엄마가 안방을 향해 외치는 소리를 듣고야 비로소 부부는 대문간으로 달려 나갔다. 문밖에는 정말 죽은 줄 알았던 아들이 새벽의 희뿌연 대기 속에서 입김을 내뿜으며 서 있었다.

06

원수를 사랑하라*

　　　　　　최성묵이 살아서 돌아왔다는 소식은 그날
로 온 흥해에 파다하게 퍼져갔다. 그러자 곧바로 흥해, 포항 지역에
주둔하고 있던 국군이 미군들과 함께 마을로 찾아왔다. 그들은 먼
저 최성묵의 집을 찾았다. 최성묵이 불편한 몸을 일으켜 그들을 맞았
다. 미군들이 지켜보는 가운데 국군 장교가 최성묵이 겪은 고초를 위
로한 후 그 모든 것이 빨갱이의 소행이므로 그 뿌리를 뽑아야 한다고
강조하고 인민군 점령기간 중에 인민군에 부역한 자들을 지목하라
고 요구했다. 그리고 마을 사람을 마을회관으로 전부 모으도록 이장
에게 명령했다. 군인들은 집을 나서면서 최성묵에게 곧 마을회관으로
오라고 말했다. 그때 부친 최 장로는 아들을 불렀다.

"성묵아, 예수님은 원수를 사랑하라고 했니라."

최성묵의 눈앞에 지난 8월에 일어났던 일들이 영사기의 필름처럼
빠르게 스쳐 지나갔다. 죽어간 친구 종수와 다른 여덟 명의 얼굴도 순
간 떠올랐다. 조막손과 같이 몰려다니던 친구들의 얼굴도 떠올랐다.
짧은 순간, 긴 침묵이 흘렀다.

"예, 제 뜻도 아버지와 똑같습니다."

* 이 일화를 통해 우리는 참된 크리스천으로서 최석현 장로의 믿음과 인품에 감복하지
않을 수 없다. 자식의 목숨을 위협했던 원수를 용서하기란 크리스천이라 할지라도 결코
쉽지 않았을 터인데 첨예한 이념 갈등의 선봉에 섰던 당시 주류 반공주의 기독교와 달리
무의미한 증오와 살육의 고리를 끊기 위해 예수의 사랑을 실천하는 참 기독교인의 모습
을 여기서 본다. 전쟁은 공동체를 파괴하고 적을 만들어넘으로써 어제의 이웃이 오늘의
원수가 되는 종말론적 상황을 낳았던 것이다.

최성묵이 조용히 말했다.

그리고 무거운 걸음으로 마을회관으로 가니 거기는 마을의 청장년들이 대부분 모여 있었다. 국군 장교가 최성묵에게 "여기 모인 사람들 중에서 인민군에게 부역한 자를 가려내라"고 다시 독촉했다. 최성묵은 천천히 힘든 걸음을 옮기면서 주위 사람들을 바라보았다. 그중에는 조막손과 함께 있던 청년들도 눈에 띄었지만 최성묵은 조용히 마을회관을 한 바퀴 돈 후에 장교에게 말했다.

"여기 있는 사람 중에는 부역자가 아무도 없습니다."*

최성묵은 그해 겨울 동안 가족들의 각별한 간호 아래 허약할 대로 허약해진 몸을 추스르려고 애썼다. 그 무렵 최성묵의 건강 상태는 최악이었다. 그의 몸은 말 그대로 뼈와 가죽만 남은 것처럼 철저히 말랐고, 허리는 총상의 영향으로 구부정하게 휘어진 듯한 상태로 걸음을 걸었으며, 큰 눈은 얼굴 전체가 너무나 말랐기 때문에 마치 앞으로 튀어나올 듯이 보였다.

그런 몸으로 최성묵은 집에 돌아온 얼마 후, 김순이의 집을 찾았다. 최성묵은 김순이의 오빠를 만나러 온 것처럼 해서 김순이를 보러 왔던 것이다. 놀란 김순이가 최성묵을 보니 모양이 너무 변해서 무서울 지경이었다. 최성묵의 몰골이 마치 유령처럼 보였다. 그런 몸으로라도 최성묵은 주일마다 교회에 빠짐없이 출석했다. 그 무렵 최성묵이 얻은 별명이 '골자(骨子)'였다. 뼈 골자에 아들 자자를 써서 뼈만 남았다고 해서 붙여진 별명이었다.

---

* 최성묵의 원고에는 인민군에게 죽음을 당한 김종수를 추모하는 흥해교회 정용철 목사의 추도문이 소개되어 있다. 이 추도문에서 정 목사는 "칼을 칼집에 꽂아라. 악은 악으로 갚지 말고, 선으로써 악을 이겨라."는 말로 보복의 악순환을 경계하고 있다.

이때는 최성묵과 함께 바닷가에서 인민군 정치공작대에게 함께 체포되었던 정용철 목사가 무사히 피난에서 돌아와 흥해교회에서 다시 시무하고 있었다. 정용철 목사는 당시 처형 대상에서 운 좋게 빠졌는데 후에 회상하기를, 직업을 묻기에 "교역자(教役者)입니다"라고 대답했더니 정치공작대는 그것을 "교육자(教育者)입니다"로 알아듣고 그렇게 분류한 것 같다고 했다.

흥해교회는 전쟁 중에 미군 비행기의 폭격을 맞아 폐허가 된 상태였다. 그래도 교인들은 폐허가 된 교회터에 모여 노천 예배를 드렸고 나중에는 흥해중학교의 교실에 임시 예배 처소를 정하고 예배당의 복구에 노력을 기울였다.

최성묵은 불편한 몸으로 교회도 열심히 나가면서 건강 회복에 힘썼다. 이듬해 봄이 되면서 최악이었던 건강도 서서히 회복되어갔다. 1951년 봄 학기에 최성묵은 조금씩 학교에도 나가게 되었다. 졸업이 바로 눈앞에 있었던 것이다.

제 2 장

하느님과의 약속을
지키기 위해

07
서울대학교 입학

　　　　　　　　이 무렵 최성묵은 중학교 졸업과 함께 대학 진학을 결심했다. 그는 서울대학교 문리대 수학과를 지원했다. 평소 수학에 흥미를 갖고 잘했던 터라 별다른 고민 없이 결정했다. 그때 서울대학교는 임시수도 부산으로 피난을 가서 전시연합대학 체제로 운영되고 있었다. 마침 서울로 시집을 가서 교편을 잡고 있던 큰누나의 가족들이 모두 부산으로 피난을 와 있었다. 최성묵은 기차를 타고 부산으로 가서 큰누나의 집에 머물면서 서울대학교 입학시험을 쳐서 합격했다. 최성묵의 서울대학교 합격은 당시 흥해에서는 하나의 사건이었다. 친구들이 모여들어 최성묵을 앞장세워 거리행진을 벌이기도 했다. 최성묵은 흥해에서 서울대학교를 간 최초의 사람이었기 때문이다.

　1951년 7월 18일, 포항중학교를 졸업한 최성묵은 바로 그해 9월 1일 서울대학교 문리과대학 수학과에 입학했다. 그러나 최성묵은 입학과 함께 휴학하고 다음 해인 1952년 1, 2학기를 이수하였고, 1953년 1학기와 1954년 1학기까지만 이수하고 휴학을 거듭하다가 1957년 3월 미등록 제적되었다. 이처럼 최성묵의 서울대학교 생활은 등록과 휴학의 반복이었고 결국은 미등록 제적으로 끝나고 말았다. 이렇게 휴학을 반복한 이유는 학비 조달의 어려움 때문이었으나 끝내 졸업을 하지 못한 것은 그의 결혼과도 관련이 있었다.

아무튼 최성묵은 이 무렵에 학비를 벌기 위해 휴학해서 과외를 했고 학비가 마련되면 등록해서 공부를 계속했다. 부산으로 피난 와 있던 누나 집에 기숙하면서 당시 부산 구덕산 기슭에 있었던 서울대학교 문리대를 전차로 통학했다. 서울대학교는 1953년 9월 환도하기 전까지는 전시연합대학을 구성하여 부산에 본교를 두고 있었다.

한편 김순이도 1951년에는 부산으로 와 있었다. 흥해는 여전히 어수선하기 짝이 없는 분위기였고 학업을 계속하기도 어려웠다. 마침 오빠가 부산에서 미군 장교의 통역원으로 일하게 되면서 김순이도 오빠를 따라 부산으로 오게 되었다. 아직 전선에서는 전투가 치열했지만 피난 수도 부산은 그래도 제법 흥청거렸다. 하지만 젊은 처녀가 할 수 있는 일은 많지 않았다. 무얼 할까 하고 살펴보니 양재학원과 타이프학원이 눈에 띄었다. 김순이는 남성타이프학원이라는 곳에 등록하여 영문 타자를 익혔다. 영어 문장을 다 이해할 수는 없었지만 알파벳을 보고 그대로 치는 것은 어렵지 않았다. 몇 개월 다닌 후 테스트에 합격하고 나니 당장 써먹을 일이 없었다.

그래서 다시 흥해로 와 있는데 어느 날 외사촌 오빠가 "니 학교에 갈래?" 하고 물어왔다. 이력서만 써 내면 친구가 교장으로 있는 초등학교의 교사로 발령을 내줄 수 있다는 것이었다. 당시에는 교사가 부족해서 중학교 졸업장만 있으면 국민학교 교사로 근무할 수 있었던 시절이었다. 김순이는 이력서를 냈고 개원국민학교 교사로 발령을 받았다. 그 학교는 장기에서 구룡포로 넘어가는 바닷가에 있던 조그만 어촌 마을의 학교였다. 마을 사람들도 아이들도 순박하고 정이 넘치는 곳이었다. 이곳에서 김순이는 2년 가까이 근무했다. 김순이가 개원국민학교에 근무하는 동안 최성묵은 그녀를 보러 가끔씩 찾아갔다.

다른 사람들에게는 사촌 오빠라고 둘러댔다. 그런 날에는 둘이서 검푸른 동해 바닷가를 오랫동안 산책하면서 그동안 쌓여 있던 많은 이야기들을 나누었다. 반대로 김순이가 부산으로 가서 최성묵을 만나기도 했다. 김순이는 아침 일찍 서울대학교 문리대가 있던 서대신동으로 가는 전차를 탔다. 전차에서 내려서 학교 정문으로 통하는 길목에 서서 학교로 들어가는 대학생들을 바라보며 기다리고 있다가 최성묵을 만났다. 그럴 때면 둘은 송도 바닷가를 걸으며 재회의 기쁨을 나누었다. 때로는 김순이가 최성묵의 옷을 사주기도 했다. 학생 신분인 최성묵보다는 교사 월급을 받는 김순이가 형편이 훨씬 나았기 때문이다.

1953년 경 김순이는 근무하던 개원국민학교를 그만두고 포항에 있는 외자관리청의 타이피스트로 일자리를 옮겼다. 개원국민학교는 집과 거리가 멀어 부모님들이 항상 걱정하시던 차였는데 포항의 외자관리청은 오빠가 책임자로 와 있어서 좋았다. 김순이가 포항으로 직장을 옮긴 후에도 서로 오가며 둘 사이의 사랑은 그렇게 깊어갔다. 고향 흥해에서도 두 사람의 연애는 이미 소문이 나서 모르는 사람이 없었다.

그렇지만 당시만 해도 흥해에서는 자유연애란 내놓고 할 수 없는 분위기였다. 유교적인 습속을 강하게 유지하고 있던 경상북도 농촌에서 젊은 남녀 간의 자유연애는 일종의 사회적 금기였기 때문이다. 그런 가운데서도 흥해교회의 신도들은 두 사람의 연애를 인정하고 축복해주었다. 두 사람 모두 순결하고 성실한 청년들인데다 교회에 헌신적으로 봉사하는 사람들이었기 때문이다.

특히 최성묵은 교회 성가대의 지휘자로서 열심히 봉사하였다. 흥해교회의 교우였던 김운조의 회상에 의하면 최성묵은 성탄축하예배를 위해 "할렐루야", "주의 영광" 같은 어려운 대곡을 한 달 동안 맹연습을 거듭하여 높은 수준으로 화음을 이루어내었다. 그렇게 되기까지 최성묵은 연습 때는 사정없이 틀린 것을 지적하고 꾸짖었지만 연습이 끝나면 재치 있는 유머로 성가대원들을 웃게 만드는 탁월한 리더였다.

08
최석현 장로의 소천과
흥해교회의 분립*

6·25전쟁의 휴전을 앞둔 1952년 무렵에 최성묵에게 두 가지 큰 변화가 있었다. 개인적으로는 부친 최석현 장로가 소천하신 일이고, 공적으로는 대한예수교장로회 내에 교리 문제 등을 둘러싼 분열이 발생하여 흥해교회도 두 개로 분립하는 사태가 일어난 것이었다.

최석현 장로의 소천은 최성묵과 가족들뿐 아니라 교회 신도들과 이웃들에게 큰 슬픔이었다.** 최 장로는 아직 미혼의 자녀들을 부인에

---

* 대한예수교장로회의 분열 등 이 절의 내용에서 많은 부분을 강주화의 『박상증과 에큐메니컬 운동』(2010)을 인용하거나 참고하였다.
** 최 장로의 별세 연도는 정확하지 않지만 흥해교회의 기록을 살펴보면 1952년경으로 추측된다. 호적부에는 1957년으로 기재되어 있는데 가족들의 증언을 종합하면 1952년경에 별세하신 것으로 여겨진다.

게 맡기고 노환으로 소천하셨던 것이다. 최 장로의 소천은 최성묵에게 깊은 슬픔과 함께 이웃사랑을 실천하라는 평소의 가르침을 더욱 명심하게 하는 계기가 되었다. 1950년 겨울, 부역자를 가려내라는 군경의 엄한 독촉에도 "원수를 사랑하라"는 예수의 가르침을 일깨워주었던 최 장로의 깊은 뜻은 최성묵이 평생 되새기며 사는 삶의 지표가 되었다.

또 하나의 큰 변화는 대한예수교장로회의 분열이었다. 이 분열은 신학사상와 교리의 차이에서 비롯되었다. 근본주의 신학과 자유주의 신학 혹은 신정통주의 신학과의 대립이 표면화된 것이었다. 19세기 자유주의 신학은 이성 중심의 철학과 자연과학의 발전을 받아들이고 성서비평학을 발전시켰다. 자유주의 신학은 성경을 합리적으로 해석하고 역사적 예수의 인성을 강조했다. 초월적인 예수 재림의 왕국을 부인하고 지상에 천국을 실현하는 것을 크리스천의 사명으로 보았다. 인간의 이성적 활동을 통한 사회 구원을 추구하는 신학이었다.

이 자유주의 신학에 반발하여 미국에서 생겨난 신학이 근본주의 신학이다. 근본주의 신학은 성경의 문자 하나하나가 성령의 역사로 기록되었다는 '성서축자영감설(逐字靈感說)', 예수의 신성과 처녀 탄생설, 그리스도의 대속적 속죄설(代贖的 贖罪說), 그리스도의 재림(再臨)과 부활(復活)을 강조했다.

신정통주의 신학은 성서비평학을 받아들이면서도 영성을 중시하는 신학으로서 근본주의를 반대하지만 역사적 예수보다 신앙의 그리스도를 강조한다. 하느님의 초월성과 인간의 죄악성을 전제로 기독론 중심의 신학을 전개한다. 이는 자유주의와 근본주의의 양 극단에서 변증법적 종합을 시도한 사상으로 변증법적 신학으로 불리기도

한다. 1, 2차대전을 통해 자유주의 신학이 근거한 인간의 선성(善性)보다 죄악성을 발견했기 때문에 인류의 위기의식을 근거로 시작된 신학 운동이다. 히틀러 정권을 비판한 바르멘 선언문을 작성한 칼 바르트(Karl Barth)가 신정통주의의 대표적 신학자이다.

당시 대한예수교장로회는 이북에서 월남한 목회자들을 중심으로 근본주의 경향의 목회자가 많았다. 특히 평양신학교 출신의 목회자들이 더욱 그랬는데 평양에 온 미국 선교사들은 근본주의 경향이 강했기 때문이었다. 반면 신정통주의 신학의 입장을 견지한 김재준 목사를 중심으로 근본주의에 비판적인 목회자도 적지 않았다.

대한예수교장로회의 분열은 1947년 제33회 대구총회에서 시작되었다. 대구총회에서 신학교육 이념과 방법에 대한 논쟁이 전개되기 시작했는데 당시 조선신학교 학생 51명이 김재준 교수의 '성경문자유오설(聖經文字有誤說)' 등의 이론이 바른 것인지 총회에 진정서를 제출한 데서 비롯되었다. 총회에서는 조사위원회를 조직하여 조사한 결과 별 문제가 없음을 확인하고 그 결과를 총회에 보고했다.

김재준 교수의 '성경문자유오설'은 종래의 '축자영감설'이나 '성경문자무오설(聖經文字無誤說)'이 성경의 글자 하나하나가 하느님의 영감으로 기록되었으니 글자 획수 하나라도 절대적으로 오류가 없고 글자 그대로 믿어야 한다는 신학사상에 대한 반론을 제기한 것이다. '성경문자무오설'을 신봉하게 되면 성경 연구의 자유성을 잃게 되므로 성경의 글자에 매달릴 것이 아니라 성경 말씀 속에 용해되어 있는 하느님의 구속(救贖)사건에 더 큰 무게를 두어야 한다는 것이었다. 당시 세계교회 신학의 주류는 신정통주의와 자유주의 신학이었는데 '성경문자유오설'은 이러한 흐름을 대변하는 것이었다. 이에 반대하는 보수적 교계세력은 1951년 제36회 부산총회에서 조선신학교와 장로회신학교를 취소하였고, 1952년 제37회 대구총회에서는 다음과 같이 결의하였다.

즉, 조선신학교 졸업생은 장로회 목사로 안수받을 수 없다, 김재준 목사를 목사직에서 제명한다, 조선신학교의 두 교수 사상을 지지하는 자는 처벌한다 등이었다. 이에 불복하는 총회 총대 35명은 1952년 7월 '대한예수회장로회호헌대회'를 결성하여 제37회 대구총회의 결의를 철회할 것을 요구하였다. 이로 인해 전국의 교회가 대구총회 결의를 지지하는 교회와 반대하는 교회로 분열되어 큰 파문을 일으켰고, 마침내 1953년 6월 김세열 목사 등이 제38회 호헌총회를 개최하고 1954년에 한국기독교장로회(기장)로 출범하게 되었다. 전북, 군산, 김제, 충남, 경서, 경북, 목포, 충북, 제주의 9개 노회의 568개 교회, 291명이 참여했다.

기독교장로회의 신학적 입장은 첫째, 성경의 학문적 연구와 신학적 자유를 보장하는 것이고, 둘째, 교권주의를 배제하며, 셋째, 편협한 고립주의를 경계하고 전 세계 성도들과 협력·병진하려는 에큐메니칼(세계교회연합) 정신으로 선교하는 것이다.* 따라서 기독교장로회는 에큐메니칼 운동에 앞장서 1957년에 한국기독교교회협의회(NCCK),

---

* 당시 김재준 목사는 다음과 같은 선언문을 작성했다. 1. 우리는 온갖 형태의 바리새주의를 배격하고 오직 살아계신 그리스도를 믿음으로 구원 얻는 복음이 자유를 확보한다. 2. 우리는 전 세계 장로교회의 테두리 안에서 건전한 교리를 수립함과 동시에 신앙·양심의 자유를 확보한다. 3. 우리는 노예적인 의존사상을 배격하고 자립자조의 정신을 함양한다. 4. 그리고 우리는 편협한 고립주의를 경계하고 전 세계 성도들과 협력·병진하려는 세계교회정신에 철저하려 한다.(강주화, 2010, 『박상증과 에큐메니칼 운동』, 삼인, 71-72쪽)

1960년에는 세계교회협의회(WCC)에 가입했다.

이러한 교단 전체의 대립은 당연히 각 지역 교회에도 파급되었는데 대한예수교장로회는 흥해교회에 대해서 이미 1950년 6월 9일, 김재준 교수 문하에서 수학하고 그 신학을 지지한 정용철 목사에 대해 시무 정지를 결의하였다. 그러나 흥해교회의 당회와 대다수 교인은 이에 단호히 반대하고 그 결의에 승복하지 않았다. 이후 1952년에 이르러 대구총회 결의를 지지하는 하동백 장로와 30여 명의 교인들은 흥해교회 자리에 대한예수교장로회 흥해중앙교회를 세우고, 정용철 목사를 비롯한 당회원들과 교인 150여 명은 옥성리에 대지를 구입하여 흥해제일교회를 세워 한국기독교장로회에 가입하였다.

이렇게 흥해교회가 분립되는 과정에서 최성묵은 대한예수교장로회의 보수주의에 반대하여 앞장서서 교인들을 흥해제일교회로 이끌었다. 최성묵은 당시에 이미 다양한 독서를 통해 현대적 교양을 풍부하게 쌓은 지식인으로서 근본주의 신학의 몽매주의(蒙昧主義)를 용납하기 어려웠다. 그가 따랐던 정용철 목사가 김재준 목사의 제자라는 학연과는 상관없이 최성묵의 지성과 자유로운 사고방식은 자연스럽게 자유주의 혹은 신정통주의적 신학을 지지하고 근본주의 신학을 거부하게 했다. 이후 그의 신학사상은 신정통주의를 넘어서 민중신학에 이르지만 거기에 도달하기까지는 더 많은 시간과 사건이 필요했다.

09

김순이와의 결혼

최성묵은 1953년 1학기를 부산에서 다닌 후 2학기에는 휴학계를 냈다. 그해 가을부터 서울대학교는 서울로 옮겨 갔고 학비와 생활비를 마련하기가 쉽지 않았다. 그리고 반드시 서울대학교를 졸업해야 한다는 생각은 하지 않았다. 대학생활은 이미 충분히 맛보았고 그의 관심은 점점 더 신학 쪽으로 기울어져갔다. 6·25의 체험을 겪으면서 하느님께 자신을 바치겠다는 서약을 한 바도 있고 교회활동을 통해서도 목회에 더욱 관심을 갖게 되었다. 그리고 서울대학교에서 수학을 공부한 것은 목회를 하더라도 일반 과학의 지식을 풍부히 쌓으면 좋겠다는 생각이었지 졸업장이 꼭 필요하다고 여기지는 않았다.

또 한 가지 당면한 문제는 김순이와의 결혼이었다. 두 사람 모두 이십대 중반에 다가서고 있었다. 특히 김순이는 집안에서 결혼하라는 압박을 받기 시작했다. 여기저기서 중매가 들어오기도 했다. 당시 농촌에서 여성은 스무 살이 넘으면 과년했다고 부모들이 조바심을 칠 때였다. 더 이상 결혼을 미루기가 어려운 상황이 다가오고 있었다.

문제는 양가 모두 부모님들의 반대가 극심하다는 데 있었다. 최성묵의 모친 안갑선 권사는 최성묵과 김순이의 연애부터 심히 못마땅해 했고 더구나 결혼은 절대 반대였다. 서울대학교까지 입학한 잘난 아들이 시골의 보통 여성과 결혼한다는 사실이 매우 불만족스러웠던 것이다. 그렇지만 언제까지 미루고만 있을 수는 없었다. 최성묵은 용기를 내어 어머니 안갑선 권사에게 결혼 의사를 밝혔다.

"어머니, 저는 우리 교회 김순이하고 결혼을 하고 싶습니다. 허락해주십시오."

"니가 뭣이 부족해서 순이 같은 애하고 결혼을 해야 하느냐? 얼마든지 더 좋은 규수가 청혼을 할 수 있는데…. 나는 허락 못한다."

모친은 완강하게 거절했다.

"저는 더 좋은 규수도 싫습니다. 저와 순이는 오래전부터 장래를 약속한 사입니다. 허락해주십시오."

"너희들끼리 부모의 승낙도 없이 한 약속을 내가 왜 인정해? 나는 죽으면 죽었지 절대로 허락할 수 없다."

"어머니, 결혼은 제가 하는 것 아닙니까? 다른 것은 다 어머니 뜻대로 따를 것이니 결혼만큼은 제 뜻대로 하게 해주십시오."

그러나 안 권사의 거부는 강력했다. 어려서부터 부모의 뜻을 거슬러본 적이 없는 아들의 고집이라 더 용납하기 어려웠는지도 모른다. 어머니와 아들의 신경전으로 집안의 분위기는 무겁고 팽팽하게 긴장되어갔다.

김순이의 집에서는 부친의 반대가 거셌다. 부친은 유교적 가치관에 충실한 사람이었고 기독교에 대한 편견이 있었다. 모친은 교인이었고, 최성묵의 사람됨을 알기 때문에 반대가 없었지만 부친의 고집을 꺾기는 어려웠다.

"나는 예수쟁이를 사위로 삼을 생각이 없으니께 절대로 안 된다. 지금 좋은 데서 얼마든지 중신(중매)이 잘 들어오는데 와 하필 예수쟁이, 상놈한테 시집갈라 카노?"

게다가 최성묵이 전쟁 때 총상을 입었다는 것을 아는 친척들은 그

것 때문에 반대하는 분위기였다. 김순이의 올케는 최성묵이 총상으로 인해 생식능력에 이상이 있을 거라고 짐작하고 아기도 낳지 못할 거라며 결혼을 반대했다.

이런 상황이라 양가가 합의해서 혼인을 할 가능성은 거의 없었다. 남은 길은 두 사람이 결혼을 결행하는 일뿐이었다. 그러나 흥해처럼 좁은 사회에서는 누구라도 선뜻 나서서 두 사람의 결혼을 주례할 사람조차 없었다. 부모들이 극력 반대하는 상황에서 그 자식들의 결혼을 주례한다는 것은 부모들과 원수질 각오를 하지 않고서는 불가능했기 때문이었다.

그러나 흥해제일교회의 교인들은 모두 두 사람의 사랑을 축복해주었고 결혼을 응원했다. 그래서 결혼식은 못하지만 교인들이 중심이 되어 약혼식을 올려주었다. 흥해중학교의 교실 하나를 빌려 교회 사람들이 모였다. 흑판에 식순을 쓰고 축하하러 온 사람들은 흰 손수건에 이름을 썼다. 하객들에게는 국수를 삶아 대접했다. 모두들 두 사람의 약혼을 진심으로 축하해주었다.

1954년 봄 학기에 최성묵은 흥해중학교의 영어교사로 발령을 받았다. 서울대학교는 더 이상 다닐 생각이 없었고, 결혼을 염두에 두면 생계를 꾸릴 직업이 필요했다. 김순이는 포항의 외자관리청에 근무하면서 주말이면 흥해로 와서 최성묵과 만났다. 두 사람은 결혼을 간절히 원하고 있었지만 주례를 서줄 사람을 구할 수 없었다. 결혼문제로 인한 모자간의 불화가 극에 달하자 최성묵은 어머니의 분노를 사서 집에서 쫓겨나기에 이르렀다. 최성묵은 보따리에 책을 싸 들고 나가 하 마을에 사는 친구 집 방 한 칸을 빌려 거기서 학교로 출퇴근을 하는 형편이었다.

당시 흥해제일교회에서는 봄, 가을로 부흥회가 열렸다. 1954년 늦겨울, 흥해제일교회의 부흥회에 길진경 목사가 초빙되어 왔다. 길 목사는 영국에서 유학하고 돌아온 인텔리로 키가 큰 신사였다. 길 목사가 부흥회를 마치고 유숙한 곳은 이악이 집사의 집이었다. 이 집사가 길 목사에게 최성묵과 김순이의 이야기를 하면서 두 사람을 걱정하자, 길 목사는 "결혼은 두 사람이 하는데 부모가 무슨 상관인가? 정주례할 사람이 없다면 내가 해주겠다."고 나섰다. 길 목사는 흥해에 살 사람이 아니었기 때문에 두 사람의 부모 눈치를 볼 필요가 없었다. 이렇게 되자 결혼식은 급속도로 추진되었다. 길 목사가 흥해를 떠나기 전에 결혼식을 올려야 했으므로 최성묵은 바로 포항에 있는 김순이에게 연락을 했다. 외사촌 오빠를 통해 빨리 흥해로 오라는 최성묵의 연락을 받은 김순이는 그날 막차를 타고 흥해에 도착했다.

버스를 내려서니 최성묵이 기다리고 있다가 김순이의 손을 잡으며 빨리 결혼식을 올려야 한다고 사정을 설명했다. 두 사람은 교회로 가서 정 목사와 전도사를 만났다. 그들은 길 목사와 이야기가 다 되었으니 빨리 결혼식을 올리라는 것이었다. 김순이는 좀 갑작스러운 느낌이 들었지만 달리 선택의 여지가 없었다. 포항의 외자관리청에는 사표를 내고 부랴부랴 결혼식 준비에 들어갔다.

두 사람 모두 양가의 협조를 얻을 수 없었기 때문에 준비는 모두 본인이나 교인의 도움을 받았다. 김순이는 아는 포목점에서 천을 구하고, 아는 분에게 바느질을 부탁해서 한복 두 벌을 예복으로 만들었다. 결혼식장은 당연히 교회였는데 교회 청년들이 밤잠을 안 자고 장식을 꾸며주었다. 예물 교환은 먼저 시집간 친구에게 부탁을 해서 반지를 빌렸다. 그렇게 해서 양가의 부모님들은 아무도 참석하지 않은

1954년 12월 3일 길진경 목사 주례로
흥해제일교회에서 올린 최성묵과 김순이의 결혼식

가운데 친구와 교인들의 축하 속에 1954년 12월 3일 두 사람은 결혼식을 올렸다.

　길진경 목사의 주례로 교회에서 결혼식을 마친 후 신부 집에서 잔치가 열렸다. 당시 흥해 지역의 풍습으로는 신혼부부는 먼저 신부 집에서 1년간 처가살이를 한 후에 다음 해에 날을 잡아 신랑 집으로 들어갔다. 김순이의 부친은 결혼식에는 참석하지 않았지만 이미 결혼한 딸의 신행(新行)을 받아들이지 않을 수 없었다. 두 사람의 결혼이 도무지 마음에 들지 않았지만 주변 사람들의 눈을 의식해서 마지못해 잔치를 열었다. 그리고 못마땅한 사위의 인사를 받았고 이후 두 사람은 김순이의 친정에서 살림을 차렸다.

　그러나 장인은 사위를 바로 쳐다보지도 않았다. 장인은 사위가 인사라도 드릴라치면 못마땅한 헛기침을 뱉으며 휙 돌아앉아 버렸다. 식사도 돌아앉아 하는 형편이었다. 어색하고 불편한 처가살이는 해가 바뀌어 1955년 4월까지 계속되었다.

10

포항고등학교
교단에 서다

1955년 3월 25일 최성묵은 흥해중학교를 사직하게
되었다. 김순이의 회상에 의하면 (그 내용은 확실하게 기억할 수 없으나)
당시 흥해중학교 교장의 매우 부당한 처사가 있었고 이를 용납할 수
없었던 최성묵은 직원회의 석상에서 책상을 치면서 교장을 성토한 후
곧바로 사표를 던졌다. 아마도 다른 교사들 누구도 그런 문제를 지적
하지 않았던 것 같고 최성묵은 그런 분위기를 참을 수 없었던 것 같
았다. 불의를 보고 참지 못하는 최성묵의 성격이 그대로 드러나는 사
건이었다.

며칠 후 쉬고 있는 최성묵을 당시 포항고등학교 학생 서너 명이 찾
아왔다. 학생들은 최성묵에게 포항고등학교로 와서 수학을 가르쳐달
라고 부탁했다. 당시 포항에서 서울대학교 수학과에서 공부한 교사
를 찾기는 어려웠을 것이므로 학생들의 선택은 현명한 것이었다. 최
성묵은 학생들의 요청을 받아들였다. 1955년 4월 6일 최성묵은 포항
고등학교의 수학 교사로 임명되어 수학을 가르치기 시작했다. 그러나
최성묵은 단지 수학만을 가르친 것이 아니었다. 그는 수업을 통해 폭
넓은 인문학적 교양을 후배들에게 베풀었다. 당시 그의 제자였던 김
정조는 그 시절의 최성묵을 다음과 같이 회상한다.

그는 햄릿처럼 ~~수려~~하고 ~~우수~~에 찬 모습으로 우리에게 나타났
다. 언제나 같은 내용의 때 묻은 강의노트나 끼고 다니는 나이든

교사들의 권태로운 잔소리에 진력이 나 있던 시골 고등학교 학생들에게 일류대학 출신의 준수한 애송이 수학교사의 출현은 하나의 사건이었다. 강의 시간의 틈새마다 문학, 철학, 예술의 세계가 파노라마처럼 펼쳐지기도 했고 미지의 세계에 목말라 있는 모교의 후배들에게 그는 섬광과 같은 가능성과 카타르시스를 안겨주는 참으로 잘난 선배교사였다. 오직 그에게 잘 보이고 싶어 담쌓은 수학공부에 관심을 가져보기도 하고 수많은 책들을 밤새워 읽는 버릇을 얻기도 했다.(김정조, 『그의 부활을 기다리며』, 212쪽)

1955년 포항고등학교 재직 시절 교사들의 모습
(뒷줄 오른쪽 끝이 최성묵이다)

포항고등학교로 직장을 옮기는 것을 계기로 해서 최성묵 부부는 분가해 나왔다. 당시 풍습대로 하자면 부부가 신랑의 집으로 들어가야 했지만 모친 안 권사의 고집을 꺾을 수 없었으므로 방을 하나 얻어 신접살림을 차렸다. 그러나 살림살이라야 식기와 냄비 정도가 고작이었고 변변한 가재도구도 없었다. 비록 옹색하고 소꿉장난 같은 살림이었지만 두 사람은 더 없이 행복한 나날을 보냈다.

이 무렵에 기독교장로회의 지도자 김재준 목사가 포항에서 설교를 하게 되었다. 자유당 정권이 상당한 압력을 가했지만 최성묵이 나서서 포항고등학교 강당을 설교 장소로 사용할 수 있도록 노력했다. 김재준 목사는 1956년 가을에도 흥해제일교회의 사경회(査經會)에 참석해서 교인들을 격려하였다. 최성묵은 평소 존경하던 김 목사를 만나면서 신학 공부에 대한 열망을 구체화하게 되었다.

최성묵은 6·25전쟁의 와중에 죽음의 문턱에서 다다랐을 당시, 그 위기를 벗어난다면 남은 생은 하느님을 위해 바치겠다는 서약을 마음 속으로 한 바가 있었다. 그 서약은 늘 최성묵의 심중에 자리 잡고 있었으며 한시도 잊은 적이 없었다. 그렇지만 그 서약을 실행하기 이전에 하고 싶었고, 해야 할 것이 대학 공부와 결혼이었다. 그래서 비록 졸업은 하지 못했지만 대학을 충분히 경험했고, 결혼도 뜻대로 이루었다. 하지만 그의 결혼은 아직 반쪽짜리 결혼에 불과했다. 어머니 안갑선 권사는 아직도 김순이를 며느리로 인정하지 않았다. 또한 결혼과 함께 경제적 독립을 위해 생계를 꾸리는 일도 중요했다. 물론 포항고등학교의 교사 생활은 단순히 생계수단으로서의 의미만 있는 것은 아니었다. 어린 후배들을 가르치는 일은 매우 보람 있고 즐거운 일이었다. 어쨌든 모든 게 아직은 미숙했지만 겨우 자리를 잡아가는 중이었다.

그런데 하느님께 했던 서약을 실행해야 할 시기가 다가오고 있었다. 달콤한 신혼생활과 그런대로 매력 있는 교사생활에 안주할 것인가, 아니면 하느님께 서약했던 신앙의 새롭지만 고생스러운 길로 갈 것인가, 결단을 요구하는 내면의 목소리가 점점 커지기 시작했다. 가끔 최성묵은 한밤중에 혼자 깨어 고민에 잠기기도 했다. 하지만 그 고민은 오래가지 않았다. 그때 그의 나이는 스물여섯을 헤아리고 있었다. 더 늦으면 새로운 길을 가기가 더 어려워질 것이었다. 하지만 어머니와는 불화가 계속되고 있었고 그 길을 가려면 아내와도 떨어져 다시 신학교 생활을 시작해야 했다. 수중에 돈도 없었지만 하느님께서 이끌어주실 것이라고 믿고 최성묵은 결단을 내렸다. 스물일곱의 나이에 한국신학대학에 편입하기로 했다. 물론 정용철 목사나 김재준 목사의 격려도 큰 힘이 되었다. 최성묵은 스스로 결단한 후에 김순이에게 자기의 결심을 밝혔다. 김순이도 최성묵과 떨어져 사는 것이 두려웠지만 그의 결단을 존중하고 지지했다. 일단 결단하면 신속하게 실천하는 것이 최성묵의 성격이었다. 그는 곧바로 한신대 편입을 위한 준비를 시작했다.

11
한국신학대학
진학

최성묵은 김재준 박사의 권유에 의해 한신대 진학을 결심하게 되었고 1955년 한 해 동안 근무한 포항고등학교를 사직하고 1956년 4월 5일 한국신학대학 2학년에 편입학했다.

최성묵은 흥해를 떠나 서울로 올라갔다. 그리고 1949년부터 흥해제일교회에서 일했던 강혜순 전도사의 큰집에서 그 조카의 가정교사를 하면서 숙식을 해결했다. 최성묵을 아는 강 전도사의 부군 김광열 장로가 소개한 것이었다. 그때 강 전도사는 결혼하여 제천에 살고 있었다. 김순이도 남편 상경 후 강 전도사의 권유로 몇 개월간 제천에서 생활하다가 첫 아이의 임신으로 다시 친정으로 와서 해산하였다. 장녀 혜림을 출산한 것이었다. 얼마 후 김순이는 장녀를 데리고 시집으로 들어갔다. 결혼 후 상당한 시간이 지났고 손녀까지 생긴 상황이라 시어머니 안 권사는 노여움을 풀고 며느리를 받아들였다. 그때부터 김순이는 과수원에서 일하며 최성묵이 한신대를 졸업할 때까지 고된 시집살이를 하게 되었다.

그동안 최성묵은 한신대에서 열심히 신학을 공부하면서 자신의 신앙세계를 확장해갔다. 한신대 시절은 최성묵의 삶에 새로운 전기를 가져다주었다. 그의 신앙은 한신대의 자유주의 신학의 토대 위에 더욱 굳건히 서게 되었을 뿐 아니라 사회와 역사를 보는 그의 안목도 더 넓고 깊어졌다.

최성묵이 한신대에서 신학을 공부하던 1950년대 후반의 한국

사회는 전쟁의 후유증과 함께 암담한 절망이 짙게 깔려 있던 시대였다. 박태순, 김동춘은 1950년대의 한국사회를 다음과 같이 묘사했다.

무기력과 무관심과 불감증의 시대, 50년대를 이렇게 묘사할 수 있을 것이다. 한국전쟁이 남긴 엄청난 물질적·정신적 상처, 미국으로부터의 원조물자에 기생해서 세상을 주름잡은 정상배들과 정치깡패들의 할거, 온갖 어용단체들의 난무와 관제 데모, 농어민들과 도시 빈민들에게서 송기죽이라든가 꿀꿀이죽마저 앗아가게 한 극심한 가난, 출세주의적이고 개인주의적인 청년학생과 대학문화, 순종과 침묵만이 허용된 지식사회, 보수 야당까지 적으로 몰아세운 정치판…. 이러한 분위기하에서 도대체 '변화', '발전'을 꿈꾸는 사람이 있었다면 그는 분명 몽상가였을지 모른다. 따지고 보면 이러한 정치·사회적 분위기는 남북분단과 6·25전쟁이라는 엄청난 정치적 경험이 가져다준 것이다. 그것은 곧 일제가 남기고 간 가장 추악한 잔재들을 고스란히 물려받음과 동시에 민중들의 자발적인 운동이란 운동은 깡그리 땅속에 묻어 버리고 오직 구미에 맞는 정치집단만 허용한 채 시민사회의 활기와 생명력을 질식시킨 이승만 단독정부의 작품이었던 것이다.(박태순, 김동춘, 1991, 『1960년대의 사회운동』, 까치, 41쪽)

1948년에 탄생한 신생 대한민국은 분단과 전쟁을 거치면서 이승만 대통령의 독재가 점점 더 기승을 부리는 나라로 전락해갔다. 사람들의 삶은 가난과 부정부패, 차별과 억압 속에서 희망 없는 나날을 이어가고 있었다. 1950년대부터 잡지『사상계』를 발간하여 집권층의 부정부패를 질타하고 청년들의 각성을 촉구했던 장준하는 다음과 같이 당시 자유당 정권을 비판했다.

한편에서는 만백성이 아사의 곤경에서 신음하는 소리가 도비(都鄙)에 충만함과 아울러 강도·살인·절도·자살이 일상 항다반사로 화한 그 반면에는 권력과 야합한 정상모리배(政商謀利輩)의 난무로 이 나라의 모든 형편은 실로 풍전등화의 위기에 처해 있다. 이 같은 처참한 환경을 앞에 하고도 이에 대해서 마땅히 책임을 져야 할 위치에 있는 정치인들이 "절량(絶糧)*이라 해도 굶어죽었다는 소리를 못 들었다"느니 "6·25 당시보다 낫다"느니 하는 따위 무책임한 극한 방언(放言)을 자행하고 있다. 진실로 언어도단이요 통분을 금할 길이 없다. 권력의 고좌(高座)에 앉아서 백성을 얕봄이 금수(禽獸)에도 못한 이 오만불손을 역사는 길이 두고 판정을 내릴 것이다.

문노니 그대들은 언제 고급차에서 내려 초막에 신음하는 백성들과 그 괴로움을 같이한 일이 있던가? 어느 때 어느 장소에서 그대 자신이 배고픈 쓰라림에 이 생을 원망한 일이 있던가? 언제 한번 그대의 어린 자녀들이 결식(缺食)을 호소함에 이를 충족시켜주지 못하는 어버이의 쓰라림을 당한 일이 있던가? … 자신은 호화에 젖어갈수록 사욕의 구렁에서 백성을 짓밟으면서

* 보릿고개로 인해 양식이 떨어진 상태를 말한다.

무엇으로써 정치를 한다고 할 작정인가? 이로써 과연 후세에 대할 면목이 있다고 생각하는가? 역사의 심판을 감당할 자신이 있는가? (하략) *

아이러니한 것은 그런 속에서도 기독교 교회는 번창하고 교세가 커져갔다는 점이다. 특히 이승만 정권은 기독교 정권이란 말을 들을 정도로 기독교 신자가 많이 참여하고 있었다. 1948년 5월 제헌국회가 처음 열렸을 때 임시 의장 이승만이 "독립국가로서 국회를 열게 된 데 하느님께 감사드린다"며 이윤영 목사에게 순서에 없던 기도를 부탁했던 것은 상징적이다. 이후 이승만은 기독교 편향적인 정책을 폈다. 군대에 교회를 만들고, 목회자가 군인들에게 전도할 수 있게 한 군목 제도, 교도소 수감자들을 교화한다는 형목제도가 이승만 집권기에 도입되었다. 그가 임명한 장관급 고위직 135명 중 47.7%가 기독교인이었다.** '경찰서 100개를 짓는 것보다 교회 하나 만드는 것이 낫다'거나 '온 국민을 기독교 신자로 만들어야 한다'는 등의 주장이 집권층 속에서 공공연히 나오기도 했다. 그런 이유로 당시 대부분의 한국교회는 이승만과 자유당 정권을 지지했다.

하지만 함석헌 선생이나 김재준 목사 같은 소수의 지도자들은 이승만 정권을 준엄하게 비판하고 청년들에게 새로운 비전을 제시하려고 애썼다.*** 최성묵이 한국신학대학에 편입학한 1956년은 5월의 대통령 선거, 8월의 지방선거 그리고 11월의 진보당 창당 등 정치사회적으

* 장준하, 1985, 『민족주의자의 길』, 도서출판 사상, 211-212쪽
** 강주화, 2010, 『박상증과 에큐메니칼 운동』, 삼인, 123쪽
*** 박형규 구술, 신홍범 정리, 『나의 믿음은 길 위에 있다』, 창비, 100-101쪽

로 온 사회가 몸살을 앓던 시기였다. 자유당 정권은 집권 연장을 위한 온갖 술수와 공작을 벌이는 추태를 연출했다. 이해 4월 김재준은 온갖 부당한 압력에도 불구하고 정치와 교회, 국가 등의 문제에 대해 다음과 같이 발언했다.

> 법을 무시한 권력행사는 폭군이요 전체주의적 악행입니다. 그런데 법의 혼은 정의입니다. 정의란 것은 윤리학에서 규정되는 것이며 윤리는 하느님의 계명에 근거한 것입니다. 신자 아닌 일반인사의 정의 개념은 그들의 양심에 의거한 것입니다. 양심은 하느님과 인간의 접촉점입니다. 그러므로 교회는 국가가 법을 옳게 제정하여 바르게 행사하기 위하야 하느님의 예언자, 목자 구실을 해야합니다. 적어도 계몽하고 선교해야 합니다. … 우리는 여기서 교회의 용기와 정부의 솔직한 자아비판을 요구합니다. 교회의 아첨과 불순한 타협, 그리고 정부의 교만과 폭력이 상승일로를 걷는다면 그 결과는 더욱 악화할 것입니다. 결국에는 하느님의 것까지도 가이사에게 던져주어 가이사 자신의 신화를 조장하는 것이 될 것입니다. 그것은 피차 멸망할 악마의 씨앗을 우리 역사에 심는 것이 됩니다.(김재준, 1984, 「국가와 사회」, 『그리스도와 함께 걷는 인간의 길』, 삼민사)

모든 국민을 바르게 자유롭게 살도록 보살피고 특히 가난한 사람, 병든 사람, 밑바닥에 깔려 사는 민중을 더 위해주는 것이 민주성무인 섯입니다. 그런데 자유민주의 나라라는 우리나라 정부 관리와 사회 특권인사들에 있어서 빽 없이 되는 일이 없고, 뇌물 없이 처리되는 사건이 없다고들 합니다. 이런 사례는 부패 이기주의여서 「민주파괴운동」입니다. 우리는 자유민주주의를 그리스도화해야 되겠습니다. 크리스챤 정신의 바른 민주주의적 정치문화를 건설해야 합니다. 입후보자나 투표자나 「진실」로 일관해야 하겠습니다. 선거 기간 중 공정이 절대 보장되어야 하겠습니다. 이 일을 위하여 기도하고 계몽하고 협력해야 합니다.(김재준, 1984, 「진실과 공정의 정치」, 『그리스도와 함께 걷는 인간의 길』, 삼민사)

김재준 목사가 이끄는 한국신학대학은 1950년대의 암울한 한국 교계와 사회에 새로운 인재를 길러내는 요람의 역할을 했다. 한신대 교수들은 새롭게 자라나는 젊은 세대에게 나라의 미래가 달려 있다고 생각하고 그들을 새로운 사상과 신앙의 세계로 인도하고자 노력했다. 한신대의 이런 분위기 속에서 최성묵의 신앙은 더욱 깊고 넓어져갔다.

한신대에서 최성묵이 깊이 사사한 분은 조직신학을 강의한 박봉랑 교수와 구약학을 강의한 김정준 박사였다. 이 두 분은 최성묵의 신학사상에 깊은 영향을 끼쳤을 뿐 아니라 그의 멘토로서의 역할도 해주었다. 최성묵이 일찍부터 기독학생운동을 시작하게 된 것도 두 사람의 추천이 있었기 때문으로 추측된다.

1959년 3월 최성묵은 한신대를 졸업하고 잠시 충북 제천에 있는 제천중학교의 교사이자 제천제일교회의 전도사로서 일하게 되었다. 강혜순 전도사의 부군인 김광열 장로가 최성묵을 초빙했던 것이다. 그는 제천에서 토지를 많이 소유하고 있었고 제천중학교 등 학교법인의 이사장이기도 했다. 최성묵은 가족과 함께 제천읍에 살면서 학교에서 수학을 가르치고 주일에는 교회 일도 함께 했다.

그러나 최성묵은 얼마 후 제천 생활을 접고 서울로 가게 된다. 당시 손명걸 목사가 총무로 있던 KSCM의 고등부 간사로 일하게 되었기 때문이다. 정확한 시기를 알 수는 없으나 최소한 1960년 4월혁명이 터지기 이전에 최성묵은 KSCM에서 고등학생들을 지도하기 시작했다.

12
4월혁명과
기독학생운동

1960년 봄, 3·15선거를 전후해서 꿈틀대기 시작한 민중의 분노는 마침내 자유당 정권을 타도하는 거대한 혁명으로 분출했다. 최성묵이 제천의 학교를 그만두고 상경한 직후였다. 이 거대한 시대의 소용돌이는 그를 새로운 역사의 무대 한가운데로 불러내었다. 이 시기 그의 생활에 대한 흔적을 알 수 있는 자료는 그해 12월 14일 장남 혜승이 태어난 기록을 제외하면 거의 없지만 최성묵의 사상과 기질을 감안할 때 4월혁명 당시 그가 가두시위의 앞장을 섰으리라는 것은 충분히 상상하고도 남음이 있다.

4월혁명이 한국교회에 준 충격은 실로 엄청난 것이었다. 그때까지 이승만 정권의 품 안에 안주하고 있던 한국교회는 천지개벽 같은 사태 앞에 어찌할 바를 몰랐다. 일찍부터 이승만 정권을 비판해온 김재준 목사는 거리에서 울려퍼지는 숱한 아우성을 들으며 시대의 변화를 실감했다. 박형규 목사는 4월혁명의 충격을 다음과 같이 술회하고 있다.

나는 그때까지 사회 전반의 부조리나 부정부패 같은 것에는 거의 관심을 두지 않은 채 평범한 목회생활을 즐기고 있었다. 그러다 1960년 4월 19일 역사적인 날을 맞게 되었다. 이날은 우리나라 역사에서도 중요한 날이지만 내 삶에 있어서도 잊을 수 없는 날이다. 수많은 젊은이들이 뜨거운 피를 쏟은 4·19혁명을 현장에서 지켜보면서 생각이 크게 바뀌었기 때문이다. … 들것에 실린 학생들이 피를 흘리는 모습을 보았을 때, 무언가 내 머리를 강하게 내리치는 느낌이 들었다. 그들에게서 나는 십자가에서 피 흘리는 예수의 모습을 보았다. 하느님의 진노가 쏟아지는 것 같은 강렬한 느낌이었다.(박형규, 『나의 믿음은 길 위에 있다』, 97-98쪽)

최성묵은 4월혁명 이전부터 김재준 박사의 영향을 받고 있던 터라 이미 현실참여에 관심을 갖고 있었지만, 기독학생운동의 실무에 뛰어들게 된 것은 4월혁명이 몰고 온 기독교계의 변화와 무관하지 않았다.

최성묵이 서울에서 KSCM의 간사로 일하기 시작하면서부터 그의 독특한 풍모는 사람들의 이목을 끌었다. 당시의 최성묵에 대해 차선각 목사는 다음과 같이 회상하고 있다.

KSCM(대한기독학생회전국연합회)에서 간사로 활동하던 최성묵 목사를 1961년 1월 서울 수유리에 위치한 한국신학대학에서 열린 KSCM 겨울대회에서 만났다. … 그런데 학생들이 주최 측의 불성실에 대하여 항의했더니 전도사인 최성묵 간사가 "야, 이 새끼들아" 하면서 욕을 퍼붓고 핏대를 내는 것을 보면서 나는 너무나 의아했고 충격적이었다. 전도사나 목사는 온유하고 겸손하며 사랑의 실천자로만 생각하던 나의 관념에 크나큰 자극을 주어 '최성묵'이란 이름이 나의 머릿속에 강하게 각인되면서 몸으로 신학하며 실천하는 최성묵 간사를 통해서 지금까지는 생각지도 못했던 Christian Identity를 발견하기 시작했다.(차선각, 『그의 부활을 기다리며』, 161쪽)

차선각 목사의 말대로 당시 최성묵의 별명은 '최핏대'였다. 최성묵의 솔직하고 직설적인 성격을 나타내주는 별명이었다. 당시 교계에서 최성묵 이전에 '핏대'라는 별명을 얻은 이는 고 강원룡 목사였다. 강 목사는 무언가 마음에 들지 않는 일이 있으면 참지 않고 불같이 화를 내어 '강핏대'라는 별명을 얻었다고 한다. 최성묵 역시 그런 별명을 얻은 데는 이유가 있었다.

이 시기 최성묵을 접했던 이직형은 그가 매우 활력이 넘치고 동적인 사람으로 명랑하고 낙천적인 기질을 갖고 있었다고 증언한다. 그리고 학생들에게 기독학생운동에 대한 동기를 부여하는 데 탁월한 능력이 있었다. 최성묵은 성서를 해석할 때도 전통적인 방식이 아니라 현재의 사회, 정치적 정황에 비추어 입체적으로 분석했고 기독학생의 입장에서 어떻게 생각해야 하는지를 제시했다. 그랬기 때문에 많은 기독학생 후배들이 최성묵을 따랐다. 최성묵 역시 학생들과 어울리기를 좋아했다. 최성묵은 그렇게 사람들을 끌어들이는 매력이 있었다.

그렇지만 어떤 원칙이나 신념과 관련해서 입장을 분명히 해야 할 경우에는 언제든지 격정적인 토론을 하는 한이 있더라도 자신의 입장을 밝혔다. '최핏대'라는 별명은 그런 태도 때문에 붙여진 것이었다. 그러나 최성묵이 핏대를 세웠던 것은 단지 그의 성격 때문만은 아니었던 것 같다. 최성묵과 함께 일했던 오재식은 다음과 같이 말했다.

> 어림잡아 보면 1960년대는 학생들과 군인들이 대치하고 대결하던 10년이었다. … 60년대를 통해서 최성묵 목사와 나는 기독학생운동의 실무직원으로 뛰었다. 온갖 잡무를 다 맡아 하면서도 피곤한 줄을 몰랐다. 우여곡절의 고비마다 얽힌 실타래를 풀었고 지도자들의 허울 좋은 허풍들도 옷을 입히느라고 애썼었다. 전쟁을 벗어난 젊은이들의 열정과 기개가 허황된 줄을 알면서도 그것들을 받쳐주려고 안간힘을 썼다. 나는 공부한답시고 3년여를 떠나 있었으나 최 목사는 남아서 그 궂은 치다꺼리를 다 감당했다.(오재식,『그의 부활을 기다리며』, 161쪽)

열악한 조건 속에서 오직 열정 하나만으로 버텨나가야 했던 상황이 최성묵이 자주 핏대를 세울 수밖에 없었던 이유가 아니었는지 모를 일이다.

1961년 5월, 5·16쿠데타가 일어났다. 쿠데타는 또 한 번의 충격을 기독교계에 던져주었다. 그러나 자유당 때와는 달리 교계에서도 군부의 원대복귀를 종용하고 민의에 의한 정치를 구현할 것을 강조하는 소위 재야세력이 형성돼가고 있었다. 최성묵과 함께 일했던 박상증은 군정시절, 김재준 등 재야 어른들의 심부름을 했던 기억을 다음과 같이 술회하였다.

그 때 최고회의 의장은 박정희 소장이었다. 그래도 현실적으로 권력을 장악하고 있었던 자이니 그에게 전해야 할 성명서는 붓글씨로 써야 한다는 재야 어른들의 주장 때문에 시내 대서방을 찾아 다녔던 기억이 새롭다. 그러나 문서의 내용이 너무 어마어마해서 글을 쓰려고 나서는 사람이 하나도 없었다. 결국 종로 네거리 파출소 뒷골목의 대서방 영감이 비밀을 담보로 달필로 글을 써 줬었다. 종로 2가 기독교서회 2층 회의실에서 기다리시던 재야 어른들에게 전달하기까지는 상당한 시간이 걸렸다. 우리가 전해드린 두루마리를 검열하신 후 그것을 최고회의에 가져다주라는 분부가 내려졌다. 이것 역시 젊은 사람들의 몫이었다. 그러나 그 시절에 최고회의 앞에는 쥐 한 마리 얼씬거리지 못하는 때였다. 떨리는 마음을 진정시키고 용감하게 기독교서회 회의실을 나와서 걸어가도 될 거리를 시발택시 잡아타고 최고회의 앞에 서 있는 보초에게 전달하는 것이 고작이었다.(박상증, 『그의 부활을 기다리며』, 161쪽)

이제 4·19의 정신을 이어받아 군정세력에 저항하는 반독재 민주화의 요구가 학생운동을 중심으로 다시 형성되기 시작했다. 기독학생운동도 그런 기운을 받으며 서서히 조직 정비를 해나갔다.

13
KSCM 간사 시절

당시 한국기독학생운동은 한국학생기독교
운동협의회(KSCM, Korea Student Christian Movement), 대학YMCA, 대학
YWCA라는 3대 단체로 분리되어 있었다. KSCM은 대학생부와 고등
학생부로 구성되어 있었고, 대학YMCA, 대학YWCA는 청년과 대학생
들로 구성되어 있었다. 이 단체들은 상호 간에 정보교환, 연합운동 나
아가서 통합조직으로 만들자는 논의가 1950년대부터 시작되었다. 그
배경은 3단체가 모두 대외적으로는 세계기독학생운동연맹(WSCF)과
관계를 맺고 있었고, WSCF로서는 한 나라에 하나의 회원단체만을 인
정한다는 원칙이 있었기 때문이었다. 국내적으로는 교회가 여러 파로
갈라졌는데 학생들까지 갈라지지 말고 통합으로 하나가 되자는 요구
가 있었다.

1955년, 학생기독교운동체들의 통합을 위한 명동협의회가 열렸고
여기에는 WSCF에서 아시아지역 간사 쵸 · 탄(Kyaw Than)이 왔고 3단
체의 지도자와 학생대표들이 모였다. 여기서 각 단체의 역사적인 특
성과 사회적 역할의 차이를 넘어서 일치를 지향할 것을 합의했다. 중
요한 합의 사항은 통합을 위한 협의체로서 한국학생기독교운동협의
회(KSCC, Korea Student Christian Council)를 설립하고 3단체의 지도자들이
그 임직원을 맡기로 했던 것이다. 그러나 합의 이후 실행은 순탄하지
않았다. 공식적인 협의회 운영체제는 겨우 1959년에야 조직되었는데
그마저도 실무진이 없는 상태였다. 당시 한국의 주요 교단은 기독교
연합회에 가맹하였는데 표면적으로는 독자적인 학원 선교는 하지 않

는 것으로 되어 있었으나 교파적 선교의 욕망을 완전히 포기하지는 않았다.

그때 통합을 위해 매우 유리한 조건이 외부에서 제공되었다. 당시 미국 감리교회는 한국감리교회에 미국식 교파적 청년학생운동을 도입하기 위해 선교사를 파송했다. 그때 파송되었던 대한감리교 총리원 수뇌부의 선교사가 후일 미국 대사로 부임하게 되는 제임스 레이니 (James Laney) 목사였다. 그런데 감리교단은 선교사의 봉사영역을 감리교에서 KSCC로 옮기고 감리교 사업에 사용하려 했던 정동의 젠센기념관도 함께 제공하는 중대한 결정을 했던 것이다. 그래서 1960년 레이니 목사는 KSCC의 협동총무로 초빙되었고 그의 주선으로 KSCC의 사무국을 젠센기념관에 설치했다.

이런 상황에서 최성묵은 KSCM 간사로서 열심히 일했다. 가족들은 제천에서 일단 경주(이때는 가족들이 흥해에서 경주의 과수원으로 이주하였음) 본가로 가서 준비 기간을 가진 후 서울로 이사를 하게 되었다. 이때 손주들과 헤어지는 것이 섭섭했던 안 권사의 주장으로 김순이는 장녀 혜림을 할머니 댁에 맡기고 장남 혜승만 데리고 상경했다.

김순이의 회상에 따르면 최성묵이 서울에서 일하는 동안 그는 늘 바쁘게 움직였고 귀가시간은 거의 12시였다. 12시가 되어서 귀가하는 최성묵에게 김순이는 늘 따뜻한 밥과 국이 놓여진 밥상을 올렸다. 그리고 최성묵은 김순이에게 그날 밖에서 있었던 일들을 얘기하면서 둘만의 대화를 나누었다. 김순이는 대화를 통해 그의 활동과 생각들을 이해할 수 있었다. 부부간의 이런 대화는 평생 동안 계속되었고 그것은 그늘 부부의 각별한 애정이 변함없이 지속되는 원천이었다.

최성묵의 가족은 상경 후 혜화동에서 전세를 살았는데 얼마 후 뜻밖의 일로 어려움을 겪게 되었다. 최성묵에게 누군가 아는 사람이 와서 1주일 후에 반드시 갚겠다고 하면서 돈을 꾸어달라고 사정했다. 딱한 사정을 들은 최성묵은 그의 약속을 믿고 수중에 있던 사무실의 돈을 빌려주었다. 그런데 빌려간 사람은 1주일이 지나도 돈을 갚을 생각도 하지 않는 것이었다. 더구나 그 돈은 최성묵의 것이 아니라 사무실의 공금이었기 때문에 당장 있어야 했다. 사람을 잘 믿을 뿐 아니라 어려운 사람이 있으면 어떻게든 돕고 싶어 하는 최성묵의 성격이 빚어낸 사고였다.

　　최성묵은 그 일을 아내에게 솔직히 말했다. 김순이는 너무 화가 났지만 어떻게든 일을 수습해야 했다. 결국 살고 있는 집의 전세금을 빼서 먼저 사무실의 돈을 메꾸어놓은 다음에 돈을 빌려 간 사람을 찾으러 나섰다. 어린 혜승을 등에 업고 그 사람의 집을 찾아 나선 것이다. 서울 지리를 잘 모르는 김순이는 막내 시누이를 앞장세웠다. 안양 어딘가에 있었던 그 사람의 집은 어떤 개천가의 낡고 더러운 집이었다. 입구에 있는 부엌에는 문짝도 없이 가마니로 가려져 있었고 방 안에는 구두만 한 켤레 다듬잇돌 위에 놓여 있었다. 들여다보니 좁은 방 안에 한 남자가 낮잠을 자고 있었다. 채무자를 깨워 이야기를 해봤지만 살고 있는 꼴만 보아도 거기서 빌려준 돈이 돌아올 것으로 기대하기는 애초에 싹수가 노란 일이었다.

　　김순이는 돈을 돌려받기를 단념할 수밖에 없었다. 더구나 사무실 돈을 메꾸어놓고 나니 당장 월세를 낼 돈도 남아 있지 않았다. 그래도 노숙을 할 수는 없으니 싼 방을 얻기 위해 부지런히 돌아다녀야 했다. 김순이는 혜화동에서 가까운 삼선교 쪽으로 방을 얻으러 내려

1965년 최성묵의 KSCM 간사 시절 부부의 모습

갔다. 복덕방에서 방세가 싸다는 어떤 적산* 집을 소개했다. 가서 보니 ㄱ자 집인데 한쪽에 주인집 방이 있고 다른 쪽에는 셋방이 여러 개 나란히 붙어 있었다. 부엌은 칸막이가 아예 없고 방만 칸막이가 되어 있는 그런 집이었다. 이 집은 월세를 선불로 내야 했는데, 김순이는 주인 아주머니를 찾아 방 한 칸을 얻으러 왔는데 지금은 돈이 없지만 한 달 후에 월급을 타서 월세를 줄 테니 사정을 봐달라고 사정했다. 주인 아주머니는 이렇게 방 얻으러 오는 사람은 처음 본다고 하면서도 아기 엄마를 보니 거짓말할 사람이 아닌 것 같으니 그렇게 하라고 허락했다. 그래서 그 집의 맨 끝 방을 얻어 이사를 하게 되었다. 이사를 가도 그것은 전부 김순이의 몫이었고 최성묵은 어디로 가는지도 몰랐다. 이사 간 집의 위치를 김순이가 가르쳐주면 최성묵은 퇴근 후에 찾아올 따름이었다. 이처럼 최성묵은 지나치리만큼 이재(理財)에 대한 관념이 없었다. 그 때문에 김순이는 살면서 경제적 어려움을 겪어야 했다.

어느 날은 김순이가 최성묵이 일하는 젠센기념관에 들른 일이 있었다. 그러자 사무실의 여직원이 김순이를 보고 말했다.

"아휴, 사모님, 어떻게 사세요?"

김순이가 웃으며 왜 그러냐고 하니 여직원 말이 간사님이 사무실에 있으면 시골에서 제자라고 찾아오고, 고향사람이라고 찾아오는데 오는 사람마다 고향 갈 차비가 없다, 쌀이 떨어졌다면서 사정을 하면 그때마다 주머니에서 있는 대로 털어서 돈을 줘 보낸다는 것

---

* 적산(敵産)이란 적의 재산이란 뜻으로 8·15해방 전 일본인 소유였던 토지·가옥·공장 등을 말한다.

이었다. 간사 월급을 뻔히 알고 있는 여직원으로서는 그렇게 하면
서 집에서는 어떻게 생활을 할지 걱정이 되었던 것이었다. 그래도
김순이는 없는 살림을 쪼개고 또 쪼개서 억척같이 살아나갔다. 식
생활은 오로지 밥과 김치만으로 때우고 난방은 연탄만 있으면 견뎌
낼 수 있었다.

14
기독학생운동의
통합을 위해

     당시 KSCM에는 전국 50여 개 대학과 200여
개 고등학교 기독학생회가 회원으로 가입해 있었다. 1960년대 전반기,
KSCM의 총무를 맡았던 분은 손명걸 목사였는데 최성묵은 손 목사
와 같은 사무실에서 일했다. 그런데 최성묵은 때로 손 목사와 의견이
맞지 않아 화가 날 때면 아예 책상을 돌려놓고 얼굴도 마주 보지 않
을 때도 있을 만큼 고집이 있었다. 그만큼 자기의 소신이 강했다. 자
신이 옳다고 생각하면 주변에 의논하지 않고 밀어붙이는 경우도 많
았다. 그런 만큼 자신을 따라주지 않으면 때로는 "이 개새끼들!" 하면
서 욕도 하고, 불같이 화를 내었다. 하지만 뒤끝은 없었다. 화를 낼 때
는 내지만 상황이 정리되면 "야, 이놈들아, 술 마시러 가자." 하면서
앞장섰다. 누구와 얘기하더라도 감추고 숨기는 것이 없었고 예스와
노가 분명했다. 학생들에게 술도 세일 샀고 호기가 넘쳤으며, 카리
스마가 대단했다. 그는 자신의 일뿐 아니라 다른 사람들이 하고 싶어

하지 않는 일도 자청하여 떠맡았다. 1963년 겨울 최성묵을 처음 만난 이직형은 그의 첫 인상을 이렇게 기억한다.

> 쉽게 접근하기 어렵고 매서운 눈길을 가졌으며 질문을 하면 단답으로 끝내는 사람이었다. 땀저린 노동모를 항상 쓰고 다니는 사람으로 교회 주변에서는 보기 드문 패션이 퍽 인상적이었다.(이직형, 『그의 부활을 기다리며』, 149쪽)

이 시기에 최성묵이 했던 일들을 살펴보면 KSCM의 조직을 관리하는 고유의 업무 외에도 여러 가지가 있었다. 먼저 국제 워크 캠프(Work Camp) 운동이 있었다. 워크 캠프는 1950년대에 세계적으로 확산되었던 청년프로그램이었는데 각국의 청년들을 상호 교류 방문하게 하면서 봉사활동을 통해 지도자를 양성하는 것이 목적이었다. 최성묵은 실무 간사로서 이 프로그램을 조직하고 열심히 참여했다.

다음으로 청년학생단체협의회의 창립이었다. 이 단체를 창립하게 된 배경은 박정희 정권의 청소년정책 때문이었다. 박 정권은 청소년 문제를 두 가지 발상으로 생각했는데 첫째는 청소년 전체를 우범자로 보는 '청소년 선도'의 시각이었고, 다른 하나는 정치적 목적으로 청소년을 동원하려는 시각이 있었다. 어느 것이나 자율적인 청소년 활동과는 거리가 먼 것이었다. 이러한 정책에 대한 대응으로 창립한 것이 이 단체였다. 이 단체는 창립 후 한국유네스코의 청년학생부와 연계하여 자율적 청소년 활동을 위한 기초를 놓는데 상당한 역할을 하게 되었다.

셋째로 한국교회청년협의회(EYC)의 구성이었다. 이 협의회는 한국교회에 뿌리내려가는 교파주의에 대한 문제제기인 동시에 이를 극복하기 위한 자발적 노력으로서 조직한 초교파적 기독청년단체였다. 이 운동을 한 단계 더 발전시키기 위해 당시 NCC 청년 간사인 박상증 등은 에큐메니칼 청년대회를 추진하였다. 그때 200명의 인원을 수용하여 숙식할 수 있는 장소가 드물어 이화여자대학교 기숙사의 사용을 요청하였는데 당시 이대 총장 김활란 박사가 뜻밖에도 쾌히 승낙하여 행사를 할 수 있었다. 또한 한국교회청년협의회가 주동이 되어 1964년 12월 필리핀에서 열린 아시아 에큐메니칼 청년대회에 한국대표로 청년 44명을 보내기도 했다. 당시는 해외여행이 자유롭지 못하던 시기여서, 비행기를 전세 계약하고도 정부의 여권 발급이 까다로워 백방으로 노력한 끝에 겨우 전원을 비행기에 태울 수 있었다.

그러던 중 1964년 6월경 KSCC에서 감사를 맡고 있던 오재식과 레이니 목사가 미국으로 가게 되면서 최성묵이 KSCC의 일을 하게 되었다. 그때부터 1968년 통합 대회를 거쳐 KSCC가 해산되기 직전까지 기독학생운동 통합작업의 기초적 실무는 모두 최성묵의 손으로 이루어졌다고 해도 과언이 아니다.

KSCC는 군사정권이 추진하는 산업화 과정에서 드러난 사회적 모순들을 치유하기 위한 여러 프로그램을 가동했다. 이러한 프로그램들은 3대 기독학생단체가 통합하기 위해서 공동의 의제와 토론 그리고 실천이 있어야 한다는 요청과도 맞물려 있었다. 그 내용을 보면 WSCF가 제시한 '교회의 생명과 사명' 프로그램이 있었고 각종 연수회가 지역별로 또는 수도권에서 진행되었다. 그 주제는 민주주의, 경제개발과 윤리의 문제, 사회적 가치와 경제개발, 대학사회의 사명, 근대화, 세속화, 토착화, 혁명의 신학 등과 같은 다양한 것이었다.

1963년부터는 기독자교수협의회가 결성되어 교수들 내부의 토론과 협의도 활발해졌고, 현안 주제에 대한 교수와 학생 간의 토론도 진행되었다.

이 무렵 KSCM의 손명걸 목사가 미국으로 유학을 떠나게 되어 박형규 목사가 후임으로 와서 기독학생운동의 활성화를 위해 열심히 노력하였다. 박형규 목사의 회고록에 의하면 한국의 기독학생운동은 새로운 변화의 과정에 있었음을 알 수 있다.

1966년에는 KSCM 대학생 여름대회가 부산 수산대학에서 열렸는데 이 대회의 주제는 '우리 민족의 장래와 기독교'였다. 김관석 목사가 강사로 와서 주제 강연을 했는데 그 요지는 한국 기독교가 서구 신학과 교회의 전통을 모방만 할 것이 아니라 우리의 주체적 신학과 신앙형태를 만들어야 한다는 것이었다. 이 강연은 많은 학생들에게 감명을 주었고 이후 '한국의 복음화'라는 구호 대신 '기독교의 한국화'라는 말이 널리 쓰이게 되었다.

또 1967년에는 선거를 앞두고 전국 5대 도시에서 '한국 민주주의의 성장과 기독자의 현존'이라는 주제로 창립 20주년 강연회를 열었다. 나라의 민주주의를 발전시키려면 기독자들이 정치에 책임을 느끼고 적극 참여해야 한다는 취지였다.

이 강연회의 주제에 '기독자의 현존(presence)'이란 말이 들어간 것은 1964년 7월 아르헨티나에서 열린 WSCF의 성명과 관련이 있다. WSCF의 성명이 이 말을 자주 사용하여 곳곳에서 논의의 대상이 되었기 때문이었다. '기독자의 현존'이란 말은 '그리스도의 현존'이라는 말과 대응되는데 그것은 기독교 신앙의 중심을 표현하는 동시에 이에 대한 우리의 응답을 뜻한다. '기독자의 현존'이란 세상 속에서 가난하고 보잘 것 없는 사람들과 함께 계셨던 '그리스도의 현존'을 본받아 우리가 있어야 할 '그곳'에 우리가 있는 것이다. 즉 기독학생들이 현실참여를 통해 비인간적인 세력과 맞서 싸워야 한다는 메시지가 담겨 있는 것이다.

또 KSCC가 주관하고 추천한 FSS(Frontier Study And Servics)라는 프로그램이 있었다. 그 내용은 미국, 일본, 한국에서 1명씩의 학생들이 참가해서 팀을 만들고 그 팀이 핵심이 되어 각 지역을 돌면서 주제별 연구와 행동을 하고, 이에 자극 받아 각 학교와 지역에 작은 그룹들이 형성되는 형태의 실천 프로그램이었다. 이러한 운동들이 발전, 축적되면서 기독학생운동의 통합을 위한 1968년 여름의 수원대회로 이어졌다.

이 과정에서 최성묵은 열정적으로 일했다. 김순이의 회고에 의하면 그렇게 열심히 일하면서도 보수는 열악했고, 그나마 한 번도 온전한 월급봉투를 손에 쥐어본 적이 없었다. 최성묵은 항상 자기 호주머니를 털어 후배나 학생들에게 밥이라도 사주었고 수많은 사람을 만나면서 형편이 어려운 사람이 있으면 그냥 보내지 못했기 때문이었다. 그런 삶을 경제적으로 떠받쳐준 것은 오로지 김순이의 억척같은 내조의 덕분이라고 해야 할 것이다. 김순이는 최소한의 생활비만 가지고 불평하지 않고 어려운 살림살이를 꾸려나갔고 오히려 조금씩 저축을 해서 나중에 천호동에 집을 장만했을 만큼 철저히 근검, 절약하는 생활을 해나갔다.

삼선교의 월세방에서 상당 기간 산 후 최성묵의 가족은 불광동 국립보건원 뒤쪽의 산자락 골목에 있는 집으로 이사를 갔다. 그때는 불광동이 서울시로 편입된 직후여서 허허벌판이었고 버스도 몇 시간 만에 한 번씩 올 정도로 외진 곳이었다. 그랬기 때문에 집세가 쌌다. 여기서 전세가 싼 집을 얻었는데 방 한 칸에 좁은 까치부엌이 딸려 있었다. 연탄불을 피워도 겨울에는 추워서 방 안에 있는 물이 얼었다. 남편과 아이들은 아랫목에 재우고 늘 문 앞에 잤던 김순이는 얼굴 피부가 얼어 더운 곳에만 가면 얼굴이 달아올라서 민망할 정도였다. 이 시기에 불광동에서 가까이 살았던 박상증은 가끔 최성묵이 LP판으로 음악을 듣거나 책을 빌리러 자신의 집에 왔다고 기억한다.

여전히 어려웠던 불광동 시절에 김순이는 조금씩 저축을 하고 계를 하던 옆집 친구의 도움을 받아 천호동에 집터를 매입할 수 있었다. 이 일은 최성묵 몰래 김순이가 추진한 것이었다. 그때 천호동은 아주 시골이었다. 한강 다리 건너 한 야산의 언덕 위에 주택지로 개발된 땅 100평을 샀다. 그런데 옆집이 건축을 하면서 30평을 잠식해버렸다. 이렇게 되면 부르는 게 값이라고 주변에서 땅값을 많이 받으라고 했지만 김순이는 원래 분양받은 금액만 받았다. 주변에서는 바보짓을 했다고 핀잔을 들었다. 땅은 샀지만 집을 지을 돈이 부족했는데 친정 어머니가 논을 팔아 도와주어서 집도 지었다. 집은 벽돌로 튼튼하게 짓고 하얀 페인트칠을 했다. 집 주변에는 담을 치지 않고 나지막한 펜스 위로 장미꽃을 둘렀다. 마당에는 잔디를 깔고 주위에 무궁화와 장미 등을 심었다. 이웃에서는 하얀집이라고 불렀다. 김순이는 이때가 서울 생활 중 가장 행복했다고 회상했다. 그러나 그 행복은 그리 오래가지 못했다.

최성묵이 실무를 맡아 집행했던 사업들은 많은 경우 모금을 통해 예산을 조달하는 방식으로 진행되었다. 가령 국제행사를 하는데 각

대학별로 모금 목표를 정해서 예산을 짰지만 모금이 되지 않을 경우 그 사업비의 많은 부분이 빚으로 남을 수밖에 없었다. 김순이는 그 무렵 설악산에서 열렸던 국제학생행사에 참여했던 기억이 있다. 최성묵은 김순이를 불러 그 행사에 참여토록 하고 김순이는 중국 남학생의 파트너가 되어 선물을 교환하기도 했다. 그런데 그 행사는 각 대학의 모금으로 예산을 조달키로 돼 있었는데 어느 대학인가가 전혀 모금이 안 되었다고 한다. 그래도 최성묵은 독촉하는 법도 없이 그저 웃어 넘길 뿐이었다. 그런 식으로 쌓인 빚이 KSCC가 해체될 무렵에는 상당히 큰 금액으로 늘어나 있었다.

15

연세대 연합신학대학원
진학

        KSCC로 자리를 옮긴 1964년 그해 9월 최성묵은 연세대학교 연합신학대학원(연신원)에 입학했다. 연신원에는 최성묵이 유달리 존경하는 김정준 박사가 있었다. 김정준 박사는 부산 동래 출신으로 일제하에서 일본 청산학원 신학부, 캐나다 임마누엘 신학교, 독일 함부르크대학교에서 주로 구약학을 공부하였고 1949년 한국신학대학 구약학 교수를 시작으로 1961년 한신대 학장을 지냈고, 1963년부터 연세대 교목실장 겸 구약학 교수로 재직하고 있었다. 연신원은 당시 한국의 신학교들이 자체의 대학원을 설립하지 않기로 합의하고 힘을 합쳐 수준 높은 신학대학원을 발전시키기 위해 WCC 신학위원회에서 30만 달러의 재정지원을 얻어 세워진 대학원이었다. 그러나 각 교단 신학교들은 2년이 지나지 않아서 각자의 대학원을 시작했을 정도로 한국교회의 교파주의는 뿌리 깊은 것이었다.

    그러나 최성묵은 연신원에 남아 김정준 박사의 지도 아래 구약학을 전공하였다. 그리고 1968년 2월 최성묵은 '제왕시(帝王詩)에 나타난 왕 개념'이라는 논문으로 신학 석사학위를 받았다. 이 무렵 교계에서는 최성묵이 김정준 박사의 수제자가 되기를 희망한다는 소문이 자자했다고 한다. 그러면서도 최성묵의 야인적 성격과 운동에 대한 열정이 학자로 머물기 어려울 것이라고 보는 시각도 있었다. 박상증은 이 무렵 대학사회의 분위기에 대해 이렇게 말하고 있다.

1968년 2월 26일 연세대 연합신학대학원
신학석사 졸업식 모습

그 당시의 학원의 분위기는 상아탑의 벽돌담을 쌓기 시작한 때라 운동과 학문이 양립되지 않는다는 것이 대부분의 소위 학자들의 입장이었다. 그때는 "의식화"라든가 "praxis"라든가 하는 말은 감히 하지도 않았고 학문의 상아탑은 고상하게 높이 서 있기만 하는 것으로 인식했었을 것이다. 그러면서 운동하는 사람들이 학문을 한다는 것은 학문에 대한 모독이 아니면 불성(不聖)스러운 침입자로 봤을지 모른다. 나는 가끔 명동이나 무교동의 야행성 뒷풀이에서 운동/학문의 양립성 혹은 화합을 가지고 여러 번 토론해본 일이 기억난다. 최 목사는 양자가 같이 가야 한다는 입장이었다. … 그 시대는 외국에서 공부하고 돌아온 사람들이 교수가 되고 그래서 많은 젊은 사람들이 외국에 가기를 원했던 때이기도 했다. 최 목사는 주변의 친구들이 외국에 가도 그다지 유학이라는 문제에 집착하지 않았다. 나는 그에게 그런 가능성이 주어졌다면 정말 훌륭한 전문가가 됐으리라 믿었다. 그러나 그는 그 길을 택하지 않았다. 선배들 가운데는 그렇게 하라고 권했던 사람들이 분명 있었으리라 생각한다.(박상증, 『그의 부활을 기다리며』, 134쪽)

박상증의 생각대로 그에게 외국 유학을 권하는 사람이 분명히 있었다. 바로 최성묵의 지도교수였던 김정준 박사였다. 김 박사는 최성묵의 영국 유학을 주선했고 그가 원하기만 하면 갈 수 있었다.

김순이의 회상에 의하면 그 무렵 언젠가 김정준 박사가 자신의 생일에 몇몇 사람을 부부동반으로 초청한 적이 있었다. 그래서 연세대 뒤 숲 속에 있는 김박사의 관사로 갔다. 그 생일파티에서 김순이는 생일 케이크에 촛불을 켜고 칼로 케이크를 자르는 모습을 처음 보았다. "미국은 생일에 이렇게 하는구나."라고 생각하면서 파티를 마치고 나왔는데 김정준 박사가 숲길을 배웅하면서 김순이에게 말했다. 자기가 장학금까지 받아서 영국에 유학할 수 있게 해놓고 최성묵에게 가라고 하니까 와이프 때문에 못 간다고 해서 결국 못 갔는데 너무 아깝다고. 아마 김 박사는 김순이가 반대해서 못간 것으로 생각하는 것 같았다.

집에 돌아와서 김순이는 최성묵에게 그 연유를 물었다. 최성묵은 "내가 유학을 가면 당신이 다시 과수원에 가서 고생을 해야 하는데 그럴 수는 없었다. 나는 유학을 안 가도 괜찮다. 내가 강연하면 박사가 할 때보다 사람이 더 많이 오는데 굳이 박사학위를 받아야 하느냐?"고 말했다. 최성묵은 김순이에게 평소 모든 이야기를 다 하면서도 유학 이야기는 일체 하지 않은 채 스스로 포기했던 것이다.

그러나 최성묵이 영국 유학을 거부한 이유가 단순히 가족의 고생을 염려했기 때문만이었을까? 아니면 또 다른 나름의 이유가 있었을까? 아마도 운동과 학문이 함께 가야 한다고 믿었던 최성묵이 그것을 거부하는 당시 학계의 분위기에 실망하여 학문의 길을 포기한 것은 아니었을까? 알 수 없다. 그러나 결과적으로 보면 최성묵이 영국 유학을 가고 그래서 교수가 되어 강단에서 평생을 보내는 것보다는 재야 기독교운동의 지도자로서 살아간 삶이 한국 사회의 발전에 훨씬 더 크게 기여했음을 아무도 부인할 수 없을 것이다. 비록 그 삶이 최성묵 개인에게는 고난의 길이었을지라도.

16

학생사회개발단
운동*

기독학생운동의 통합에는 많은 시간이 걸렸다. 통합의 원칙에는 합의하고, KSCC도 만들어졌지만 각 단체의 이해관계가 다르고 독자성을 유지해야 한다는 오랜 미련 때문에 통합은 좀처럼 진척되지 않았다. 그러다가 1968년 4월, KSCC가 교수(이우정, 서남동, 현영학), 학생(한기태, 장화인, 이원규), 실무자(오재식, 이종경, 박형규) 대표로 이루어진 통합조직위원회를 조직하고, 7월에는 YMCA 전국연맹 이사회가 홍현설, 백영흠, 안상용, 김용옥, 신태식을 통합전권위원으로 선출함에 따라 지지부진하던 통합논의가 힘을 얻어 구체적인 협의단계에 들어갔다. 이 협의가 결실을 이루어 KSCM과 대학 YMCA 전국연맹이 '한국을 새롭게'라는 주제 아래 1968년 7월 16일에서 20일까지 수원에 있는 서울대 농대에서 열린 여름대회에서 마침내 통합을 선언하였다. 그러나 YWCA는 학생들이 원했음에도 연맹의 이사들이 반대하여 통합운동에서 이탈하고 말았다. 그래서 YWCA를 뺀 양 단체는 1969년 11월 23일 종로 2가 YMCA 강당에서 역사적인 통합대회를 열고 한국기독학생회총연맹(KSCF, Korea Student Christian Federation)을 결성했다.

이 시기 기독학생운동과 관련하여 가장 의미 깊은 것은 '학생사

---

* 학생사회개발단 운동에 대한 내용은 1998년 한국기독학생회총연맹에서 발간한 『한국기독학생회총연맹 50년사』(도서출판 다락원)에 의존하였음을 밝혀둔다.

회개발단'(학사단) 운동이었다. 이 운동은 1968년 여름부터 공동사업을 논의해 오다가 1969년 1월 동계대학에서 '학사단운동 5개년계획'을 세움으로써 본격화되었다. 이 운동은 농어촌, 산간벽지를 포함하여 공장, 빈민지역 등 민중의 삶의 현장에 들어가 그들과 함께 생활함으로써 사회현실을 몸으로 인식해보자는 것이었다. 1970년부터 학생들의 활동은 대학별로 나뉘어 도시지역 가운데서도 청계천 뚝방지대, 뚝섬 공장지대, 면목동 철거지대, 봉천동 연립주택지대 등 공장과 빈민지역에 집중되었다. 이 활동에 참가한 학생들의 현장 보고대회도 학교 안팎에서 큰 반향을 일으켰다.

학사단 운동의 아이디어는 레이니 선교사와 함께 미국의 예일대학으로 유학을 간 오재식의 경험에서 비롯되었다. 레이니의 추천으로 1년짜리 에큐메니칼 장학금을 얻어 예일대학교 신학대학에서 석사과정을 공부하던 오재식은 1966년 여름방학 때 알고 지내던 조지 타드(George Todd) 목사의 제안을 받았다. 3개월 동안 미국 전역을 돌아다닌 후 소울 알린스키(Saul Alinsky)의 세미나에 2주간 참여하는 프로그램이었다. 이 프로그램을 받아들인 오재식은 99일간 자유롭게 이용할 수 있는 버스 티켓을 사서 워싱턴을 시작으로 텍사스, 캘리포니아, 시카고 등을 거쳐 예일대학교가 있는 코네티컷 주로 돌아오는 여행을 했다. 그런데 이 여행은 매우 특이한 것이었다. 흑인민권운동이 한창이던 당시에 위험시되던, 흑인들이 거주하던 빈민지역을 방문하며 다니는 것이었다. 그리고 현지 주민을 만나 얘기를 들었다. 그 과정을 마친 후 오재식은 로스엔젤레스 교외의 한 연수원에서 알린스키의 강의를 듣게 되었다. 알린스키는 유태인 출신의 미국 주민 조직운동가로서 당시 이미 명성이 높았다. 알린스키는 지역사회 조직가들을 전문적으로 양성하면서 가난한 지역사회를 조직하는데 전념했다. 알린스키의 강의는 오재식에게 깊은 영향을 주었다. 이후 한국에 돌아온 오재식은 1967년 YMCA 전국연맹의 대학생부 간사가 되었다. 이때 3개 기독학생단체는 여전히 통합이 긴급한 과제로 되어 있었다. 오재식은 3단체를 통합함에 있어 공통의 미래 지향점이 있어야 제대로 된 통합이 가능하기 때문에 학생사회개발단을 함께 하자고 제안했다.

"미국의 평화봉사단(Peace Corps) 청년들이 들어와서 한국에 봉사활동을 많이 하고 있는데, 한국의 문제를 왜 미국에 맡깁니까? 우리가 맡읍시다."*

학사단 운동의 기원은 통합 기독학생운동의 출범을 시도하면서 그 목적과 의의를 현실 속에 구체화하려는 노력에서 비롯되었다. 여러 협의과정을 거치면서 1968년 7월 여름대회에서는 대학YMCA연맹과 KSCM이 한국을 새롭게 하는 길에 함께할 것을 공동으로 선언하였다. 그 당시 KSCC의 최성묵 총무, 안재웅 간사, 대학YMCA의 오재식 간사, KSCM의 이직형 간사 등이 이 운동을 구체화시켰던 주도적 인물들이었다.

1968년 7월의 여름대회 이후, 실제적인 행동의 통일을 위해 1969년 1월 동계대학을 개최하면서 학사단 단원 훈련을 실시하여 운동의 골격을 갖추었다. 154명이 참가한 이 대회에서는 성서연구(사회개발을 위한 신학적 기초), 한국 사회구조 분석, 농촌문제와 농협운동, 도시사회의 도전과 대책, 산업발전과 인간지대, 공중보건과 인간보

* 오재식, 2012, 『나에게 꽃으로 다가오는 현장』, 서울: 대한기독교서회, 102-128쪽

호 대책, 도시사회의 선교, 학사단 조직과 운영 및 행정 등 이론 및 실천의 두 측면과 관련된 주제들이 균형 있게 다루어졌다. 여기서 학사단 운동의 5개년 계획(제1기 1969~1971, 제2기 1972~1973)이 수립되었고, 5월에 공동사업 학생위원회를 구성하여 학사단 운동을 추진하기 시작하였다. 그리고 그해 5, 6월 2개월간 지구별로(서울, 청주, 대전, 이리, 전주, 광주, 대구, 부산 등 8개 지구) 400여 명의 학생들이 참여한 가운데 3차에 걸친 학사단 요원 훈련과 지도자 협의를 가졌다. 1970년에 발표된 학사단 활동의 비전은 다음과 같이 표명되었다.

1) 조직되지 않은 학생대중운동은 그 간헐적인 반응과 지속성이 없는 문제의식 때문에 사회조정기능이 발달한 조직사회에서는 발언권을 확보할 수 없다.

2) 서민대중 층에서 유리된 학생운동을 지양한다. 대학은 자치와 자율을 누리는 미래의 진실이 아니라 사회에서 유리된 지성인들의 게토가 되었다. 이 게토의 담을 부수는 일을 학생들이 해야 한다. 그리하여 학생운동이 사회운동으로 연결될 수 있는 계기를 만든다.

3) 우리 사회의 문제가 결코 단편적인 것들이 아니라 결국은 사회구조나 체질에서 파생되는 것을 체험해야 한다. 학생들의 서민생활에의 참여를 통해서 문제의 진원을 체득하고 의식화하는 것은 새로운 학생운동의 기초가 될 것이다.

4) 사회의 질병에 대해서 일상적으로 대처해 온 교회의 자세와 체실에 노선한다. 구호사업, 사회사업, 사후 약빙문 격인 자신사업으로 써는 그리스도의 사랑을 실천할 수 없는 것이다.

이렇게 민중현장과 밀접하게 결합된 운동이야말로 그리스도의 사랑을 온전히 실천할 수 있다고 선포했다. 또 학사단은 강력한 단원 훈련체계를 갖고 있었는데 훈련은 "학사단 운동원들이 알아야 할 기본과정이며 기독자로서의 삶을 충실하게 할 수단"이라고 밝혔다.

1) 각 단원은 기본과목과 전공과목의 필수과정을 이수하여야 하고, 본 단이 주관하는 하기 봉사계획에 참가하여야 한다.

2) 기본 과목은 단원 전원이 공통으로 이수해야 하는 것으로서 ① 기독교 개론 ②성경 공부 ③한국의 사회구조 및 변동 ④한국의 경제구조 및 유통 ⑤도시문제 ⑥인구문제 ⑦농어촌문제 등에 대한 교육이 이루어져야 한다. 학사단은 운동에 참여하는 학생들의 기본 자세에 대해서도 다음과 같이 밝혔다.

"우리는 문제지역에 들어가 우리 자신이 문제를 해결해 주기 위해 노력하는 것이 아니다. ··· 문제를 지역 주민 스스로가 깨닫게 하는 것이 주 목적이다. 보다 현실적인 측면에서 그들의 부정적인 사회에 대한 안목을 적극적이고 긍정적인 주체로 이끄는 것이며 스스로 지도력을 배우고 그들의 목적을 위해 조직되도록 하는 데 있다. 그러기 위해 우리는 자만을 버리고 그들과 가장 가까운 동료가 되어야 한다."

알린스키의 사회조직론을 사전에 익히고 들어간 학생들이 자신들이 문제를 해결해주는 해결자가 아니라 주민들 스스로의 힘으로 문제를 해결할 수 있는 힘을 기를 수 있도록 하는 보조자의 역할이라는 것을 인식하고 있었고, 이러한 활동을 통해서 예비 노동자로서 스스로 학생 자신의 역할을 설정하려는 것이었다.

이러한 과정에서 학사단 활동은 기독학생들의 사고를 획기적으로 전환시키는 결정적인 계기가 되었다. 왜냐하면 이전까지의 자신의 모습을 버리고 민중들의 현장에 함께 참여하면서 예수 그리스도의 성육신과 사랑의 의미를 구체적으로 느끼기 시작했기 때문이었다. 정상복 목사는 학사단의 의의에 대해 다음과 같이 말했다.

"지금까지 선택된 지식인으로 살아가는 학생들을 선발해서 이 사회의 모순이 있는 곳, 또 고난당하고 소외당하는 지역에 학생들을 투입해서 그들과 함께 생활하고 그들과 함께 지내면서 학생들 자신의 의식이 바뀌어 갔습니다. 예를 들면 이문동 저탄장 조사팀, 신설동 철거민팀, 동일방직이나 여타 공장에 들어가서 직공으로 혹은 여공으로 근로자로 일하는 팀, 그 후에는 중국 요식점 종업원들을 조직하는 팀 등 전국의 다양한, 한국사회의 소외된 지역에는 손을 뻗치지 않은 데가 없었습니다. 그래서 그들이 그들과 같이 가서 활동을 하면서 매일 일기를 쓰고, 활동이 끝나면 함께 토의를 하고 그러면서 한국사회의 문제가 뭐라는 것을 발견했습니다."

"당시에 상당한 교수들과 현장 보고를 하고 또 그것에 대한 신학적 입장, 사회학적 입장, 정치학적 입장 이런 것을 토의할 때 교수들이 상당한 충격을 받았습니다. 나중에 민중신학자로 유명한 신학자들 대부분이 학사단 운동으로 인해 자기들의 신학적 입장을 새롭게 조명하는 결정적 계기가 되지 않았나 생각합니다. 아마 민중신학은 한국에서 KSCF의 기독학생운동과 도시산업선교가 결정적인 영향을 미치었다고 생각합니다."

학사단은 문제 발굴의 해(1969), 문제 고발의 해(1970), 문제 해결의 해(1971)를 선정하여 다양한 활동을 전개하면서 한국교회와 사회, 대학에 충격을 주면서 새로운 형태의 학생선교운동의 모델을 제시하였다. 1969년에는 도시지역 79명, 농촌지역 438명 총 517명이 참가했고, 1970년에는 도시지역 162명, 농촌지역 271명 총 433명이 참가했다. 1970년의 경우, 연세대 도시문제연구소, 도시빈민선교하는 목회자들과 연결하여 다양한 지역에서 활동을 펼치게 되는데 때마침 11월에는 전태일 사건이 일어났고 이는 학생들이 노동문제에 더욱 깊은 관심을 갖는 계기가 되었다. 문제 해결의 해로 선정한 1971년에 학사단이 활동한 대표적인 사례가 신설동 4번지(청계천변) 철거민 집단이주 사례이다. 청계천변의 판자집 주민들은 당국으로부터 강제철거령을 받게 되었고 판자집 주민들은 광주 단지에 20평의 대지를 분할받을 수 있었으나 세 들어 살던 700여 세대는 갑자기 집을 잃고 갯벌에서 노숙을 하는 처지로 내몰렸다. 철거민 스스로 자진 수습대책위원회를 만들어 대지 분할을 당국에 호소하였다. 동대문구청과 서울시장 집으로 주민들이 몰려들어 시위한 결과 구두 약속을 받았으나 결국 분할받을 수 없었다. 이렇게 되자 한국신학대학 학사단 팀은 목회 실습 기간에 이 일대에서 노숙을 하는 등 주민들이 용기를 잃지 않도록 하고, 7월 4일 주일을 이용해서 주민대표와 학생들이 일제히 시내 큰 교회를 찾아가서 이들의 딱한 처지를 호소하였다. 그 결과 7개 교회로부터 388,000원의 성금을 후원받아 8월 6일 경기도 고양군 원당면에 토지를 계약하여 14일까지 갯벌에서 고생하던 86세대를 전부 이주시켰다.

이러한 학사단 활동은 전국 여러 곳에서 행해졌는데 그중 부산지역의 활동만 간단히 소개하면 다음과 같다. 부산공전의 강효중 외 5명이 연지동 아파트 지대에서 위험 아파트 찾기 운동을 벌였고, 수산대 둔중서 외 5명은 제1부두 어판장 지대에서 영세품팔이 부녀자 문제를 조사했다. 또 동아대 강병덕 외 7명은 감천동 특수지역에서 단원 훈련을 했고 부산대 박영병 외 5명은 보수동 고지대에서 의료활동을 벌였다. 한성여대, 부산여대 박은숙, 김관순 등 15명은 주민 환경위생 및 어린이 의료활동을 벌였다. 박종렬 목사는 당시의 학사단 운동의 의미를 다음과 같이 말했다.

"사실 그 당시 일반적인 기독학생들은 사회의식이라는 것이 거의 없었어요. 단순하고 착하고, 모여서 포크댄스 추고, 기도 열심히 하고… 그런 정도였죠. 그런 학생들이 현장에 가서 보니까 엄청난 충격인 거지. 눈물 흘리고 이런 데가 있는 줄 정말 몰랐다고 그러고. 그러면서 학생들이 점점 의식화됐던 거예요. 일반 학생운동이 이념적인 것을 통해서 시작했다고 하면, 기독교 운동은 현장을 통해서 의식을 갖고 동참하는 대중적 운동이었다는 점에 특징이 있지요."(『주간 기독교』 1439호, 2001. 9)

1969년 서울대학교에서 있었던 학사단 활동 보고회에 참석했던 남재희 당시 서울신문 기자는 다음과 같이 말했다고 한다.

"내가 보고를 들으니까 이 운동은 마르크스주의보다 훨씬 더
급진적이다. 요즘 마르크스주의 얘기하는 친구들은 그저 말로만
지껄이지만 이 운동은 현장에 들어가서 변화를 일으키려고 하는
것이니 대단하다."*

* 오재식 구술/ 차성환 면담, 2012

17
운동의 제단에
집까지 바쳐

최성묵은 1962~64년까지는 KSCM의 간사
로, 1964년 봄부터는 KSCC의 간사로 일하면서 기독학생운동의 통합
을 위해서 헌신하였다. 1968년의 역사적인 대통합을 위하여 기독학
생운동의 세 단체와 함께 여름대회를 꾸리며 실질적으로 긴밀한 관
계를 맺게 되는데 800명 이상의 회원이 모이는 대회를 통합의 열기로
승화시키기 위해서 회원 단체들의 많은 인력과 토론 모임이 준비되
었다. 통합선언문과 여름대회 성명서도 이러한 기독학생들 간의 열
의와 집중된 토의의 결과라고 할 수 있다. '1968년 여름대회 성명서'
에서는 '한국을 새롭게' 하는 구체적인 공동과제로서 '한국학생사회
개발단'이 출발하는 계기가 되었다. 그리하여 KSCM과 대학YMCA는
통합 결의를 하고 여름대회를 마쳤지만 통합을 향한 여름대회의 후
유증도 컸다.

그 모든 활동들을 현장에서 몸으로 감당했던 최성묵은 여름대회가
끝난 후 사표를 냈다. 통합을 위해 혼신을 힘을 다했건만 정작 통합
된 KSCF에서 그의 자리는 찾을 수 없었다. 1968년 수원의 통합대회
를 마지막으로 최성묵은 휴지 기간으로 들어갔다. 이제 남은 것은 학
생들과 함께 호흡하며 기독학생운동의 통합을 꿈꾸며 대회를 준비하
는 과정에서 쌓인 빚 독촉뿐이었다. 당시 상황을 이직형은 다음과 같
이 회상한다.

그해 7월 수원의 서울농대에서 "한국을 새롭게"라는 주제로 800여 명의 대학생과 교수, 지도자 80여 명이 한자리에 모여 역사적인 통합 선언을 했다. 기독학생운동이 통일성, 주체성, 자발성으로 다시 거듭나던 현장이었다. 온몸이 땀투성이가 되어 소리소리 지르던 지난 날의 최핏대 최 선생을 잊을 수가 없다. 이 대회의 소산인 학생운동의 개척지 학생사회개발단(學社團)의 물꼬를 트고도 학생운동체의 기득권에서 소외된 듯 몸담을 지분도 내던지고 초라한 천호동 블록슬러브 옥상에서 고독한 휴식으로 긴 한숨을 쉬고 있었던 것 같았다.(이직형, 『그의 부활을 기다리며』, 149~150쪽)

기독학생운동의 통합 과정에 누구보다 열심히 참여했지만 정작 통합된 단체에서 그가 몸담을 수 없었던 이유가 무엇인지는 분명하지 않다. 다만 분명한 것은 당시 새로 통합된 KSCF의 자리를 놓고 각 교단이 매우 민감하게 신경전을 벌였던 상황이었다. 그리고 사명을 다한 KSCC의 해체가 명확한 상황에서 그 실무자였던 최성묵에게는 아무도 다음 일에 대해서 이야기하지 않았다. 그런 상황에서 최성묵은 미련없이 스스로 물러나 자신이 설 자리가 어디인가를 깊이 고민하기 시작했다.

게다가 더욱 고약한 것은 KSCC 활동을 하면서 생긴 부채를 누구도 책임지지 않았다는 사실이었다. 이 채무 중 상당 부분은 최성묵이 KSCC 이사회에 공식적으로 요청하지 않고 썼던 비용도 포함되어 있었다. 최성묵은 학생들의 활동을 지도하면서 소요되는 비용을 일일이 청구하지 않았다. 또 필요한 일이라고 생각되면 절차를 밟는 시간을 기다리지 않고 일부터 먼저 추진하도록 했다. 그러다 보면 자연히 비공식적 비용이 발생하고 그것이 쌓이면 빚으로 남기 마련이었다. 학생들에게 밥을 사주고 커피를 사주는 비용은 따로 청구하기도 어려운 것들이었다. 하지만 이 모든 비용은 모두 기독학생운동을 위해 쓰여진 것이었고 빚쟁이들은 얼굴도 모르는 이사장이 아니라 실무자인 최성묵에게 빚 독촉을 하게 마련이었다. 그런데 이 빚은 당연히 KSCC의 이사장이나 이사회가 책임을 져야 할 것이지 실무자인 최성묵이 책임질 것은 아니었다. 그러나 아무도 책임을 지지 않았다. 결국 책임질 사람이 아닌 최성묵이 그 책임을 졌고, 천호동 집은 KSCC의 빚을 갚기 위해 처분할 수밖에 없었다. 최성묵은 김순이가 천신만고 끝에 결혼생활 이후 처음으로 마련한 집을 팔아 그 빚을 다 갚고 빈손으로 10년 가까이 일해 온 기독학생운동의 일선에서 물러났다.*

---

* 이 무렵 최성묵은 부산으로 갈 생각을 하고 있었고 김순이는 "부산으로 가면서 빚을 갚지 않으면 빚을 피해 도망가는 것과 같은 꼴이 된다. 돈이야 있다가도 없고 없다가도 있지만 인격의 손상을 입으면 평생 따라다니는 것이므로 집을 팔아서라도 남편의 인식에 손상이 가지 않도록 해야 한다"고 생각해서 집을 팔았다고 한다.(김순이 구술/차성환 면담, 2010)

제3장

십자가를 지고
민주화의 길로

18
부산으로 가는 길

　　1968년은 최성묵이 새로운 길을 찾아가야
할 시점이었다. KSCF의 산파역을 마치고 낡은 몸을 부수고 말씀에
따라 사는 길을 선택해야 할 시점이었다. 바로 그때 부산에서 차선
각과 이직형이 최성묵을 찾아왔다. 두 사람은 이미 1960년대 초부터
KSCM, KSCC 활동을 통해 최성묵을 잘 알고 있었다.

　　부산에서 모임에 올라올 때부터 나는 최 선생을 꼭 만나고 싶
어 백방으로 탐문하다 천호동 집을 겨우 찾았다. 모처럼의 기대,
흥분, 반가움이 엉킨 만남이었다. 사실은 부산지역에서 기독학생
운동의 다대포 프로젝트, 학사단 문제, 에큐메니칼 교회운동 등
큰 그림을 그리며, 최기영, 정권섭, 차선각 선배 등과 수시 토론하
고 연구하던 그 때, 우리 모두 서울의 최 선생을 떠올리곤 하였기
때문이다.

　　천호동에서의 만남의 자리는 사회변혁으로 가는 교회와 학생
사회운동에 관한 열띤 토론장으로 금방 변했다. 중국에서처럼 촌
락에서 도시로, 지방에서 서울로 바람을 몰아간다는 꿈같은 얘기
를 우리도 해 보자는 것이다. 점심 때가 되어 최 선생 사모님이 내
놓은 가난한 통국수 파티는 지금도 잊을 수 없다. 내친 김에 "최
선생! 부산으로 내려갑시다." 불쑥 나온 나의 제안이었다.(이직형,

『그의 부활을 기다리며』, 150쪽)

천호동의 '하얀집'에서 세 사람은 많은 이야기를 했는데 특히 지역
운동의 중요성에 대해 의기투합했다. 최성묵은 KSCM, KSCC의 활동
을 하면서 잠재력이 큰 지역운동의 가능성에 일찍부터 주목했던 것
같다. 더구나 차선각, 이직형은 부산의 대학생운동을 지도하던 젊은
리더들이었다. 그들로서는 최성묵이 부산으로 온다면 부산을 위해 더
없이 좋은 일이었다. 그때 부산 YMCA는 새로운 총무가 필요했다. 두
사람은 최성묵이 부산 YMCA 총무로 올 것을 제안했고 최성묵도 흔
쾌히 동의했다. 그 길로 최성묵은 두 사람과 함께 부산으로 내려갔다.
최성묵은 부산에서 약 한 달 가까이 머무르면서 부산의 교회지도자,
와이즈맨 선배, YMCA 이사들을 만났다. 장성만 목사, 유형심 목사,
김소영 목사, 김기엽 목사, 정태성 장로, 이광혁 장로, 김철구 선생, 여
해룡 선생 등을 만나 YMCA 총무 후보문제를 탐색하고 지역사정을
살폈다. 그러나 기대했던 YMCA 총무 선임은 쉽지 않았다. 당시 부산
YMCA 이사회의 구성은 내부의 의사소통이 어렵게 되어 있었다. 그
러다 보니 선교정책도 정립되어 있지 않았고 뚜렷한 지도력도 발휘되
지 못했다. 더구나 최성묵은 외지인인데다 진보인사라는 선입견도 있
었다. 동래호텔에서 열린 이사회는 무기 연기되고 말았다.

그러나 일단 서울로 올라갔던 최성묵은 깊이 고민한 끝에 결단을
내리고 서울생활을 정리해 가족과 함께 부산으로 내려왔다. 이때가
1968년 말경이었다. 이 결정은 김순이와는 충분히 상의했지만 차선각
등 부산 사람들에게는 사전 협의가 없었다. 불시에 이루어진 최성묵
가족의 부산행에 차선각, 이직형 등은 매우 당황했다. 그래서 우선 아

는 사람이 경영하는 보수동의 한 여관에 이삿짐을 풀고 최성묵의 가족을 투숙시킨 후 집을 구하느라고 돌아다녔다. 사실 아무런 직장이나 생계의 보장도 없이 무작정 낯선 곳으로 가족을 이끌고 간다는 것은 무모한 일이었지만 최성묵은 과감하게 결단했고 김순이는 그에 동의했다.

김순이는 천호동의 집을 팔아 부채를 정리하고 남은 얼마간의 돈으로 부산 양정동에 전셋집을 얻었다. 그 당시는 양정이나 연산동이 한적한 변두리 같은 곳이었기 때문에 집세가 쌌다. 양정동 언덕배기에는 당시 집장사들이 지은 비슷한 집들이 빼곡히 들어차 있었다. 전셋집을 얻었지만 형편이 어려워 방 하나를 세놓기로 했다. 그런데 계약금을 주고 세를 들어오기로 했던 사람이 사정이 생겼다면서 계약을 해지하겠다는 것이었다. 당연히 계약금은 내주지 않아도 되었지만 김순이는 남의 돈을 그렇게 할 수는 없다고 생각하고 계약금을 그대로 돌려주었다.

최성묵 가족이 부산에 정착한 초기 곧 1968년부터 1970년 무렵이 그들에게는 가장 어려운 시기였다. YMCA 총무직이 무산된 터라 최성묵이 몸담을 곳을 당장 찾기가 어려웠다. 그래도 최성묵은 매일 아침 깨끗한 옷을 입고 집을 나서서 저녁 늦게 집으로 돌아왔다. 이 시기에 김순이는 친정 어머니의 도움을 조금씩 받아서 어려운 살림을 겨우 꾸려가고 있었다. 그렇게 어려운 형편에서도 김순이는 아침마다 최성묵이 다방에라도 가서 쓸 용돈을 쥐어주었다.

그 무렵 최성묵이 출근하던 곳은 광복동 세명약국 앞에 있던 고전다방이었다. 이 다방의 주인은 와이즈맨과 YMCA 이사를 하던 분이었는데 여기서 최성묵은 일요일마다 뜻 맞는 사람들과 함께 성경 공부를 했다. 함께했던 분들은 우창웅, 차선각, 이상화, 여해룡, 김순규 등이었다. 해박한 지식과 날카로운 현실인식이 결합된 최성묵의 성서해석은 좌중을 진지하면서도 열띤 분위기 속으로 몰아넣었다. 이 성경 공부하는 시간이 최성묵에게 가장 즐겁고 보람된 시간이었다. 그러나 저녁에 집으로 돌아갈 때는 간혹 버스비가 없어 양정까지 몇 시간씩 걸어가기도 했다. 그렇지만 최성묵은 그런 궁핍을 다른 사람에게 내색하는 법이 없었다. 이 시기의 최성묵은 말하자면 '거리의 신학자'였다. 교회의 제도 속에 설 자리가 없어 거리를 떠도는 신학자였고 그를 아는 사람들은 그것이 너무나 안타까웠다. 그래도 최성묵은 묵묵히 매일 아침 고전다방으로 출근하고 저녁이면 양정으로 퇴근했다.

그러는 사이에 최성묵을 아는 사람들이 늘어가면서 강연도 하게 되고 이런저런 일을 할 수 있는 기회가 생기게 되었다. 부산신학교에서 구약학을 강의했던 것도 이 무렵부터였던 것으로 생각된다. 이 시기에 김순이는 두 자녀를 더 출산했는데 1969년 6월에는 차녀 혜은이, 1970년 10월에는 차남 혜광이 태어났다. 연년생으로 아기가 태어났으므로 김순이의 친정 어머니는 가사를 돌볼 사람을 보내서 딸의 어려움을 덜어주었다.

19
미문화원
학생담당 간사

　　　　　　　　1970년 최성묵은 미국문화원의 청년학생담당 간사직을 맡게 되었다. 당시 대청동에 있던 미국문화원에서 청년학생담당 간사를 공모했고 최성묵이 채용되었던 것이다. 이때 최성묵의 신원조사를 담당했던 미국 관리가 "최 선생, 당신의 경력을 조사했는데 당신을 미워하는 사람이 왜 한 사람도 없습니까?"라고 했다는 뒷이야기가 있다.

　미국문화원은 말 그대로 미국문화를 해외에 전파하고 미국에 대해 우호적인 여론과 지지세력을 넓히기 위해 설치된 기관이었다. 미국에 대해 거리를 두고 객관적, 비판적으로 미국을 보는 시각을 가진 최성묵이 미국문화원에서 일하는 데는 당연히 고민이 따랐다. 미국문화원에서 일하는 것이 어떤 의미에서든 우리 사회에 기여하는 바가 있어야 할 것이었다. 최성묵이 보기에 당시 한국사회는 일종의 섬이었다. 남북분단과 대외적 교류의 폐쇄성으로 인해 한국은 세계의 조류와 동떨어진 변방이면서 냉전의 전초기지였다. 이런 조건 속에서 한국의 지식사회는 물론 청년, 학생들도 군사정권이 강요하는 냉전 반공주의, 군사주의 문화의 틀을 벗어나기 어려웠다. 그런 틀을 깨기 위해 일단은 세계와 접촉할 수 있는 창구가 필요했고 미국이라는 국가의 제국주의적 속성은 엄연히 존재하지만 미국문화 속의 긍정적 요소들을 활용할 필요도 있다고 생각했다. 당시 미국은 매우 격심한 변화의 소용돌이 속에 있었다. 1960년대의 미국은 베트남전쟁이 몰고 온 격렬한 대립, 갈등 속에서 청년들의 저항이 반전운동과 히피문화로 표출되고 있었다. 또한 50년대 이래 격화되어온 흑백 인종갈등이 폭발적으로 늘어나면서 민권운동과 진보적 사상들이 등장했다. 보수적 가치와 새롭게 대두하는 가치들이 날카롭게 대립하면서 변화의 기운이 요동쳤다. 이런 새로운 조류들은 한국 사회에도 신선한 자극을 줄 수 있었다. 특히 청년과 학생들이 닫힌 사고를 벗어나는 것이 중요하다고 생각했다. 또한 미국문화원에는 여러 청년학생단체들이 활동하고 있었다. 이 청년들을 올바로 이끌어서 미국과 세계에 대해, 그리고 한국 사회에 대해 바른 인식을 갖게 할 필요가 있었다. 어쨌든 청년학생들이 모여 있는 곳에 가야만 그들과 함께 새로운 변화를 모색해 볼 수가 있을 것이었다. 청년학생담당 간사라는 직함이 최성묵에게는 1960년대 이래로 계속해온 기독학생운동의 연장선상에서 일할 수 있다는 기대를 갖게 했다.

어떻든 미국문화원의 청년학생담당 간사가 됨으로써 최성묵은 부산에 온 후 처음으로 안정된 직장을 갖게 된 것이다. 당시 미국문화원에는 부산시내 대학생들의 연합서클들이 활동하고 있었고 최성묵은 이들을 지도, 지원하는 일을 맡았다. 서울에서 기독학생운동에 헌신했던 경험과 타고난 열성으로 최성묵은 미국문화원의 학생활동을 훌륭하게 지도했다. 이 무렵에 최성묵은 부산 중앙성당에서 보좌신부를 하고 있던 송기인 신부의 부탁을 받아 부두에서 하역노동을 하고 있던 노동자들에게 교양강좌를 하기 시작했는데 송 신부의 기억에 의하면 이는 4년 동안 계속되었다.

미국문화원에서 일하게 되면서 최성묵 가족은 양정에서 대청동으로 이사했다. 미국문화원에 출퇴근을 하자면 양정은 너무 멀었기 때

1970년 초, '60년대의 미국'이란 주제로 강연하는 최성묵

문이다. 당시 대청동 집을 방문한 적이 있던 임실근은 다음과 같이 술회했다.

> 나는 선생님 댁에 가서는 너무 놀랐다. 그 당시 선생님 댁은 너무 초라했기 때문이다. 대청동 대청예식장 밑 골목 안 허름한 2층 집 다다미 방에 조개탄 스토버가 방 가운데 하나 있었고, 어지럽게 널려 있는 오래된 논문집과 잡다한 책들, 그리고 낡은 피아노 한 대를 빼고 나면 아무 가재도구도 없어 보였다. 그렇게 좁은 방에 혜림, 혜승, 혜은, 혜광이 4자매와 사모님, 그리고 선생님과 내가 같이 잠을 청하기란 만만치 않은 장소였다.(임실근, 『그의 부활을 기다리며』, 282쪽)

김순이의 회상에 의하면 최성묵이 미국문화원에 취직한 후에 그나마 생활이 좀 안정되었다. 미문화원에서는 월급을 2주 단위로 받았고 금액도 좀 많았다. 그러나 미문화원을 그만두고 부산 YMCA 총무를 하게 되면서는 다시 월급을 제대로 받아보지 못했다고 한다. 김순이가 남편의 월급 봉투를 직접 받게 된 것은 1977년 부산중부교회 목사직을 맡게 되면서부터였다고 한다.

20

부산 YMCA
총무를 맡다

미국문화원에서 1년 반 정도 일한 후 1972
년 4월 최성묵은 부산 YMCA 총무로 취임했다. 최성묵의 진보적 성
향을 문제 삼았던 부산 YMCA 이사회가 그런 결정을 내리기까지에
는 최성묵을 아끼는 사람들의 숨은 노력이 있었다. 당시 부산 YMCA
이사회는 보수적 신앙을 가진 사람들과 진보적 신앙을 가진 사람들
간의 주도권 다툼이 치열했다. 전자를 대표하는 사람들은 정태성 장
로와 그가 경영한 성창기업, 성지중고교가 중심이었고, 후자는 김길
창 목사와 남성학원, 한성여대(현 경성대학교의 전신)의 교사와 교수 등
이 중심이 되었다. 양대 세력은 총회에서 세(勢)대결의 양상을 보였는
데 우창웅 장로(당시 부산교육대학 교수) 등이 와이즈맨 소속의 이사들
과 전체 이사들을 열심히 설득했다. 결국 총회는 표결 끝에 가까스로
최성묵의 총무 지명을 가결했다.

총무 취임 후 최성묵은 열성적으로 사업에 몰두했다. 먼저 시민논
단이라는 프로그램을 만들어 부산시민들의 주요 관심사를 함께 의
논하는 자리를 마련했다. 그리고 YMCA의 대학부를 조직했는데 이
대학부를 조직하기 위해 최성묵은 총무 취임 이전부터 특별한 노력
을 기울여왔다. 당시 부산YMCA에는 YMCA Hi-Y라는 고등부 조직
은 있었으나 대학부 조직은 없었는데 최성묵은 1971년 겨울부터 대
학부를 만들기 위해 학생들을 만나고 있었다. 부산 YMCA Hi-Y에서
활동하고 동아대학교에 재학하고 있던 임실근과 최성문 등은 최성

묵의 의지에 부응하여 여러 차례 모임을 가지면서 대학부의 결성에 합의했다.

그 결과 1972년 초여름, 당시 YMCA가 입주해 있던 부산역 앞 한 건물의 1층에 있던 태양다방에서 임시 총회를 개최하고 발족하게 되었다. 초대 회장에는 임실근, 부회장에는 장종순(부산교대)이 선출되었다. 대학생부에는 최성묵이 미국문화원 청년학생담당관으로 일할 때 함께했던 학생들도 다수 참여했다. 대학생부 모임의 명칭은 대학 Y 영봉이라고 정했는데 이는 회원인 최학병이 제안한 것이었다. 결성 당시 회원 수는 40명이었고 사회의식은 별로 없었지만 최성묵이 직접 대학생부의 지도를 맡아 이끌어가면서 점차로 학생들의 사회의식을 높여나갔다. 대학Y 영봉은 이화여대 사회사업학과와 공동으로 부산시의 걸인 및 불우청소년 실태조사를 위해 애광보육원, 마리아수녀원 등을 방문, 조사하는 사업을 벌이고, 동래 BBS 청소년 야간학교를 열어 야학을 하기도 했다. 성경공부는 기본이었고 일본 청산학원과 대학생 교류사업 등을 추진했으며 부산KSCF와 협력하여 독서모임을 하는 등 다양한 활동을 통해 대학생들이 사회를 보는 새로운 안목을 길러주기 위해 노력했다.

또 대학Y 영봉은 전국행군대회를 통해 학생들의 단합과 협동심을 기르는 프로그램을 시작했다. 해마다 여름에는 내륙에서, 겨울에는 제주도에서 열흘 코스의 행군대회를 하는 프로그램이었다. 오전, 오후 각 5km씩 하루 10km를 걷고 저녁에는 민박을 하면서 학생들에게 과제를 주고 토론하도록 했는데 이 프로그램을 처음 시작한 것은 1975년이었다. 이 무렵 유신 정부의 지원을 받아서 하는 학생행군대회가 있었는데, 이에 대응하여 최성묵은 정부의 지원을 받지 않고 순수한 민간의 자발적 행사로 행군대회를 하자고 제안했고 대학Y 영봉의 회장 임실근을 비롯한 많은 청년, 학생들이 호응했다.

그렇게 시작한 제1회 전국행군대회의 단장은 최성묵이었고 진행책임자는 임실근이었다. 1975년 1월 행군단은 9박 10일의 일정으로 제주도에 도착하여 제주시, 한림, 모슬포를 거쳐 2박 3일의 행군 후 서귀포에 도착했다. 이날 저녁 휴식 시간에 서귀포의 한 선술집에 학생들과 함께 모인 자리에서 최성묵은 술잔을 들면서 "유신 반대"를 외쳤다. 이 구호는 다행스럽게 술집 안에 있던 사람들의 호응을 받아 술집 주인과 손님들이 마치 유신반대 집회를 하는 것 같은 분위기가 되었다. 술집 주인은 기분이 좋아 무료로 술을 제공하기도 했다. 이 행군대회를 함께했던 청년, 학생들은 이후 자연스럽게 네트워크를 형성하게 되었는데 그들 가운데는 기독교인이 아닌 불교, 가톨릭, 원불교 신앙을 가졌거나 종교가 없는 사람들도 있었다. 하지만 최성묵은 전혀 종교적 차이를 개의치 않고 격의없이 청년들과 함께 어울렸다. 그의 에큐메니칼 정신은 기독교의 범위를 뛰어넘는 것이었다.

1972년 가을 KSCF 부산지부의 결성도 최성묵이 주도하였다. 그는 차선각을 앞세워 지부를 창립하게 했는데 회장은 중부교회의 조성삼이었으며 조태원, 김영일 등이 참여하였다. 1974년에 결성된 대학Y협의회도 최성묵 총무의 지시로 당시 간사였던 김인환이 창립하였다. 대학Y협의회가 창립되자 부산지역의 다양한 대학생단체들이 모여들었다. 봉사서클이나 취미서클을 가리지 않고 부산시내의 다양한 단체들이 가입했는데 이는 당시의 정치 상황과도 무관하지 않았다. 유신체제가 성립된 이후, 중앙정보부는 각 대학교에 압력을 가해 특히 대학생 연합서클 등을 해체하도록 했기 때문에 다양한 곳에서 활동하던 연합서클들은 해산하거나 아니면 새로운 근거지를 찾아 옮기지 않을 수 없었기 때문이었다.

기독교의 대학생 조직은 1968년 KSCF로 통합이 되었지만 이 무렵에는 지방의 YMCA들이 청년지도력을 육성하는 데 애로가 있다는 이유로 조금씩 대학생 조직을 부활시키고 있었다. 이에 대해서는 KSCF의 집행부도 묵인하는 형편이었다. 부산의 경우, 대학생운동의 실질적 지도력인 최성묵이 YMCA에 있는 이상 그곳을 중심으로 재조직되는 것이 필요했다. 당시 대학Y협의회에 모여 있던 서클들에 대해 박상도는 다음과 같이 기억하고 있다.

> 예를 들어 특징 있는 성격의 서클을 말씀드리면 흥사단 같은 것들이 있었는데 흥사단은 자기들 자체적으로 활동을 했죠. 성아회라든지 한빛회라든지 그러한 것들이 주로 부산시내 대학들 부산대, 수산대, 동아대 학생들이 모여 자신들의 자연스런 친목과 봉사를 하는 동아리였습니다. 영어회화 서클도 연합서클인데 영어공부도 하고 봉사도 하고 했습니다. … 그것이 16개 정도였는데 15개는 그러한 각자의 성격이 있었고 … 그중 한 서클이 최 목사가 만든 YMCA 대학부 클럽입니다. 그것은 처음부터 YMCA와 목적을 같이하는 의식 있는 목적의 서클로 출발하여 같이 활동하였고, 그것의 주축이 되는 조태원, 정외영, 김영일, 최학봉, 임실근, 이승원이 함께하고 처음부터 의식 있는 활동을 하였습니다. 그다음 나머지는 연합서클로 … 그런 모임으로 모여서 하는 활동이지만 그 중에서도 생각이 괜찮은 학생들이 있었고 … 그 학생들 자체가 처음부터 YMCA와 함께 의식 있는 활동을 하려고 모인 학생

들은 전연 아니었습니다.(박상도 구술/차성환 면담, 2009)

　최성묵의 지도력은 세부적인 문제에 개입하는 것이 아니고 어디까지나 학생들의 자율적 활동을 장려하고 보장하는 방식으로 이루어졌다. 당시 영봉은 이화여대 사회사업학과와 함께 부산지역 걸인 및 불우청소년 실태조사를 하기도 하고, 부산지역대학생협의회를 결성하기도 했다. 또 일본 청산학원대학과 상호 교류사업을 하기도 했다. 특히 유신체제가 성립한 이후 대학생들의 활동은 정보기관의 감시와 이 사회의 간섭 등 여러 가지 통제를 받았는데 최성묵은 음양으로 학생들의 활동을 지원하였다.

　최성묵은 젊은 대학생들이 새로운 세계에 눈뜰 수 있도록 이끌면서도 권위적인 방식이 아니라 그들의 눈높이에서 그들과 함께 호흡하는 자세로 임하였다. 최성묵은 젊은이들에게 지도자로서보다는 친구처럼 다가가기를 원했던 것 같다. 그는 청년들과 아무런 거리낌 없이 어울렸고 딱딱한 장소가 아닌 술집에서 술잔을 기울이고 같이 담배를 피우면서 많은 이야기를 나누었다. 지금은 덜하지만 당시에는 목사가 공개적으로 술, 담배를 하는 것은 상당한 시빗거리가 되었다. 후에 최성묵이 목사 안수를 받을 때도 이것이 문제가 되었다. 그렇지만 최성묵은 별로 개의치 않았다. 최성묵이 술, 담배를 한 것이 개인적 기호 때문이 아니었던 것은 틀림없다. 왜냐하면 그는 집에 가족과 함께 있을 때는 술, 담배를 입에 댄 적이 없었기 때문이다.

　술, 담배에 대한 최성묵의 생각은 대략 두 가지였던 것 같다. 하나는 젊은이나 일반인과 어울리고 함께 사업을 하기 위해서는 그들이 즐기는 것을 함께 할 필요가 있다는 생각이 있었던 것 같다. 또 하나는 술, 담배를 금하는 교회의 계율이 지나치게 형식적이고 경직된 것이라는 생각이 있었던 것 같다. 그리스도의 정신에 따라 사는 실천은 없으면서 형식적 계율만 지키면 옳은 크리스천인 것처럼 행세하는 세태에 대한 비판이 그런 방식으로 나타난 것이 아닐까 싶다. 어쨌든 그렇게 젊은 학생들과 허물없이 어울리면서 최성묵은 많은 것을 가르쳤다. 당시 YMCA 대학생회장을 했던 임실근은 당시를 다음과 같이 회상하고 있다.

선생님은 나에게 '로마클럽 보고서'를 통해 지구의 제반 문제 (자원의 고갈, 환경문제, 인구의 폭발과 식량문제)와 앨빈 토플러의 『미래의 충격』, 드러커의 『단절의 시대』 등 탁월한 예지력을 지닌 대표적인 미래학자와 새로운 관점의 경영학 등에 흥미를 가지도록 도와주셨다. 또한 선생은 도스토예프스키의 『카라마조프의 형제』, 『지붕 위의 바이올린』 등 당시로서는 난해한 부분을 일깨워 주셨다. 특히 선생은 1960년대 유럽에서 일어난 '청년문화'와 미국의 변화(마틴 루터 킹 목사 이야기), 공업화와 산업화의 문제점, 정보 지식사회의 도래와 21세기 전망 등 당시 나로서는 호기심과 자존심이 발동하여 이해 못하는 부분을 뒤로 한 채, 생전 처음 밤샘을 하면서 전공보다도 더욱 흥미롭게 접하게 되었다.(임실근, 『그의 부활을 기다리며』, 282쪽)

21

유신체제의 등장과
저항

                    최성묵이 부산 YMCA 총무로 취임했던 1972년, 바로 그해 10월에 대통령 박정희는 갑작스레 헌정질서를 중단시키고 계엄령과 함께 이른바 '10월 유신'을 선포했다. 유신 쿠데타였다. 이때 공포된 유신헌법은 모든 국민의 기본권을 제한하고 삼권분립의 원리를 부정하여 대통령에게 권력을 집중하는 독재헌법이었다. 야당 정치인들이 군인들에게 끌려가 초죽음이 되도록 고문을 당한 것도 이때였다. 뒤이어 앵무새 언론과 어용 지식인을 총동원한 유신 찬양 홍보가 일상적으로 되풀이되었다. 춥고 어두운 정치의 겨울이 시작되었다. 모두들 공포에 찬 눈빛으로 주변을 둘러보았다.

  이렇게 살벌한 시기인 1972년 12월에 당시 서울에서 야학운동을 하고 있던 김성재가 부산 YMCA로 최성묵 총무를 찾아왔다. 용건은 유신체제에 반대하는 신앙고백서의 발표에 동참하도록 부탁하기 위한 것이었다. 이 신앙고백서는 일본 도쿄에서 작성되었다. 1972년 10월 계엄령과 함께 유신체제가 공표되자, 당시 도쿄의 아시아기독교협의회(CCA) 도시농어촌선교부(URM) 간사로 있던 오재식과 지명관, 김용복 등이 모여 유신체제의 악마성을 고발하는 신앙고백서를 만들었다. 신앙고백서는 한국어, 영어, 일어 3개 국어로 작성했다. 오재식 등은 이 선언문을 국내로 들여보냈다. 하지만 국내 상황이 워낙 얼어붙어 있어 국내의 인사들은 처음에 발표를 주저했다. 그래서 오재식 등은 배포에 필요한 돈을 만들어 보내면서 한국에서 이런 선언문이 나오지 않으면 세계가 어떻게 알아주겠느냐고 다시 한 번 권유했다. 결국 한국기독교교회협의회가 이 신앙고백서를 기초로 선언문을 발표하기로 하고 서명 작업에 착수했다. 이 선언은 후에 「한국 그리스도인의 신학적 고백」으로 발표되어 전 세계적인 반향을 불러일으켰다. 김성재의 서명 부탁에 대해 최성묵은 유신체제는 군사독재의 장기집권을 가져올 뿐 아니라 신앙적으로 용납할 수 없는 불의한 체제이므로 당연히 반대하며 서울에서 추진하는 일에 전적으로 찬성하고 위임하며, 필요하다면 서울에도 가겠다고 약속했다. 이 선언문에는 최성묵을 비롯해 많은 기독교인들이 서명했지만 서명자를 밝히는 것은 너무 위험하다고 판단하여 익명으로 발표되었다. 이 선언문은 아시아뿐 아니라 미국과 유럽의 교회기관, 인권단체 그리고 WCC에도 알려져 주목을 받았고 한국의 인권상황이 국제적으로 알려지는 계기가 되었다. 이 선언은 나치 치하에서 독일의 고백교회가 했던 '바르멘 선언'과 같은 것으로 받아들여졌다. 1973년 5월에 공개된 이 선언문의 일부는 다음과 같다.

1973년 한국 기독교인의 선언
- 기독교 신앙은 독재를 거부한다 -

우리는 한국 기독교인의 공동 이름으로 이 선언을 발표한다. 그러나 일인이 정부 삼권을 장악하고 군사 무기와 정보망을 국민 탄압에 사용하고 있는 현재의 상황에서 이 문서에 서명한 사람들의 이름을 밝히기를 주저한다. 우리의 승리를 쟁취할 때까지 지하에서 투쟁하지 않으면 안 된다.

지난 10월 이래로 한국민은 비통한 역사적 상황에 놓여 있다. 박 대통령이 권력을 강화함으로써 한국민과 국가는 악마의 저주를 받은 것처럼 되었다. 기독교계는 한국민의 일부로서 메시아 왕국의 성스러운 부르심을 받아 현재의 상황을 고발하고 궐기한다.

제2차 세계대전 이래 우리 국민은 사회적 혼란과 경제적 착취, 특히 비극적인 한국전쟁과 그 결과로 나타난 독재정치의 시련과 고통을 겪어왔다. 그러므로 우리 국민의 간절한 소망은 우리 생활이 새롭고 인간적인 사회로 회복되는 것이다. 그러나 이러한 국민의 희망은 박 대통령의 절대적인 독재정치와 무자비한 정치탄압에 의해 무참히도 부서졌다. 이것은 이른바 '10월유신'의 이름으로 행하여졌다. '10월유신'은 몇몇 악인의 간악한 계획으로서 거짓 약속에 불과하다. (하략)*

1973년 8월에는 김대중 납치사건이 일어났다. 그리고 그해 10월 2일 서울대학교 문리대에서 최초의 유신반대 학생시위가 일어났다. 그러자 시위는 곧 전국 각 대학으로 번졌다. 그리고 그해 겨울 장준하, 백기완 등 재야인사들이 중심이 되어 '유신헌법 개정 청원 100만인 서명 운동'이 시작되었다. 이때 신민당 전국구 국회의원을 지냈고 장준하 선생과 가까운 박재우 씨가 개헌청원 서명용지를 가지고 부산으로 와서 박상도를 만나 교계와의 연결을 부탁했다. 박상도의 주선으로 심응섭 목사, 임기윤 목사, 최성묵 총무 등이 연결되었다. 그러나 개헌청원서명운동은 박 정권이 긴급조치 제1호를 선포하여 강경 탄

---

* 오재식, 2012, 『내게 꽃으로 다가오는 현장』, 대한기독교서회, 173-174쪽

압함으로써 지속되지는 못했다.

1974년 4월 3일 이른바 '민청학련사건'이 터졌다. 박 정권은 긴급조치 4호를 발동하여 엄청나게 많은 사람들을 검거했다. 부산 교계에서는 차선각, 조성삼, 황대봉이 보안사령부에 연행되어 고초를 겪었다. 당시 중부교회의 주일학교 반사를 맡고 있던 조성삼은 고신대학생이었던 황대봉과 함께 부산의 교회 청년들을 조직하여 민청학련에 가담했다는 이유로 끌려가 보안사에서 조사를 받고 서울구치소에 구속되었다. 당시 KSCF 간사로 있던 이직형도 붙들려갔다. 부산대학교에서는 졸업생인 김재규를 비롯해서 학생 5명이 체포되었다. 이렇게 되자 부산의 재야인사들은 독재정권에 의해 유린되는 인권 상황을 타개하기 위한 노력을 시작했다. 그해 8월 중부교회 청년들은 영어의 몸이 된 많은 사람들을 생각하며 부산진교회에서 구속자들을 위한 기도회를 열었다. 이 기도회에서 한국신학연구소의 안병무 박사가 설교를 했고 훗날 보안사에 끌려가 의문사를 당한 제일감리교회의 임기윤 목사가 기도를 해주었다.

1974년 7월 6일에는 민청학련 사건과 관련하여 천주교 원주교구장 지학순 주교가 김포공항에 입국하자마자 기관원에게 연행, 체포되었다. 그렇게 되자 천주교가 움직이기 시작했다. 8월 30일 천주교 부산교구에서는 '조국과 정의 평화 및 감옥에 갇힌 주교를 위한 기도회'가 열렸다. 천주교정의구현전국사제단이 이 무렵 조직되었다. 1974년 10월 언론인들의 '자유언론실천선언'이 나오고 동아일보 광고 탄압사태가 시작되면서 권력의 폭압에 비례하여 전국적으로 민주화운동이 크게 고양되었다. 1974년 12월 25일 야당, 재야, 언론인, 종교인, 학생, 지식인 등 각계각층의 민주화 열기가 모여 '민주회복국민회의'가 결성되었다.

1974년은 부산에 김광일이라는 걸출한 인권 변호사가 등장한 해이기도 했다. 김광일은 원래 합천 출신으로 경남고등학교를 졸업했다. 서울법대를 졸업하고 1967년 법관이 된 그는 1973년 겨울 대구지방법원 판사로서 유명한 판결을 내렸다. 북한방송을 청취했다고 반공법 위반 혐의로 기소된 영남대학생에게 무죄를 선고했다.

"모든 국민은 올바른 판단을 내리기 위한 정보를 수집할 권리가 있다."는 것이 무죄 선고의 이유였다.

이 판결로 그는 뒷조사를 받고 8월 말로 전주지원으로 발령을 받았다. 보복인사로 판단한 그는 다음 날로 사표를 내고 부산에 변호사 사무실을 열었다.

최성묵은 김광일 변호사를 YMCA 토론회를 통해 만나게 됐다. '종교와 정치의 분리'라는 주제로 김 변호사가 사회를 맡은 토론회가 YMCA 강당에서 열렸고 당시 YMCA 총무였던 최성묵과 김광일은 금방 민주화운동의 동지가 되었다.

해가 바뀌어 1975년 1월 30일에는 송기인 신부가 시무하던 부산 전포성당의 지붕에 '지 주교를 석방하라'고 적힌 현수막이 내걸렸다. 형사가 이 현수막을 떼려고 성당 지붕에 올라갔다가 도둑으로 몰려 고발당하는 웃지 못할 일도 벌어졌다.

그 얼마 후 부산 중부교회 심응섭 목사가 송기인 신부를 찾아왔다. 심 목사는 그 당시 이미 머리가 하얀 할아버지로 지팡이를 짚고 전포성당을 찾았다. 심 목사는 서울처럼 부산에서도 양심적인 종교인들이 모임을 만들어 난국을 헤쳐 나가자고 제안했다. 송기인 신부는 가뭄에 단비를 만난 것 같았다. 그래서 천주교에서 송기인, 오수영 신부와 개신교에서 심웅섭, 임기윤, 김정광 목사, 우창웅, 김광일, 유기선 장로, 최성묵 총무가 참여하여 1975년에 정의구현기독자회를 결성하였다. 이후 정의구현기독자회가 발전하여 1976년에는 부산인권선교협의회를 YMCA 강당에서 창립하기에 이르렀다. 회장은 임기윤 목사가 맡고, 부회장을 송기인 신부와 최성묵이 맡았다. 회원도 많지 않고 재정도 여유가 없어 사무실을 따로 두지 않고 보수동에 있는 유기선 내과병원에서 주로 모임을 가졌다. 부산인권선교협의회는 민청학련 사건 구속자 지원, 책방골목 필화사건 관련 성명 발표와 기도회 개최, 부산지역 양심수 후원 등의 일을 했다. 이 단체가 운동 역량이 취약했던 부산에서 개신교와 천주교의 종교인들이 힘을 합쳐 만들었던 유신 치하 최초의 부산 민주화운동체라 할 수 있을 것이다.

이 부산인권선교협의회의 활동이 최성묵이 YMCA 총무직에서 물러나게 되는 빌미가 되었다. 권력의 탄압과 이에 맞선 저항이 점점 심각해지자 부산 YMCA 이사회는 최성묵 총무가 점점 더 부담스러워졌다. 중앙정보부는 부산인권선교협의회의 활동을 문제 삼아 최성묵에 대한 사퇴 압력을 가해왔다. 이렇게 되자 당시 부산 제일의 재력가로 알려진 성창기업의 정태성 장로나 기독교방송의 은영기 국장 같은 보수적인 이사들은 "역시 진보적인 인사를 총무로 앉혀 놓았더니 큰일 났다."고 생각했던 것 같다. 당시의 독재권력은 기업의 생사여탈권을 쥐고 있으므로 기업인들은 자칫 탄압을 받을까 봐 전전긍긍할 수밖에 없었던 시절이었다. YMCA 이사회는 총무의 월급을 제때 지급하지 않는 등의 방법까지 동원해서 직간접으로 사퇴 압력을 가했다. 결국 최성묵은 1975년 8월 YMCA 총무직을 사퇴했다.

총무 재직 기간 중에도 최성묵의 경제형편은 어려웠다. 총무 월급

1975년경 최성묵 부부와 자녀들의 모습

이 제대로 지급되지 않아 이따금 몇 만원 씩 집에 가져가니까 김순이
는 월급을 받아 다른 데 쓰는지 의심이 들어 어느 날 YMCA에 와서
급료대장을 확인했는데 급료대장에 몇만 원씩 가불된 기록을 확인한
후 큰 실망을 하고 돌아갔다고 한다. 그 얼마 안 되는 월급조차 최성
묵이 청년들과 만나 술 사주고, 커피 사주는 활동비로 나가고 집에는
제대로 생활비를 주지 않았다. 그렇게 가난하게 살았지만 김순이는
크게 불평하지 않고 허리띠를 졸라매고 내핍생활을 해나갔다. 그리고
서울에서 그랬던 것처럼 12시 직전에 들어오는 남편을 위해 뜨거운
밥과 국을 준비해서 식사하게 하고 서로가 하루의 일을 다 이야기하
고서야 잠자리에 들었다.

　다음 날 낮에 김순이는 가사 일을 하면서도 전날 밤에 남편에게 들
었던 여러 가지 이야기를 되새기면서 나름대로 분석해보는 버릇이 생
겼다. 그리고 그날 밤 남편에게 자기 생각을 이야기하고 충고를 하기
도 했다. 그러면 최성묵은 김순이의 생각이 신통하게 적중하는 것을
경험하면서 "당신은 귀신이다. 당신이 말한 것과 똑같더라"고 감탄하
면서 "당신이 많이 배웠으면 나라를 팔아먹었을 것"이라고 농담을 하
기도 했다. 이렇게 부부간에 대화하는 습관은 해외로 출장을 갔을 때
도 이어져서 출장 중에도 최성묵은 매일처럼 엽서를 써서 아내에게
보냈다. 끝머리에는 항상 "당신의 黙"이라는 문구와 함께.

22

중부교회
전도사가 되다

        YMCA 총무를 그만둔 후 최성묵은 다시 새로운 일터를 찾아야 하는 상황에 놓이게 되었다. 그즈음 용두산공원 앞에 있던 모 기계공고에서 최성묵을 교장으로 초빙하는 제안이 들어왔다. 그 학교의 이사장은 고령의 노인이었는데 자신을 대리해서 학교 전반을 관리해줄 사람을 찾고 있다가 최성묵을 추천받고 직접 면담을 하게 되었다. 면담에서 이사장은 대단히 만족해 하며 최성묵에게 교장직을 맡아 줄 것을 제의하면서 교정에 있는 사택도 제공하겠다고 약속했다. 김순이도 면담 결과를 전해 듣고 상당히 마음에 들었다. 그래서 부부가 그 제안을 수락하자는 데 합의했는데 의외로 생각지 않았던 일이 생겼다.

  어느 날 김순이가 대청동 집에서 일을 하고 있는데 백발의 노인 한 사람이 지팡이를 짚고 오더니 여기가 최성묵의 집이냐고 물었다. 그렇다고 하니까 자기가 중부교회 장로인데 두 부부와 함께 할 이야기가 있어서 왔다는 것이었다. 그가 바로 캐나다에서 지원을 받아 중부교회를 설립한 구위경 장로였다. 구위경 장로는 최성묵이 설교를 하거나 성경 공부를 지도하기 위해 가끔 중부교회를 방문했을 때 그를 눈여겨보고 있다가 심응섭 목사의 후임으로 초빙하기 위해 찾아온 것이었다. 아마 미리 연락을 했던지 최성묵도 바로 집으로 돌아왔다. 세 사람이 방 안에 앉자 먼저 구위경 장로가 함께 기도하자면서 기도를 시작했다. 그런데 그 기도가 어찌나 간절하고 심금을 울리던지 끝내는 부부가 모두 울고 말았다.

구 장로는 하느님이 중부교회를 위해 최성묵과 같은 목자를 보내 주신 것에 너무나 감사한다는 취지의 기도를 간절하게 올렸다. 그런 분위기에 압도되어 그 앞에서 중부교회로 갈 수 없다는 말을 차마 할 수 없었다. 김순이는 고령의 노인이 집까지 찾아와서 그렇게 간절히 바라는데 그 제안을 받아들이지 않으면 하느님이 벌을 내릴 것 같은 분위기였다고 당시를 회고했다. 그래서 부부는 생각을 바꾸어 중부교회로 가기로 합의했다. 원래 최성묵은 젊을 때는 학생운동을 지도하는 데 헌신하고 목회는 나이가 많이 되었을 때 무보수로 봉사할 생각이었는데 이런 상황에 부딪쳐 생각을 바꾸었다.

1976년 1월 첫 주에 최성묵은 중부교회 전도사로 취임했다. 심응섭 목사는 비록 고령이었지만 한신대학교 김재준 박사의 사상을 따르는 분이었다. 심 목사는 구 장로와 함께 최성묵을 이해하고 그에게 교회를 맡기고자 우선 전도사로 임명했다. 당시 최성묵은 아직 목사 안수를 받기 전이었기 때문에 본격적인 목회에 앞서 청년, 학생에 대한 교육, 지도와 함께 성경도 가르치고 때때로 설교도 하면서 많은 일을 맡아 나갔다. 청년, 학생들과 함께 하는 일은 최성묵이 서울에서부터 오랫동안 해왔고 가장 보람 있게 여기는 사업이기도 했다.

당시 중부교회 대학생부는 김형기, 이승원, 조성삼, 이태성, 김영일, 조태원, 정외영 등 대략 15, 6명 정도의 대학생들로 구성되어 있었다. 이명수나 김형기가 리더의 역할을 하고 있었다. 대학생부 모임을 하면 회원들 외에 교인이 아니면서 관심을 갖고 찾아온 청년들도 있어서 보통 20명은 넘었다. 대학생부에 속한 학생들은 여러 경로를 통해 중부교회로 모여들었다. 조태원은 친구의 소개로 중부교회에 다녔는데 대학 입학 무렵 KSCF 활동을 시작하면서 중부교회를 중심으로 부산에 KSCF를 조직하는 데 열심히 노력했다. 조태원, 김영일은 부산대학교, 이태성은 동아대학교, 정동영은 부산교육대학에 KSCF를 조직했다. 당시 조태원과 김영일은 KSCF의 중앙위원이기도 했다. 그들은 YMCA 대학생부 모임인 영봉, 부산진교회, 흥사단 아카데미 등의 단체들과도 교류하면서 KSCF의 조직에 힘을 쏟았다.

1975년 부산대 사학과에 입학했던 정외영이 중부교회에 출석하게 된 경로를 보면 이 무렵 중부교회를 중심으로 한 청년 학생들의 활동과 최성묵의 역할을 잘 보여준다. 정외영은 1975년 말경 부산대학교 내의 동아리 모집 장소에서 한 남학생을 만나게 된다. 그가 김영일이었다. 초면에 그는 자신은 복학생인데 좋은 강연회를 소개하고 싶다고 했다. 그래서 정외영은 YMCA에서 주최하는 청년을 위한 강연에 참석했다. 연사는 최성묵이었다. 정외영은 뜨거운 강연의 열기에 휩싸였고, 마치 안개 속에서 새로운 길을 제시받은 듯한 강렬한 인상을 받았다. 뭔가 충만한 느낌을 주는 강연에 끌려 그는 중부교회를 나가게 되고 거기서 해방신학 등 새로운 사상들을 접하게 되었다.

23
'책방골목'
회지 사건

      '책방골목'은 중부교회 대학생부가 발간하는 회지의
이름이다. 1976년 2월 10일 경찰은 '책방골목'에 실린 글의 내용을 문
제 삼아 중부교회의 교인인 대학생 세 명을 구속했다. 구속된 사람은
인사말을 쓴 부산대학생 조태원, 대학생회 회장인 동아대학생 이태
성, 회지를 배포한 부산대학생 김영일이었는데 조태원과 김영일은 부
산지역 KSCF의 중심 인물이었다. 회지 내용 중 인사말에서 경찰이 문
제 삼은 대목은 "… 힘써 이 땅에 진정한 자유와 민주주의를 실현시키
자. 한국적이니 유신이니 따위는 말고 좀 더 거시적인 안목으로 세계
적이고 우주적인 눈으로써 이 땅의 인류를 위해서 우리를 사랑하시는
그리스도를 따라서 십자가를 짊어지자. …"라는 것이었다.

  학생들을 연행한 후 서부경찰서의 형사들은 다음 날 박상도의 집
을 덮쳐 가택수색을 해서 일기장 등을 압수하고 대연동에 있는 중앙
정보부 대연동 분실로 연행했다. 그리고 빨간 백열등만 켜져 있는 지
하실에서 수사관에게 심문을 받았다. 수사관은 박상도가 순진한 아
이들을 제주도 등지로 데리고 다니면서 세뇌시킨 원흉이라고 몰아
붙였다. 박상도는 인사말의 내용에 무슨 문제가 있느냐고 따졌다.
그런 언쟁을 하는 중에 또 다른 자가 권총을 들고 들어와서 머리 뒤
에서 방아쇠를 당기는 소리를 내면서 "이런 놈들은 전부 다 총을 쏴
서 죽여야 한다. 죽여도 어느 놈들이 알겠느냐?"라고 지껄이며 공포
감을 조성했다. 그들은 밤늦게까지 심문을 한 후 고위급인 듯한 인

물이 들어와 박상도에게 일장 훈시를 했다. 요지는 "순진한 학생들을 선동해서 희생시키지 말라. 학생들의 부모들 마음이 어떻겠느냐? 당신들이 이런다고 세상이 바뀌지 않는다."라는 것이었다. 그리고는 "아이들을 경찰에 넘길 테니 신병 인수해 가고 잘 지도해서 문제를 일으키지 말라."며 잘 지도하겠다는 각서를 쓰라고 했다. 그래서 각서를 쓰고 그날 밤에 풀려 나왔다.

한편 구속된 조태원, 김영일, 이태성도 보안대 대연동 분실에 끌려 갔다. 그들은 야구 방망이와 주먹으로 얻어맞고, 볼펜을 손가락에 끼워 구둣발로 밟고, 양 다리 사이에 각목을 끼워 넣고 그 위를 밟는 등의 고문을 당했다. 그러면서 누가 이런 것을 시켰느냐고 이른바 배후를 캐는 데 주력했다. 하지만 학생들은 스스로 판단해서 한 일이라고 버텨서 박상도나 최성묵에게까지 불똥이 튀지 않도록 했다.

다음 날 박상도는 부산시경에 갔더니 학생들을 면회만 시켜주고 신병 인수는 해주지 않았다. 왜 신병 인수를 안 해주느냐고 따졌더니 상부의 지시가 있어야 하니 기다려보자고 하다가 결국 나중에 구치소로 넘어간 것을 알았다. 열흘 가까이 보안대에서 조사를 받은 학생들은 경찰로 인계되었고 경찰은 조태원 등 세 사람의 조서를 며칠 만에 꾸미고는 부산구치소로 넘겨버렸다.

이 사건의 변론은 김광일 변호사가 무료로 맡아주었다. 세 학생은 재판을 받고 집행유예로 나왔다. '책방골목'지 사건은 부산에서 긴급조치 9호가 적용된 첫 사건이었다. 이 사건은 당초에 중앙정보부가 학생들을 훈방하려 했다가 YMCA 중심의 학생활동이 활성화하는 것을 사전에 차단하기 위해서는 초반에 공포감을 심어줘야 한다는 판단에 따라 방침이 바뀐 것으로 생각된다.

'책방골목'지 사건이 일어나면서 구속자들을 지원하기 위해 엠네스티 활동이 활발해지고 마침내 부산지부까지 결성되었다. 그 이전에는 부산의 작가 요산 김정한 선생과 노경규 선생 두 사람만이 엠네스티 한국지부의 회원으로 있을 뿐이었다. 그러다가 요산 선생이 김광일 변호사를 만나게 되었다. 요산 선생은 동아일보 광고사태가 계속되던 1975년 정월에 동아일보의 의견 광고란에서 부산의 변호사 김광일의 이름으로 나온 "동아 죽으면 나라 죽고, 동아 살면 나라 산다"라는 광고를 보게 되었다. 김광일 변호사가 10만 원을 낸 광고였다. 눈이 번쩍 띈 노작가(老作家)는 제자 노경규를 불러 알아본 후 김광일을 만났다. 두 사람은 곧바로 의기투합했다. 김광일은 "저는 재판 일로 자주 교도소에 나가게 되니까 민주인사, 학생들에게 들여보낼 차입옷과 영치금 같은 건 제가 전달하겠습니다."라고 제의하고 바로 요산 선생 댁에 있던 옷가지 등을 가져갔다.

그때부터 김광일은 엠네스티 회원이 되어 활동하기 시작했다. 1977년에는 국제 엠네스티가 노벨평화상을 받게 되었다. 이 일을 축하하는 행사를 부산에서 열었을 때 300명의 인사가 참석했다. 대통령 긴급조치 9호의 서슬이 퍼렇던 당시의 분위기에서 공개행사에 참석한 인원이 300명이라면 대단한 숫자였다. 부산의 민주인사가 다 모였다고 해도 과언이 아니었다. 이 행사는 엠네스티 부산지부 창립대회를 겸한 것이었다. 김광일이 부산지부 위원장을 맡고 자신의 사무실을 엠네스티의 사무실로 겸용했다. 그리고 간사도 두고 매월 김동길, 함석헌, 송건호, 문익환 등의 인사를 불러 강연회를 개최하였다.

최성묵도 엠네스티의 회원이 되어 일익을 담당했다. 최성묵은 박상도 등의 민주인사들과 함께 김대중 씨 면회를 위해 김광일 변호사와 함께 진주교도소를 방문하기도 하고, 문익환 목사를 만나러 마산교도소에도 갔다. 유신 시절의 교도소에서 정치범을 면회하기란 너무 어려웠다. 최성묵과 박상도 등이 마산교도소에 문 목사를 면회하러 갔을 때는 주먹다짐을 하는 일까지 벌어졌다. 교도소 측이 문 목사의 면회를 거부하기 때문에 방문자들은 교도소 밖에서 안에 있는 수감자가 들리도록 큰 소리로 '오, 자유' 등의 노래를 불렀다. 그러자 간수들이 나와 노래를 부르지 못하게 하면서 실랑이가 빚어져 급기야 험악한 사태까지 벌어지기도 했다.

엠네스티의 한국 양심수 지원계획에 따라 최성묵은 긴급조치와 반공법 위반 혐의로 대구교도소에 구속되어 있던 백현국을 지원했다. 백현국은 대구 계명대학교 출신으로 대구의 민주화운동에 중요한 역할을 했던 사람이었다. 그는 출소 후에도 중부교회와 관계를 가지면서 대구지역에 중요한 문제들이 있으면 함께 의논하곤 했다.

1976년에 최성묵은 목사 안수를 받고자 했으나 당시 기독교장로회 경남노회는 그의 안수를 허락하지 않았다. 노회의 구성원 중 창녕의 배성근 목사와 진주의 강명찬 목사 등이 최성묵이 술, 담배를 한다는 이유로 준목 허락을 거부하고 있었다. 그래서 목사 안수를 받으려면 술, 담배를 안 하겠다는 각서를 쓰라고 요구했다. 최성묵은 각서를 썼다. 그러나 각서를 제출했음에도 그해 심사를 못하고 이듬해 밀양 남부교회에서 겨우 통과되었다. 경남노회가 술, 담배 문제를 들고 나와 목사 안수에 제동을 걸었지만 더 본질적인 문제는 그의 진보 성향에 대한 거부감이라는 것은 공공연한 비밀이었다. 그만큼 교계 내부의 정치적 대립도 날카로웠다.

24

중부교회 담임목사로
취임하다

　　　　　　　　이런 우여곡절을 겪은 끝에 최성묵은 1976
년 12월 13일 명예퇴임한 심응섭 목사의 뒤를 이어 1977년 4월 3일 중
부교회 담임목사로 정식 취임하였다. 이제 비로소 최성묵은 목사로
서 안정된 신분을 갖고 부산지역 재야운동의 중심에 설 수 있었다. 당
시 서울에서도 에큐메니칼 정신을 지향하는 한국기독교교회협의회를
중심으로 하는 종로 5가의 기독교운동이 민주화운동의 큰 축을 이루
고 있었기 때문에 그와도 직접 연계할 수 있었다.

　이 무렵부터 최성묵은 공식 교회 일정 외에 주일날 아침 9시부터
뜻 맞는 분들과 함께 남포동 '세븐 커피숍'에서 성경 강의를 하기 시
작했다. 우창웅, 여해룡, 차선각, 박경정, 고관서 등과 함께 예배와 강
의를 하는 이 모임은 그 자체로 작은 교회였다. 교회의 이름은 '갈릴
리교회'라고 부르기로 했다. '갈릴리교회'에 모이는 사람들은 각기 소
속 교회가 달랐지만 자신이 속한 교회보다 '갈릴리교회'에 더 열성적
일 만큼 결속력이 있었다. 경찰은 이 '갈릴리교회'도 범상하게 보아
넘기지 않았다. '갈릴리교회'에 열심히 나가고 있던 수산대학교 교수
고관서 박사는 어느 날 총장에게 불려갔다. 수산대 총장은 고 박사에
게 물었다.

　"경찰서에서 연락이 와서 고 박사가 날라리교회를 자꾸 나가니 좀
나가지 못하게 해달라고 하는데 대관절 날라리교회가 뭐요?"

　'갈릴리교회'를 '날라리교회'로 이름을 바꿔버린 형사의 놀라운(?)

기억력에 고 박사는 쓴웃음을 지을 수밖에 없었다.

1977년 4월에는 부산지역 도시산업선교회(총무 박상도)가 조직되어 교회의 민주화운동은 더욱 그 영역을 넓혀가게 되었다. 부산은 도시산업선교회가 가장 늦게 들어왔지만 빠른 시일 내에 많은 일을 해나갔다. 노동자에 대한 부당한 처우의 개선을 위한 투쟁, 노동자문제를 주제로 한 기도회, 노동자의 훈련 및 교육 등을 통해 부산의 노동문제를 제기했다.

최성묵은 취임 이후 청년회를 중심으로 유명강사를 초청하여 '민족지성의 좌표'라는 주제로 강연회를 열었다. 1977년 6월에는 '현대한국소설에 나타난 민중의식'이라는 주제로 김정한 선생이, 9월에는 '민족문학의 현장'이라는 주제로 황석영 선생이, 11월에는 '민족자주적 통일운동의 맥락'이라는 주제로 백기완 선생이 강연하였다. 이후에도 박형규, 한완상, 김동길, 문익환, 문동환, 김찬국 등 재야인사들을 초청하여 강연회를 열었다. 이러한 강연회를 통해 당시 부산의 학생과 시민들이 민주화운동의 사상과 동향에 접하는 기회를 갖게 되었다.

이해 12월에는 정외영을 중심으로 한동안 중단되었던 '책방골목' 제4호가 복간되면서 청년회 활동이 더욱 활기를 띠었다. 이 무렵 중부교회 청년회원들은 집을 철거당한 빈민들이 모여 살던 만덕동 이주촌에 방을 얻어 생활하면서 철거 이주민의 실상을 파헤친 보고서를 회지에 게재했다. 이런 활동은 당시로서는 매우 보기 드문 시도였다. 또 회원들은 부산에 있는 기독교 장로교회의 실상을 파악한 보고서를 작성하기도 했는데 당시 대부분의 기장교회가 보수성이 강해 기장의 정체성을 살리지 못하고 있다고 진단하기도 했다.

최성묵이 목사로 취임한 이후 중부교회는 부산 민주화운동의 중심이 되었다. 전국의 다른 지역에서 부산을 찾는 민주인사들은 중부교회를 통해 부산 인사들과 접촉하고, 부산 내에서도 여러 사람들이 중부교회를 통해 서로 만나고 교류하게 되었다. 여기에는 박상도, 차선각, 김형기, 박점룡 등 중요한 민주 인사들이 중부교회를 중심으로 각기 제 역할을 다하고 있었던 것도 중요한 요인이었다.

김형기가 민청학련 사건으로 복역한 후 처음 부산에 내려왔을 때의 일이었다. 임시로 머물고 있는 집에 갑자기 부산진경찰서의 형사가 들이닥쳤다. 그리고는 김형기의 신원을 확인하고 집 안을 샅샅이 뒤지고 갔다. 그런 일이 벌어지자 집주인은 그를 마치 간첩인 양 위험시하는 눈치였다. 불쾌하기도 하고 그냥 있어서는 안 되겠다는 생각이 들어 차선각에게 얘기했더니 최성묵에게 얘기가 전달되었다. 곧바로 최성묵은 차선각, 김형기를 대동하고 부산진경찰서장을 만나러 갔다. 최성묵은 경찰서장에게 당장 그 불법 가택 수색한 형사를 데리고 오라고 고함을 쳤다. 경찰서장은 최성묵의 기세에 눌려 부하 직원을 불러 혼을 내겠다고 하면서 이후에는 그런 일이 없도록 하겠다고 사과했다. 그 일을 계기로 김형기는 중부교회에 출석하였고 중부교회 대학생부를 지도하게 되었다.

최성묵이 부임한 후 중부교회에는 항상 다양한 사람들이 찾아오고 예배에 참석했다. 중부교회의 예배에는 본래 출석하던 교인들 외에 한 번씩 찾아오는 사람들이 많았다. 중부교회의 교인 자격은 매우 폭이 넓었다. 어쩌다 한 번 출석해도 교인이었다. 몇 달씩 안 나가다가 한 번 나가도 교인이었다. 최성묵은 오랜만에 얼굴을 보이는 신자가 있으면 왜 안 나왔냐고 묻는 대신, 씩 한 번 웃어주고 손을 잡아주었다. 교회에 정기적으로 나오지 않더라도 잊지 않고 찾아준 것에 대

1977년 4월 3일, 중부교회 담임 목사 취임식에서 서약하는 최성묵

한 환영의 표현이었다.

1977년 8월, 부산 남구 우암동 동항성당 '사랑의 집'에서 기장 전국 청년대회가 열렸다. 기독교장로회에 속한 전국 교회의 청년들이 부산에 모여 "한국에서 고난 받는 예수"라는 슬로건을 내걸고 강연과 토론의 장을 마련했다. 이 대회에는 기독청년들만이 아니라 유신체제하의 암울한 현실을 고민하는 많은 청년들이 모였다. 당연히 경찰은 이 집회를 문제시하고 다수의 경찰 병력을 동원하여 행사장 주변을 에워쌌다. 최성묵은 이 대회에 연사로 초청받아 강연을 했다. 군부독재를 예리하게 비판하는 사자후를 토했다. 이 강연을 들은 청년들 중 후일 최성묵의 사위가 되는 김영수도 있었다. 그는 이 인상 깊은 연설을 한 목사가 누구인지 확인하고 자신도 그와 같은 목사가 되겠다는 다짐을 했다.

이 대회는 기독교장로회(약칭 基長)의 집회였기 때문에 '기장(基長)의 기장성(基長性)'이란 주제도 다루어졌다. 즉, 기장의 기장다운 성격, 정체성(identity)이 무엇인가라는 주제였다. 당시 한국기독교회의 민주화운동을 이끌어가는 주력 교단은 기장이었다. 유신체제하에서 가장 많은 탄압을 받으면서도 꺾이지 않고 싸웠던 기장은 민중신학을 바탕으로 민중교회 운동도 활발했다. 하지만 기장에 속하는 모든 교회가 그랬던 것은 아니었다. 기장 교회 중에서 민주화운동을 위해 열심인 교회는 소수였고 특히 부산, 경남지역에서는 더욱 그랬다. 그랬기 때문에 기장의 정체성이 무엇인가에 대해 논할 필요가 있었다. 그리고 이 논의는 한국기독교의 민주화운동을 주도하는 기장의 역할에 대한 자부심을 바탕으로 하고 있었다.

그때 김성재 목사가 이 대회의 지도목사로 와 있었는데 대회가 끝나갈 무렵 부산경찰청에서 대회의 책임자를 꼭 만나야겠다는 전갈이 왔다. 그 말을 김성재 목사에게 전한 사람은 최성묵이었다.

"김 목사, 부산 경찰청의 무슨 행정국장이란 사람이 날 만나서 대회의 책임자를 꼭 만나게 해달라고 간곡하게 부탁을 하는데 잡아가려고 그런 건 절대로 아니랍니다. 무슨 일인지는 모르지만 한 번 만나보지요?"

그래서 최성묵과 김성재는 행정국장이라는 경찰관과 마주 앉게 되었다. 그는 앉자마자 대뜸 이렇게 말했다.

"아니, 전국 청년들이 모여서 기장(機長)에 성(城) 쌓는 회의를 하면서 우리에게 한마디 의논도 없이 할 수 있습니까? 여기 회장님이 누구십니까?"

"성을 쌓는다구요? 우리가 무슨 성을 쌓는다는 이야기를 어디서 들으신 겁니까?"

"아니, 저기 부산 송정 위에 기장이 있지 않습니까? 거기다가 성을 쌓는다면서요?"

"우린 처음 듣는 소립니다."

"아니, 자료에 그렇게 써 있던데요."

알고 보니 '기장의 기장성'이라는 제목이 기장에 성을 쌓는다는 이야기로 기상천외하게 와전되었던 것이다. 최성묵과 김성재는 어이없는 웃음을 터뜨리지 않을 수 없었다.*

* 김성재 구술/ 차성환 면담, 2012

25

부산양서협동조합

중부교회를 중심으로 한 민주화운동에서 빼놓을 수 없는 것이 양서협동조합(약칭 양협) 운동이다. 양협은 중부교회를 중심으로 모인 청년그룹이 중심이 되어 설립한, 양서를 매개로 한 소비자협동조합운동이다.

양협의 아이디어를 최초로 제안한 김형기(현 경주 팔복교회 목사)는 당시 김광일 변호사사무실의 사무원으로 일하면서 중부교회의 전도사로서 대학생부를 지도하고 있었는데, 1977년 서울의 협동교육연구원에서 신협 지도자훈련을 받으면서 협동조합 형태의 운동에 착안했다. 그는 당시 한국의 신협운동가들에게 큰 영향을 미쳤던 코디 신부의『안티고니쉬 운동의 철학과 전략』이라는 책을 읽고 크게 공명했다. 안티고니쉬 운동은 캐나다 동부 연안의 노바스코시아 주의 안티고니쉬 지방에서 전개된 모범적 협동조합운동으로 널리 알려졌다.

김형기는 협동조합운동이 안티고니쉬 지방을 변화시켰듯이 한국 사회를 변화시킬 수 있는 모델로서 협동조합에 주목했는데 협동조합은 "공개적, 합법적이며, 도덕적이고 온건"한 조직체로서 시민운동과 문화운동을 담을 수 있는 적합한 형태라고 판단했다. 그가 제안한 아이디어는 부산의 중부교회를 근거로 활동하던 최준영, 김희욱 등 기독교 청년운동가들과의 대화를 통해 다듬어지고 구체화되었다. 그 과정에서 협동조합운동과 책을 매개로 한 양서협동조합이라는 개념이 도출되었다.

아직 대중과의 결합도가 낮은 민주화운동의 한계를 극복하는 데 양협이 유용할 것으로 판단한 이들 청년 그룹은 1977년 9월 중부교회 친교실을 베이스 캠프로 삼아 발기위원을 모집하기 시작했다. 발기준비위원장은 김희욱이 맡았는데, 그는 부산의 대표적 교회인 영락교회 청년회장으로 부산여자전문대학에 출강하고 있었다. 그는 당시 부산에 온 지 얼마 되지 않아 당국의 감시 대상이 아니었고, 교세가 강한 영락교회 소속이었기 때문에 준비위원장이 되었다고 회고한다. 부산 양협은 기장, 예장 등 기독교단에 소속된 이들 기독청년들이 중심이 되고 여기에 명망가 그룹과 서울지역 유학생 그룹, 그리고 중부교회 청년회 그룹, 부산지역 대학생과 청년 그룹 등이 결합했다.

양협의 주도 세력은 '양협이 반체제 조직이 아니고, 건전하고 온건한 시민들의 사회개혁, 생활향상 운동으로 출발하기 위해서' 당국이 감시하는 드러난 민주인사들은 가급적 배제하고자 했다. 다시 말하면 양협의 추진 주체들은 양협이 정치적 색채를 띠는 것을 피하고 온건한 시민들이 부담 없이 참여하게끔 노력하였다. 그래서 당국에서도 양협을 별로 주목하지 않았고 창립 준비는 순조롭게 진행되었다. 당시 〈부산일보〉는 "항도 부산에 문화운동의 바람이 분다"라는 제목의 칼럼으로 양협을 소개하면서 앞으로 크게 기대되는 새롭고 바람직한 시민문화운동으로 소개했다.

이들은 1977년 10월 가칭 '부산양서판매이용협동조합'의 조직을 결의하고 발기인회를 구성했고, 1977년 10월 12일부터 1978년 2월 4일까지 매주 한 번씩 모여 양협 준비를 위한 세미나를 개최했다. 이 세미나는 매주 수요일 저녁 7시, 중부교회 친교실에서 열렸으며 참가자들은 협동조합의 원리, 협동조합의 역사, 자본주의의 경제적 본질과 협동조합, 안티고니쉬 운동, 협동조합과 지역사회 개발, 협동조합의 효

과적 운영방안, 협동조합정신과 신학적 정신 등을 주제로 토론하면서 실무적 준비를 병행해나갔다.

1977년 11월 16일에는 양협을 정식으로 발기했는데 발기위원은 박현삼 등 20명이었다. 이후 홍보활동과 조직활동을 계속하면서 12월에는 대외적 공신력을 높이기 위해 김동수 박사, 김광일 변호사, 이홍록 변호사, 이길웅 선생 등 명망 있는 인사 15명을 발기위원으로 위촉했다. 최성묵은 여러 사정을 감안하여 직접 참여하지 않으면서 이 운동을 음양으로 후원했다. 부산 양협의 이사장으로는 이홍록 변호사를 내정했는데 그는 양심적 법조인이자 가톨릭 신자로서 양협 운동을 열성적으로 지원했다. 부산 양협의 추진 주체들은 조합원의 구성에서 노·장·청 세대결합의 원칙을 세워, 명망인사, 종교인, 사업가, 교사, 대학생 등 각 계층을 고루 포함하고 최소한 1/3은 여성이 가입하도록 노력했다. 1978년 2월에 들어서는 54명이 모여 조합원 종합교육을 실시하고 2월 22일부터는 부산 YMCA회관 5층에서 임시 사무실을 열어 조합원의 출자를 받기 시작했다.

이런 과정을 거쳐 마침내 1978년 4월 5일 부산 YMCA예식장에서 '부산양서판매이용협동조합' 창립총회가 열렸다. 창립총회에서 2년 임기의 이사 4명과 1년 임기의 이사 5명, 감사 3명을 선출했으며, 이어 열린 1차 이사회에서 조합장에 이홍록, 부조합장에 박현삼, 서기 이사에 정영운, 교육 이사에 김형기, 홍보 이사에 신선명, 도서선정 이사에 정동진, 전무에 김희욱, 간사에 김점란을 선출했다. 창립총회 당시 조합원의 수는 107명이었다. 그리고 보수동 책방골목의 4평짜리 작은 2층 건물을 빌려 4월 11일에 사무실을 이전하고 4월 22일 건물 1층에 직영서점인 협동서점을 개설했다. 창립총회에서 결의한 정관에 의하면 부산 양협의 목적은 다음과 같다.

본 조합은 양서를 적정한 가격으로 구입 보급하고 지역사회 개
발사업을 통해 부산지방의 문화 향상을 도모하며, 조합원 상호
간의 협동과 신뢰에 기초한 민주적 경영방식을 익히고 나아가 경
제적 민주주의와 협동주의에 입각한 참다운 자주, 자립적 경제 질
서의 전 사회적 확산을 그 목적으로 한다.

이 목적을 실현하기 위해 부산 양협은 두 가지 서업을 설정하는데
하나는 양서를 구입, 판매하기 위한 제반 시설을 설치, 운영하는 사업
이고, 또 하나는 지역사회 개발사업이다. 이러한 사업을 운영하는 원
칙과 방법은 협동조합의 원리에 따라 다음과 같이 규정했다.

양협은 누구나 조합원이 될 수 있고(문호 개방의 원칙), 출자액에 관
계없이 1인 1표의 권리를 가지며(경제적 민주주의의 원칙), 일체의 정치
적, 종교적 중립을 지키고(중립의 원칙), 민주적 관리를 통하여 민주적
관리능력을 배양하며(민주적 운영 관리의 원칙), 조합원의 재교육을 통
하여 조합의 발전을 이룩하고 지역사회에 공헌한다(교육의 원칙). 그
밖에도 품질 본위의 원칙, 시가판매의 원칙, 구매고 비례 배당의 원칙,
자본의 이자 제한의 원칙, 현금 거래의 원칙 등이 있었다.

부산 양협은 조합원 가입에 대해 문호개방의 원칙을 유지하면서
도 초기에는 확실히 신뢰할 수 있는 사람 2인 이상의 추천을 받아
야 가입할 수 있었고, 창립 이후에는 조합원 2인 이상의 추천을 받아
서 가입할 수 있었다. 조합인은 의무적으로 매달 1천 원 이상 출자를
해야 했는데 1인이 출자 총액의 1/10 이상 출자를 하지 못하게 했다.

그래서 재정 지원을 위한 다액 출자가 있어도 그 비율을 넘지 않도록 고심했다.

부산 양협의 조합원이 되면 매달 책 2권 이상을 구입해야 할 의무가 있었다. 또 조합원이 소장한 책 가운데 양서 2권 이상을 구입해야 할 의무가 있었다. 또 조합원이 소장한 책 가운데 양서 2권 이상을 조합에 기증하게 하여 이 책을 정가의 1/10 또는 1/5의 대본료를 받고 1주일간 대여하기도 했다. 참고로 당시 부산 양협의 조합원들이 가장 많이 읽었던 서적들은 다음과 같다.

『어느 돌멩이의 외침』(유동우), 『전환시대의 논리』(리영희), 『저 낮은 곳을 향하여』(한완상), 『뜻으로 본 한국역사』(함석헌), 『백범일지』(김구), 『노동의 새벽』(광민사), 『미국노동운동비사』(백범사상연구소), 『소외란 무엇인가』(에리히 프롬), 『피억압자를 위한 교육학』(파울로 프레이리), 『씨알의 소리』(월간지), 『대화』(월간지)

또 조합원은 조합이 실시하는 소정의 교육을 받아야 할 의무가 있었다. 이에 따라 부산 양협은 창립 후 바로 조합원 교육을 실시했는데 1978년 5월 19일부터 20일까지 신규 가입 조합원을 대상으로 협동조합운동의 원리, 역사 그리고 정관 해설 및 운영 방법 그리고 대화 및 친교를 내용으로 교육했다. '양서협동조합론'이라는 교육 자료를 보면 당시 양협운동의 주체들이 부산 양협의 성격을 어떻게 규정하고 있었는지 알 수 있다.

양서협동조합이란?

1. 좋은 책을 벗삼아 살고자 하는 시민들이 신뢰와 협동의 인간 관계를 기초로 모여서 좋은 책을 판매·보급·출판하려는 새로운 형태의 소비자협동조합이다.

2. 좋은 책을 매개로 지역사회의 인적·물적·문화적 자원을 조직적으로 동원하여 지역사회를 개발하고 시민문화운동을 전개함으로써 민주시민으로서의 자질과 역량을 키우면서 문자 공해를 추방하고 새로운 지적 풍토를 조성하려는 문화운동체이다.

3. 끊임없는 성인교육·사회교육을 통하여 타성과 무기력·무관심을 타파하고 작은 힘을 모아 우리 경제의 잘못된 유통구조를 개선하고 새로운 형태의 생산조직을 만들어가는 구조개혁운동체이다.

4. 물질·기능·권력의 위력이 인간성을 앗아가는 비정한 오늘의 세태에 도전하여 신뢰와 협동의 힘으로 이를 극복하고 진정으로 인간이 역사와 삶의 주인이 되는 사회를 건설해가려는 인간회복운동체이다.

부산 양협은 창립 때부터 '양서조합소식'이라는 소식지를 발행했는데 창간호에 실린 '협동조합운동의 시대적 의의'라는 글을 통해 양협의 성격을 짐작할 수 있다. 이 글은 "현대는 민주주의 시대다"라고 전제한 후 "모든 권력은 국민 다수로부터 나오고 국민 다수의 의사에 따라 집행되어야 한다"라고 주장한다. 그러나, 민주주의는 인류의 이상이지만 현실은 지식, 재산, 권력의 양극화로 만인이 소외되어 있다고 진단한다. 그리고 한국 사회는 식민잔제의 미청산과 분단, 국민경제의 대외의존, 반민주 의식의 잔존 등으로 "민주주의에 대한 생각은 있으나, 민주적 생활은 없다"고 평가하고, "협동조합운동은 민주주의를 역사와 사회 속에 굳건히 정착시켜 가는 운동이다. 그것은 신뢰와 협동의 인간관계를 기초로 하여 현실에 주어진 인적 · 물적 · 문화적 자원을 조직적으로 동원하여 민주주의의 내실을 충족시켜가는 운동"으로서 "진정한 자주 · 자립의 기반을 다져 가는 운동"이라고 규정하고 있다.

부산 양협은 출범과 함께 조합원이 매달 크게 늘어나면서 규모가 커져 갔다. 1978년 4월 창립 당시 107명이던 조합원이 1978년 5월 5일 현재로 152명으로 늘어났고 출자금은 1,543,000원, 도서판매액 543,255원을 기록하고 있다. 1978년 말에 가면 조합원 수는 298명으로 거의 3배나 증가했다. 이렇게 조합원이 늘어나면서 부산 양협은 세미나와 강연회, 학습모임 등 다양한 활동을 조직했다. 1978년 6월 2일부터는 조합원이 같이 참여하는 금요 세미나를 실시하여 매주 지속했다. 1978년 9월 26일에는 독서 주간을 맞이하여 '한국인의 지적 풍토와 독서 경향'을 주제로 문학평론가 임헌영 씨의 초청 강연회를 열기도 했다. 1978년 하반기부터는 조합원 소모임으로 도시문제 연구모임, 농촌문제 연구모임, 시사문제 연구모임 등 사회문제 학습모임과 사진반, 연극반, 꽃꽂이반 등 취미 모임도 생겨났다.

조합원이 늘어나고 사업에 자신감을 얻은 추진 주체들은 다양한 사업을 구상하고 실행하게 된다. 당시 부산 양협이 실행 또는 계획하고 있는 사업은 도서 선정, (조합원)교육, 홍보, 지역사회개발, 야학봉사, 작은 모임, 어학 연구모임, 지역사회개발 연구모임, 전문학술 연구모임, 종교연구모임, 예술 연구모임, 축제 등이었다.

뿐만 아니라 장차 추진할 사업 목표로서 1978년에 부산양서협동조합 직영의 협동서점(양서 읽기), 1979년에는 직영 협동출판사(양서출판), 1985년에는 직영 협동도서관(양서 읽기), 1990년에는 직영 협동출판사(양서 출판), 1985년에는 직영 협동도서관(양서 읽기), 1990년에는 직영 협동연구소(어학연구소, 지역사회개발연구소, 전문학술연구소, 예술문화연구소, 종교문제연구소), 2000년에는 직영 협동대학의 설립을 설정하고 있다.

부산의 양협이 성공을 거두면서 양서협동조합은 다른 지역으로 전파되었다. 마산(1978. 8), 대구(1978. 9), 서울(1978. 11), 울산(1979. 1), 광주(1979. 3), 수원(1979. 5)에 양서협동조합이 결성되었고 전주, 인천 등에서도 결성을 준비하고 있었다.

1979년 3월 5일에는 협동서점이 중구 대청동 1가 38번지로 확장 이전하게 된다. 그해 6월 23일에는 부산양협 주최로 농촌 현장 활동을 위한 '강변의 축제'를 개최하여 농촌활동을 위한 모금을 하고, 7월 16일부터 25일 사이에 농촌 현장활동 봉사단을 경남 울주군 두동면 만화리 율림부락에 파견하기도 했다.

1979년에도 조합원은 꾸준히 증가하여 1979년 9월 30일 현재의 자료에 의하면 조합원 수 501명, 출자금 5,002,000원, 도서 판매액 12,766,289원이었다. 운영 상황도 1979년 1월 1일부터 7월 31일 사이의 손익계산서에 의하면 1,301,894원의 매출이익을 올리고 있었다. 김희욱에 의하면 1979년 11월경 회원 수는 최소한 600명 이상이었으며 회원 구성을 보면 대학생, 일반 시민, 가정주부, 그리고 고등학교 학생까지 회원으로 가입했다. 전체의 거의 50%는 대학생 층이었고, 일반 시민들은 주로 화이트컬러서 전문직종 종사자들이 많았다. 직업으로는 판사, 변호사, 목사 등이 있었고 그 밖에는 교사가 가장 많았다. 성별로는 남성이 75%, 여성이 25% 정도 되었고, 나이는 20대 후반에서 30대의 젊은 층이 주류(80% 이상)를 이루었다.

당시 부산 양협의 실무를 맡아보았던 박철수는 양협이 빠르게 성장했던 이유를 다음과 같이 설명했다.

(부산양협의 회원 확대는) 기독교 교회의 전도 방식과 비슷했다고 생각됩니다. 조합원이 조합원 신입교육을 받고 취지에 흔쾌히 찬동하고 자기가 제일 친한 친구들을 데려와 소개해주고, 순수한 마음을 지닌 사람들과 사귈 수 있다는 매력, 뭐 이런 것들이 주원인이 되겠지요. 또 전혀 위법이지 않다는 점도 있었고, 나중에 부산미문화원 방화사건을 주도한 문부식, 김은숙도 내가 소개해서 협동서점의 멤버가 되었고요. 당시 서울 등지에서 양협을 통해 비밀스럽게 배포되곤 했던 유인물도 많이 나눠 보기도 했고요.*

* 박철수 구술/ 차성환 면담, 2011

26

1970년대 후반
부산의 민주화운동

1979년 여름 부산 양협은 송정 해수욕장에 탈의실을 임대하여 운영하기도 했다. 이 무렵 송정 해수욕장에서 양협 조합원들이 함께 했던 자리에 참석한 고호석은 당시 최성묵의 모습을 다음과 같이 전한다.

"자, 다음은 최성묵 목사님의 노래를 들어보겠습니다."

깊어가는 여름밤, 상쾌한 바닷바람 속에 술자리의 분위기는 모처럼 한껏 고조되고 있었다. 여느 때처럼 천천히 몸을 일으킨 최목사님은 엷은 미소를 띠었다.

"난 목사니까 찬송가 한 곡 부르지요."

운을 떼더니

"인생은 도리짓고 땡

돈 따러 왔다가

왕창 꼴고 가는 것

흑싸리가 나왔는데

홍싸리가 웬 말이냐

광땡이 나왔는데

장땡이가 웬 말이냐 …."

최희준의 「하숙생」에 가사를 바꿔 붙인 노래를 찬송가라 지칭하면서 컬컬한 목소리로 거리낌 없이 불러 제끼시는 것이 아

닌가! 당시의 나에겐 충격이었다.(고호석, 『그의 부활을 기다리며』, 359쪽)

　최성묵은 이처럼 유머러스하고 격의 없는 언행으로 좌중을 유쾌하고 편하게 만드는 능력이 있었다. 목사가 항상 근엄하고 접근하기 어려운 사람이라는 이미지는 최성묵과 거리가 멀었다. 오락거리가 많지 않았던 그 시절에는 목사들도 모이면 심심풀이로 화투를 쳤다고 한다. 간혹 목사들 중에도 승부에 집착하는 사람이 더러 있지만 최성묵은 좌중의 긴장을 풀어주고 즐겁게 하는 데 잘 활용했다고 한다. 목사들 사이에서도 그랬지만 최성묵은 언제나 젊은이들과 격의 없이 어울리면서 대화했다. 다방에 가서 앉으면 젊은이들을 편하게 하기 위해 양말 속에 감춰둔 담배를 먼저 꺼내 피우면서 "담배는 기독교 신앙과 아무런 상관이 없으니 형식에 얽매이지 말고 기호에 따라 자유롭게 하라"고 했다. 때로는 국제시장의 막걸리집에서 젊은이들과 늦도록 시국과 인생을 이야기하면서 "나는 목사가 아니라 머구사"라며 술잔을 부딪쳤다.

　최성묵이 중부교회 목사에 취임하면서 김순이는 생전 처음으로 월급 봉투를 직접 받게 되었다. 게다가 사택도 제공되었으므로 결혼 후 가장 안정된 생활을 할 수 있는 기초가 마련되었다. 당시 중부교회 목사 급여는 처음에 7만 원을 받았는데 그 월급으로는 생활이 어렵다는 당회원들의 판단에 따라 10만 원으로 올려주었다. 최성묵은 재야운동 등 대외 활동이 워낙 많았으므로 교회 내에서 처리해야 할 많은 일들은 김순이의 몫으로 떨어졌다. 김순이는 기꺼이 그 일들을 감당해나갔다.

1978년에 들어서면서 유신체제에 저항하는 민주화운동은 한층 거세어졌다. 전국적으로도 그랬지만 부산에서도 청년 학생들의 저항이 나타나기 시작했다. 1978년 4월 17일 중부교회 청년회원 정외영, 이성동, 전중근, 서연자 등이 부산대 학생들에게 우편으로 유인물을 배포하고 교정에도 살포한 사건이 일어났다. "부산대 자율화 민주투쟁선언문"이라는 제목의 이 유인물에는 반민주적 탄압중지, 긴급조치 해제, 노동자 농민의 권익 방해 및 인권침해 중지, 언론탄압 중지 등의 요구가 담겨 있었다. 이 사건으로 이성동, 전중근은 학교와 집에서 체포되었고 정외영은 최성묵의 도움으로 서울로 피신하였다. 서연자는 부모님의 강권에 못 이겨 자수를 했으나 입건되었다. 정외영은 서울에서 전주, 군산, 보령 등지로 피신해 다니다가 지쳐 있던 상태에서 1978년 8월에 전주에서 열린 기장전국청년대회에 참가했다가 검거되었다. 최성묵은 이 사건의 경과보고를 했다는 것이 문제가 되어 5월 13일 불구속 입건되었다. 최성묵 등 부산의 재야세력은 이 사건에 '구속학생대책위원회'를 만들어 대응했다. '구속학생대책위원회'는 매주 화요일 저녁 7시 30분에 이성동, 전중근, 서연자, 정외영 등 구속되거나 제적된 학생들을 위한 기도회를 중부교회에서 개최하기로 하고 조그만 전단지를 만들어 배포했다. 그리고 재판기일이 정해지면 방청을 가자는 전단도 배포했다. 이 사건의 재판은 특히 부산대학교 학생들이 집단으로 방청을 하면서 오히려 학생들의 정치의식을 일깨우는 촉매제의 역할을 하기도 했다.

1978년 5월 18일에는 동일방직 노동자 추송례 등 7명이 부산에서 통일주체국민회의 대의원 선거에 출마한 김영태 당시 섬유노조위원장을 비판하는 유인물을 살포하다가 체포, 구속되었다. 김영태는 동

구속학생을 위한 기도회 모임

4월혁명의 정신을 오늘에 되살려 우리를

대신해 투옥된 이성동 전중근 두사람과

불구속 입건된 서연자 도대중인 정외영양을

위해 함께 모여 기도합시다

　　때 : 매주 화요일 7;30

　　곳 : 중부교회 (보수동책방골목)

　　주관 : 구속 학생 대책 위원회

1978년 4월, '부산대 자율화 민주투쟁 선언문' 사건으로
구속된 청년들을 위한 기도회를 알리는 전단지

일방직에서 일어난 노조탄압의 직접 당사자였다.

1978년 초여름에는 부산 구포성당에서 시무하던 송기인 신부가 삼랑진성당으로 이동하게 되었다. 이 인사발령은 정의구현사제단 등의 활동에 적극적인 송 신부를 먼 시골로 쫓아버리려는 정권 측의 압력이 작용한 것으로 보였다. 이때 구포성당 강당에서 재야인사들이 모여 간단한 송별회를 가졌는데 이 자리에서 이흥록, 김광일 변호사 등과 함께 최성묵은 성당의 인사까지 이렇게 하면 우리 사회의 희망을 어디서 찾아야 하느냐고 탄식했다.

1978년 7월 4일에는 부산대학생 이상경과 이희섭, 김승영 등 세 명이 학교 대운동장 스탠드 벽면에 스프레이로 "유신철폐", "박정희 물러가라", "교련 반대" 등의 반정부 구호를 쓴 혐의로 체포, 구속되었다. 이 학생들의 재판에도 중부교회의 교인 등이 참석하여 방청하며 이들을 성원했다.

1978년 10월 7일에는 경찰이 송기인 신부에 대해 긴급조치 9호 위반 혐의 등 28건에 대해 조사에 착수했다. 송기인 신부의 민주화운동에 대한 탄압이었다.

1978년 10월 19일은 동일방직 근로자들의 선거법 위반사건 선고 공판일이었다. 이날 부산지방법원의 법정에서 방청객과 경찰이 충돌하여 박상도(부산도시산업선교회 총무), 박점룡(엠네스티 부산지부 간사) 등 네 명이 연행되고 박상도가 공무집행방해로 구속되었다. 1978년 11월 6일에는 겨울맞이 부흥집회에서 행한 동일방직 사건에 대한 보고 내용을 문제 삼아 조화순 목사를 부산시경에서 긴급조치 9호로 구속하였다.

1978년 하반기에는 '책방골목' 회지 사건으로 구속되었다가 출감한 조태원도 부산으로 와서 민주화운동에 본격적으로 뛰어들었다. 조태원은 '책방골목' 회지 사건 재판에서 마음에도 없는 반성을 표명했는데 이는 김광일 변호사의 공판 전략이었다. 김 변호사는 조태원 등 학생들에게 "반성의 뜻을 표하면 집행유예로 나올 수 있으니 그렇게 하라. 나와서 또 민주화운동을 하면 될 거 아니냐?"라고 설득했다. 그래서 재판 당시에는 그 설득에 따라 그렇게 했지만 조태원은 영 마음이 편치 않았다. 출감 후 조태원은 최성묵의 권유에 따라 서울에 개설된 기독교선교교육원에 입학했다. 이 교육원은 기독교장로회에서 설립한 일종의 신학대학 과정으로 수료하면 한신대 졸업 자격을 부여하게 되어 있었다. 최성묵은 조태원에게 길게 보고 인생을 준비하라며 선교교육원에 갈 것을 권유했다. 아마도 그를 목회자로 키우고 싶었는지도 모른다. 조태원은 최성묵의 권유에 따라 서울을 갔지만 1978년 1학기를 마치고는 그만두고 말았다. 그 사이에 중부교회 후배들이 4·19선언문 사건으로 구속되는 등 부산의 상황이 점차 뜨거워지기 시작했기 때문이었다.

1978년 가을 학기에 그는 대담하게도 이른바 불온 유인물들을 살포하는 등 행동에 나섰다. 부산대학생들이 통학에 이용하는 18, 19번 버스에 올라타서 학생들에게 유인물을 배포하고는 얼른 내려서 다음 버스에 올라가서 또 유인물을 나누었다. 만약 현장에서 경찰이나 정보원에게 목격된다면 곧바로 긴급조치 9호 위반 혐의로 체포, 구속될 각오를 한 행동이었다.

이처럼 민주화운동이 치열해지면서 중부교회는 더욱 권력의 감시가 집중되었다. 최성묵을 감시하는 중부서의 황선홍 형사는 아예 교회에서 살다시피 했다. 그런 이유로 그는 부목사라는 별명까지 얻었을 만큼 최성묵을 집중 감시했다. 한번은 중부교회 집사로 있던 김형기가 부산 중부산경찰서로 연행되었다. 그가 서울 새문안교회의 강신명 목사에게 "지금처럼 어려운 상황에서 학생들이 희생당하고 있는데 교회 어른들이 나서줘야지 가만 계시면 되느냐?"는 취지로 편지를 썼는데 이 편지가 경찰의 검열에 걸렸고 경찰이 출근하는 김형기를 지프차로 연행했다. 김형기는 조사를 받다가 화장실에 가면서 보니 따라붙는 형사가 없어 그대로 줄행랑을 놓아 중부교회로 갔다. 최성묵은 그를 교회 종탑 위에 숨어 있도록 했다. 얼마 후 경찰에서 연행자가 도주했다고 야단이 났다. 경찰은 중부교회를 샅샅이 뒤졌으나 종탑 위에 숨은 김형기를 찾지 못했다. 날이 어두워지고 마침 초파일날이 되어 거리가 연등행렬로 부산한 틈을 타서 최성묵은 김형기에게 돈을 주면서 피신하게 했다. 이 사건은 이후 최성묵이 경찰과 협상하여 김형기를 구속하지 않는다는 조건으로 중재가 성립되었다. 결국 김형기가 중부경찰서에 자진 출두 형식으로 가서 조사를 받고 풀려나는 것으로 종결되었다.

권력의 감시와 억압이 날로 더해가는 가운데서도 1977년부터 최성묵은 부산 '생명의 전화' 운동을 시작했다. 1978년 최성묵이 '생명의 전화' 설립을 위한 준비위원장을 맡기로 했다. 그런데 중앙정보부가 개입하여 최성묵이 한다면 안 된다고 협박했다. 그러자 최성묵은 주저하지 않고 물러나면서 대신 부산의대의 김동수 박사에게 '생명의 전화'를 맡아달라고 부탁했다. 중앙정보부의 부당한 압력에 굴복한 듯한 모양새가 되었지만 최성묵은 자신의 자존심이나 감정보다는 더 큰 대의를 위해 언제는 자신을 희생할 준비가 돼 있났나. 이렇게 해서 부산 '생명의 전화'가 창립될 수 있었다. '생명의 전화'는 절망에 빠진 사람들의 고민을 전화로 상담해주는 전세계적 사회운동으로서 부산에서는 1979년에 창립하여 현재까지 계속하고 있다.

1979년에 들어서 정국은 더욱 긴장 국면으로 들어갔다. 1978년 12월에 치러진 총선거는 민심이 유신체제를 떠났음을 극명하게 보여주었다. 야당의 총 득표율이 여당보다 1.1%나 앞섰던 것은 일찍이 없었던 일이었다. 변화는 먼저 야당 신민당에서 시작되었다. 이해 5월 30일 신민당 전당대회에서 유신체제의 철폐와 민주회복을 요구하는 김영삼이 총재로 당선되었다.

이보다 앞서 3월 1일에는 함석헌, 김대중 등 재야인사들이 '민주주의와 민족통일을 위한 국민연합'의 결성을 선포하고 선언문을 발표했다. 이 선언문을 배포한 혐의로 중부교회의 조태원과 노경규가 연행되어 4월 11일 긴급조치 9호 위반 혐의로 구속되었고 최성묵 목사도 연행되어 조사를 받았다. 1979년 5월 7일에는 기장 청년회 전국상임총무를 맡고 있던 중부교회 교인 최준영을 중앙정보부가 연행하기도 했다.

1979년 6월 미국의 지미 카터 대통령이 한국을 방문했다. 카터의 인권외교와 주한미군철수정책, 한국의 핵개발정책으로 인해 한미관계는 최악의 상태에 있었는데 카터의 방한으로 외견상 봉합된 듯한 인상을 주었으나 내면으로는 더욱 악화되고 있었다.

7월 23일 김영삼 총재는 임시국회의 대표 연설에서 유신헌법 개정을 위한 헌법특위의 구성을 제안했다. 8월 13일 사업주의 폐업에 항의하여 신민당사에서 농성하는 YH무역의 여성 노동자들을 경찰이 강제로 해산시키면서 여성노동자 1명이 사망하는 사건이 발생하고 신민당은 이에 항의하는 농성투쟁에 들어갔다. 8월에 신민당의 일부 지구당 위원장들이 5월의 신민당 전당대회에 법적 하자가 있다면서 '총재단직무집행정지가처분신청'을 냈고 9월 8일 서울민사지방법원은 이를 이유 있다고 가처분 결정을 내렸다. 이로써 신민당의 내분을 노리는 박정권의 정치공작이 구체화되었다.

이런 상황에서 김영삼 총재는 1979년 9월 15일 미국 〈뉴욕타임즈〉지와 기자회견을 하면서 유신헌법과 미국의 대한정책(對韓政策)을 정면으로 비판하고 나섰다. 유신정권은 김영삼의 발언은 국위를 손상시키고 한미관계에 부정적 영향을 준다고 비난하면서 10월 4일 국회에서 경호권을 발동한 가운데 제명처분을 강행했다. 김영삼 총재는 기자회견을 갖고 "공화당 정권은 오늘 국회를 폭력정치의 하수인으로 만들었으며, 이제 이 나라에는 행정, 사법, 입법 어디에도 민주정치가 존재하지 않는다는 사실을 모두에게 입증시켰다"고 비난하고 "어떤 탄압이 있더라도 민주투쟁을 향한 우리의 목표는 중단될 수 없으며, 나의 신념과 소신은 바꿀 수 없다"고 밝혔다. 이제 유신정권과 김영삼은 돌아올 수 없는 다리를 건넜다.

27
부마항쟁의 불꽃이
타오르다

부마항쟁은 이런 상황에서 터져나왔다.

1979년 10월 16일 오전 10시, 수천 명의 부산대학생들이 교내에서 유신반대 시위를 벌였다. 바로 전날인 10월 15일 이진걸, 남성철 등이 도서관에서 선언문을 살포하고 시위를 기도했으나 불발로 끝났다. 그 안타까움이 시위의 강도를 높였던 것인지 정광민이 주동한 이날 시위에는 삽시간에 4천 명 정도로 추산되는 학생들이 시위 대열에 참여하였다. 출동한 경찰과 교문을 사이에 두고 공방을 벌이던 학생들은 경찰의 저지선을 뚫고 세 방면으로 캠퍼스 밖으로 진출했다. 그리고 오후 2시경부터 도심인 광복동, 창선동, 대청동, 중앙동 일대에서 학생들의 시위가 시민들의 열렬한 지지 속에 전개되었고 경찰은 시민들 속에서 고립되어갔다. 저녁 6시가 지나자 시위는 퇴근하는 회사원, 노동자 등은 물론이고 고교생까지 합류한 민중항쟁으로 발전했다. 시위대는 "유신철폐", "독재타도"를 외치면서 경찰의 곤봉과 최루탄 공격에 맞서 치열하게 싸우면서 새벽 1시경까지 11개의 파출소를 파괴했다. 17일에는 동아대학생들의 교내 시위가 있었고 저녁 6시부터 새벽 1시 30분쯤까지 시위가 벌어져 중구, 서구, 동구 지역을 중심으로 21개 파출소, 경찰차량 18대, 경남도청, 중부세무서, KBS, MBC, 부산일보, 일부 동사무소 등이 파괴, 투석되었다. 그러자 유신정권은 18일 자정을 기해 부산지역에 비상계엄령을 선포하고 2개 여단의 공수부대를 투입했다. 계엄군은 거리에서 시민들을 무자비하게 폭행했다.

그러나 18일 저녁 8시경, 남포동에서 시민들은 다시 집결하여 시청을 향해 시위를 벌였고 시청 앞에서 계엄군의 무자비한 진압으로 해산되었다. 이로써 사흘에 걸친 부산시민들의 항쟁은 유신정권이 보낸 공수부대의 잔혹한 폭력으로 막을 내렸다.

부산지역에 계엄령이 내려진 1979년 10월 18일 오전부터 경남대학생들은 시국 토론 등을 하다가 오후 2시경 학교 측의 휴교조치에 반발하면서 교내 시위를 벌였다. 그리고 오후 5시경부터 3·15의거탑 앞에 모여 시위를 전개했고 시민들의 열렬한 지지를 받았다. 날이 어두워지면서 마산의 중심가인 창동, 부림시장, 오동동, 불종거리 등에서 퇴근하는 노동자 등 시민들이 합류했고 곧 민중항쟁으로 발전했다. 시위대는 주택과 상가의 전등불을 끄게 하고 "박정희 물러가라", "언론자유 보장" 등을 외치면서 새벽 3시경까지 공화당사, 박종규의 저택, 마산경찰서, 마산세무서, 7개 파출소 등을 파괴했다. 19일 오후 5시경 부산에 파견된 공수부대 1개 여단이 마산으로 급파된 가운데 저녁 8시경부터 자연스럽게 모인 민중들의 시위가 다시 시작되었다. 민중들은 군인과 경찰의 진압에 맞서 20일 새벽 3시경까지 마산MBC, 전신전화국, 파출소, 동사무소 등을 공격했다. 유신정권은 20일 정오를 기해 마산과 창원 일원에 위수령을 선포했다.

부마항쟁이 처음 일어난 10월 16일 정오 무렵, 중부교회 청년회의 김영일과 박행원은 교회에서 그 전날 있었던 인권기도회의 자료를 정리하고 있었다. 그 전날인 10월 15일에는 (송기인 신부가 주임 신부로 있던) 전포성당에서 가톨릭정의구현사제단의 신부와 수녀들, 개신교의 최성묵 목사, 그리고 엠네스티의 활동가 등이 모여 인권기도회를 개최하였다. 이 기도회는 당시 유신정부와 민주세력 간의 대립의 한 축이었던 오원춘 납치사건의 주인공, 가톨릭농민회원 오원춘의 인권을 보장하라고 요구하는 집회였다. 집회를 마친 후에도 경찰 병력이 집회 참여자들을 위협하였으나, 신부들의 거센 항의에 물러섰다.

이 집회에 참여했던 김영일과 박행원은 그날 밤 집회에서 나누어 주고 남은 유인물들을 챙겨서 중부교회로 왔다. 그리고 중부교회의 종루 위에다 그 유인물들을 숨겨두었다. 종루는 유인물을 은밀하게 보관해두거나 전달하기에 가장 적당한 곳이었다. 그곳은 교회 건물의 가장 높은 곳일 뿐 아니라 다른 사람의 눈에 띄지 않는 곳이었다. 가끔 그곳에서 유인물을 나누다가 교회의 타종 시간을 만나게 되면 종루에 있는 사람은 귀청이 찢어질 듯한 종소리에 귀를 막아야 했다. 그래도 종루만큼 유인물을 잘 감출 수 있는 곳이 달리 없었다.

그래서 그 다음 날 늦게 일어난 김영일과 박행원은 종루에 숨겨두었던 유인물을 다시 챙기고 있었다. 그런데 박행원은 이상하게 온몸이 근질근질하고 머리카락이 쭈뼛하게 서는 듯했다. 뭔가 심상찮은 공기가 흐르고 있음을 본능적으로 감지했던 것이다. 예사롭지 않은 분위기를 느낀 두 사람은 유인물을 다시 종루 위에 감춰두고는 교회를 나와 용두산공원 쪽으로 발걸음을 옮겼다. 용두산공원을 들어서자마자 두 사람은 대학생들로 보이는 가방을 든 청년들이 서너 명씩, 대여섯 명씩 무리지어 오는 것을 보았다.

청년들의 눈빛들에서 하나같이 긴장과 결기가 엿보였다. 용두산공원으로 학생들이 몰려오는 것은 아마 광복동 입구가 차단되었기 때문에 미화당백화점 방면으로 가기 위해 용두산공원으로 우회한 것이라 짐작되었다. 두 사람은 미화당백화점을 거쳐 창선파출소 앞 도로로 나가보았다. 이미 그곳에는 무리를 지은 학생들이 가방을 들고 왔다 갔다 하면서 뭔가를 기다리고 있었다. 광복동과 남포동 일대가 청년, 대학생들의 물결로 넘실대고 있었다. 그들은 침묵 속에서 뭔가를 기다리고 있었다. 그 분위기는 묘한 흥분을 감추고 있었다.

"영일아, 이거 오늘은 뭔가 터진다. 틀림없다."

박행원이 흥분해서 말했다.

"그렇겠제? 아무래도 난 내일 달릴〔붙들릴〕 것 같다."

김영일이 말했다. 그러자 박행원은 갑자기 눈물이 핑 돌았다.

"그러면 어째야 되노?"

"니는 평소 하던 대로만 하고 나에 대해서는 절대 아무 이야기하지 마라. 만약 내가 달려가면 뒷일은 허진수가 알아서 할 거다. 그러니까 너는 데모해도 잡히지 마라."

"너도 제발 잡히지 마라."

"시끄럽다. 나는 달리게 되어 있다. 우리 다음에 보자."

김영일은 그렇게 말한 후 박행원과 악수를 한 후 인파 속으로 사라졌다. 박행원은 갑자기 가슴이 먹먹해졌다. 김영일은 당시 부산 엠네스티의 간사였고, '책방골목' 회지 사건으로 긴급조치 9호 위반 전과가 있어서 항상 경찰의 감시를 받고 있었다. 시내에서 데모가 터지면 요주의 인물인 김영일 같은 친구가 제일 먼저 붙들려 갈 가능성이 높았다. 그렇지만 박행원의 감상은 오래 가지 못했다. 학생들의 시위와 경찰의 최루탄 공격이 시작되었기 때문이다.

박행원은 곧 시위 대열 속에 합류했다. 날이 어두워질수록 시위는 더욱 격렬해졌고 학생들보다 시민들이 더 많아졌다. 시청에서 충무동 로터리에 이르는 간선 도로는 거대한 시위 인파와 "유신 철폐", "독재 타도"의 함성으로 뒤덮였다. 경찰의 최루탄에 맞서 시위대는 연탄재,

돌멩이, 보도블럭, 가로수 지지대, 유리병 등으로 맞섰다. 그리고 화염병이 등장했다. 화염병이 시위 현장에 나타난 것은 6·25전쟁 이후 처음이었다. 이 화염병들은 경찰 차량이나 파출소를 향해 날아갔다.

이날 오후 4시경 최성묵은 중부교회 내 사택의 서재에서 책을 읽고 있었다. 그런데 바깥에서 시위대의 함성 소리가 들렸다. 소리가 들리는 쪽은 보수파출소 쪽이었다. 처음에는 소리가 잘 분간되지 않았지만 방문을 열고 밖으로 나가자 "유신 철폐, 독재 타도"라는 소리가 분명히 들리는 것이었다. 최성묵은 자기 귀를 의심했다. 백주 대낮에 도심 한 복판에서 그런 구호 소리가 들리는 것이 얼핏 믿어지지 않았다. 자기도 모르게 최성묵은 급히 옷을 입고 밖으로 나갔다. 나가보니 학생들의 시위가 거리를 휩쓸고 있었고, 시민들은 시위를 열렬히 환영했다. 놀라움을 금할 수 없었다. 평소에는 독재 권력의 서슬에 눌려 지내던 시민들이 학생들의 시위를 성원할 뿐 아니라 시간이 지나면서 시위 대열에 합류하기 시작했다.

오후 6시가 지나면서 시위 대열은 대학생과 다양한 시민들이 참여하는 거대한 군중의 물결을 이루고 있었다. 시청 앞에서 충무동 로터리에 이르는 대로에는 운집한 시민들로 넘쳐났다. 그는 발길 닿는 대로 광복동, 남포동, 창선동, 보수동, 충무동 거리를 돌아다녔다. 거리는 저항의 열기로 가득 차 있었다. 최성묵은 이날 밤 늦도록 시위대의 함성과 구호 소리를 들으며 전율하기도 하고, 때로는 최루탄 가스에 괴로워하고, 경찰 차량이 뒤집혀져 불타는 광경을 놀라움으로 바라보기도 했다. 최성묵의 가슴은 주체하기 어려운 흥분으로 방망이질 쳤다. 권력의 압제에 짓눌려 있던 민중들이 일어서는 광경을 눈앞에서 보는 것만으로도 황홀했다. 그가 심취해 있던 민중신학이 현실 속에서 그 모습을 드러내고 있었던 것이다. 그는 16일 밤 자정이 넘어 교회로 들어왔다. 잠을 청하기 위해 자리에 누웠지만 좀체로 잠이 오지 않았다. 거리에서 아우성치던 시민들의 함성이 귓가를 맴돌았다. 훗날 최성묵은 부마항쟁 당시의 감정을 이렇게 술회했다.

> 전국이 유신이라는 강압정치의 압력에 눌려 있으면서도 민주화를 위한 노력을 하고 있었으나 이런 것들이 전달될 수 있는 사람은 몇몇 식자층뿐이었습니다. 그런데 수많은 사람들이 그렇게 일어설 수 있다는 것을 목격하고는 정말 황홀하고 붕붕 떠다니는 기분이 들었습니다. 계기나 결과를 떠나 술에 취한 기분이었어요. 끝없는 탄압과 투쟁을 해오다가 좌절하고 좌절하면서 그 거대한 움직임에 당해보니 실로 상상을 초월했고 어떤 확신 같은 것이 솟아 나오는 것 같았습니다.(최성묵의 증언, 『부마민주항쟁10주년기념자료집』, 154쪽)

이날 저녁, 김광일 변호사는 자신의 사무실을 나와 대청동에 있던 양서협동조합 사무실로 갔다. 거기에는 김형기를 비롯한 조합원 몇 사람이 모여 시위에 대한 이야기를 하고 있었다. 마침 당시 부산대학생 윤연희가 시위를 하다 지친 몸으로 들어왔다. 김 변호사는 시위에 대해 여러 가지 궁금한 점을 물어보았다. 윤연희는 시위의 양상과 시민들의 반응을 전했다. 국제시장에서 상인들이 학생들에게 먹을 것과 마실 것을 아낌없이 주었던 광경도 얘기했다. 윤연희가 시위를 하느라 식사도 못해 지치고 배가 고프다고 하자 김 변호사가 돈 5만 원을 꺼내 김형기에게 주면서 이 돈으로 빵을 사서 너희들도 먹고 학생들에게 나눠주라고 했다. 김형기는 빵 5만 원어치를 샀다. 굉장히 많은 양이었다. 이 빵을 들고 학생들에게 나눠주려고 김형기와 윤연희는 택시를 타고 시위 현장으로 갔다. 도중에 택시를 합승한 중년 남자가 국회에서 김영삼 총재를 제명한 박정희 대통령을 비난하면서 학생들이 장하다고 칭찬하는 말도 들었다.

다음 날인 10월 17일에도 박행원은 시위대에 참가했다. 이날은 부산대학생 외에 동아대학생들이 대거 참여했고 학생들보다 시민들이 더 많았다. 참여한 시민들 가운데 두드러져 보이는 사람들은 기층 민중들이었다. 개중에는 주먹깨나 씀직한 사람들, 흔히 말하는 깡패처럼 보이는 사람들도 많았고, 일용 노동자, 공장 노동자, 유흥업소 종사자, 실업자 등의 계층에 속하는 사람들이 많았다. 이들은 전날의 시위에도 참여했지만 17일에는 더 적극적으로 나왔다. 그들은 어제 밤 늦게까지 거리를 뛰어다녀보니 배가 고파 안 되겠더라며 소주를 마시고 나온 사람들도 많았다. 그리고 빈 소주병에 휘발유를 넣어 화염병을 만들기도 했다. 시위의 양상은 전날보다 더 격렬했다. 중앙동, 광복동, 남포동, 창선동, 국제시장, 부평동, 대청동 일대는 시위대와 진압대의 접전이 자정 넘어 이어졌다. 이날 시위대는 세 갈래로 나뉘어 구덕운동장, 동부경찰서, KBS 방송국에 이르는 지역을 휩쓸며 가도의 파출소, 경찰서, 언론기관 등을 공격했다.

이날도 최성묵은 시위대를 따라 거리를 다니면서 상황을 관찰했다. 시위의 강도가 더해가는 것을 보면서 최성묵은 뭔가 강경한 조치가 임박한 듯한 느낌을 받았다. 아니나 다를까 18일 자정을 기해 부산지역에 비상계엄이 선포되었다. 군대는 이미 그 선에 시내로 진입해 있었다. 곧바로 계엄포고령이 선포되었다. 계엄포고령에 따라 모든 집회와 시위가 금지되었다. 해병대, 공수부대 그리고 지역 육군부대의 병력들이 총검을 세우고 거리에 쫙 깔려 있었다. 이들 계엄군들은 시민들을 잠재적인 시위대로 보고 보복 감정을 가지고 가혹행위를 서슴지 않았다. 10월 18일 아침 중부교회 앞 보수동 거리를 장갑차가 육중한 소리를 내면서 지나가는 것을 보면서 최성묵은 참담한 심정이었다. 민중의 봉기가 이렇게 좌절되는구나 하고 생각하니 맥이 빠졌다. 어제, 그저께 황홀한 기분에 빠져 시위대를 쫓아다니지만 말고 민중들을 조직하여 장갑차 앞에서 인간 사슬이라도 만들 준비를 했어야 하는데 하는 후회가 몰려왔다.

박행원은 계엄령이 내려진 18일 저녁에 광복동으로 나가보았다. 시청 앞에는 육중한 탱크가 서 있었다. 거리에는 엠16을 든 계엄군이 촘촘하게 늘어서서 지나가는 시민들에게 위협감을 주고 있었다. 그런데 길 건너편에서 놀라운 광경이 벌어졌다. 안경을 쓴 스물한두 살 정도의 젊은 남녀가 계엄군 옆을 지나가면서 한 번 흘깃 쳐다보았을 뿐인데 계엄군은 바로 두 남녀에게 달려들어 총의 개머리판으로 얼굴을 쳐서 피투성이로 만들어버렸다. 두 남녀는 미처 피하거나 항변할 겨를도 없이 그 자리에 쓰러져버렸다. 그 광경을 바라본 박행원은 분노가 일었지만 너무 공포스러워 얼른 그 자리를 피했다. 그리고 바로 중부교회로 달려갔다. 교회에서는 청년들이 모여 거리에서 벌어지고 있는 계엄군의 가공할 폭력행위에 대해 서로 목격담을 주고받으며 분노에 떨었지만 당장은 어쩔 수가 없었다.

이런 식의 가혹행위는 시내 전역에서 무차별적으로 행해졌다. 데모 진압을 위해 군중에게 폭력을 행사하더라도 어깨 밑을 가격해야 한다는 것은 상식에 속한다. 그렇지 않으면 사망의 위험성이 크기 때문이다. 그런데 부마항쟁에서 군인들에게 맞아서 다친 시민들의 80% 이상은 머리에 상처를 입었다. 뇌좌상, 뇌진탕, 전두부 파열상, 후두부 열창, 안면 열창, 안면부 내부 열창, 뇌경막 손상 등의 병명이 붙여진 피해들을 보면 놀라움을 금할 수 없다. 그런데도 사망 사고로 밝혀진 것이 1건 밖에 없었다는 것은 기적 같은 일이었다.* 1건의 사망 사고도 2010년에 이르러서야 마산에서 유족의 증언을 통해 밝혀졌다. 이처럼 부마항쟁에서 발생한 심각한 피해가 여전히 묻혀 있을 가능성은 충분히 있다.

중부교회와 가까운 국제시장 주변에서는 인도에서 30미터 정도의 간격으로 총검을 든 계엄군들이 지나가는 행인들 중 젊은 남자면 학생이건 노동자건 가리지 않고 불러서 상의를 벗기고 꿇어앉아 고개를 땅에 처박고 있게 했다. 조금이라도 항변하거나 순응하지 않는 기색을 보이면 곧바로 총 개머리판과 군홧발로 짓이겨버렸다. 그렇게 한 장소에 붙들린 청년들이 적어도 두세 명씩, 많으면 대여섯 명씩 머리를 처박고 있으면 군 차량이 와서 청년들을 태워서 어디론가 갔다고 한다. 그들이 어디로 가서 어떤 고통을 겪었는지는 당사자 외에는 아무도 모른다. 계엄 당국이 밝힌 적도 없고 그 상황을 증언한 사람도 아직 없기 때문이다. 그런 상황이었기 때문에 당시에는 흉흉한 소문들이 떠돌았다. 사망자가 수십 명이라든가 탱크가 택시를 깔아뭉갰다든가 하는 소문들이 전국적으로 퍼져 있었다. 언론이 통제되어 있고 사실을 확인할 수 없었기 때문에 이른바 유언비어(流言蜚語)가 언론보다 더 신빙성 있는 정보로 유통되었다.

* 조갑제, 1987, 『유고』 2, 한길사, 64쪽

서울의 엠네스티 한국위원회에서는 부산 엠네스티로 사태의 진상을 알려달라는 연락을 해 왔다. 그렇지만 최성묵을 비롯한 부산의 재야인사들도 사태의 전모를 제대로 알기는 쉽지 않았다. 그래서 김광일 변호사는 10월 19일 김영일을 불러 항쟁에 대한 조사를 부탁하면서 그 비용으로 10만 원을 주었다. 중부교회 청년회 멤버이며 엠네스티 일을 도우고 있던 허진수도 사망자를 확인해보려고 부지런히 쫓아 다녔다. 영주동 사람이 죽었다는 소문이 있어 영주동 일대를 샅샅이 훑고 다녔다. 사망자가 발생했다면 틀림없이 상가(喪家)가 있을 것이라 보고 수소문했지만 찾을 수 없었다.

서울의 한국교회협의회(KNCC)에서도 사태의 진상을 파악하기 위해 인권위원회의 손학규 간사를 부산으로 파견하기로 결정했다. 그리고 최성묵에게 연락을 해서 손학규 간사가 10월 20일에 부산으로 갈 것이니 만나서 자세한 이야기를 들을 수 있도록 주선해줄 것을 부탁했다. 최성묵은 쾌히 응락하고 김영일, 허진수 등과 지원 대책을 논의했다. 손학규 간사에게 진상을 알려주는 것과 함께 부산의 재야세력이 어떻게 대응해야 할지 긴급한 논의가 필요하다고 생각했다. 최성묵은 김광일 변호사, 이흥록 변호사, 박상도 집사 등에게도 연락해서 10월 20일 오후 1시에 유기선 장로가 원장으로 있는 보수동 책방골목의 유기선 내과의원으로 모이도록 연락을 취하도록 했다. 그리고 밤늦게 잠이 들었다. 새벽이 되어서 고단한 잠에 빠져 있는 최성묵의 머리맡에서 전화벨 소리가 울렸다. 잠이 덜 깬 채로 수화기를 들었더니 대구에 있는 임종호의 목소리였다. 그는 대구에서 고등학교 교사로 있는 독실한 크리스천이었다. 부산 상황이 궁금하여 전화를 했는데 최성묵의 전화기가 도청되고 있음을 잘 아는 임종호는 부산 상황을 은유적으로 물었다.

"사과가 많이 떨어졌죠?"

최성묵은 잠이 아직 덜 깬 상태인데다 그 질문의 의미가 무언지 짐작하기가 어려웠다. 그러자 임종호가 다시 이렇게 질문했다.

"태풍이 많이 불지 않았어요?"

최성묵은 그 질문이 부마항쟁으로 사람이 몇이나 죽었는지를 확인하려는 것이라고 판단했다.

"태풍이 많이 불긴 했는데 사과가 몇 개나 떨어졌는지는 모르겠습니다."

그러자 임종호는 최성묵에게 부디 몸조심하라고 당부하면서 전화를 끊었다.

한편, 이흥록 변호사는 당시 부산변호사회의 재무를 맡고 있었다. 부마항쟁 직후, 서울에 있는 대한변호사협회에서 부산변호사회로 전화를 걸어왔다. 지금 부산과 마산의 시위로 수십 명이 사망했다는 소문이 있는데 부산변호사회의 책임 있는 사람이 와서 보고를 해달라는 요청이었다. 그래서 이흥록 변호사가 부산변호사회 회장이었던 한석규 변호사에게 대한변협의 요청을 전달하고 대책을 의논한 결과 본인이 가기로 했다. 이 변호사는 10월 19일 아침에 새마을호 열차를 타고 서울에 도착해서 1시경 대한변협 사무실에서 약 30분간 부산 상황에 대한 보고를 했다. 요지는 최루탄과 투석전이 오가는 격렬한 시위가 있었지만 사망자는 없는 것으로 안다는 것이었다. 그리고 바로 부산행 열차를 타고 오후 5시에 부산역에 도착했다. 그런데 부산역에서 김영일이 이흥록 변호사를 기다리고 있었다. 김영일은 이흥록 변호사에게 모임이 있으니 참석해달라고 말했다.

"지금이 어떤 시긴데 모여서 뭘 하려고 그러냐?"

"예, 서울 NCC에서 부산의 진상을 파악하려고 사람이 오는데 그 사람도 만나고 또 사태에 대한 대책을 의논하기 위해 모이려고 합니다."

"내 의견은 지금 모여서 안 된다고 생각한다. 나는 내일 친구들과 진안 마이산에 갈 약속이 돼 있어서 거기 가야 되고, 또 그게 아니라도 지금 모여서는 안 된다고 생각한다."

이흥록 변호사는 이렇게 말하면서 모임 자체를 반대했다.

하지만 10월 20일 오후 1시경 부산의 재야인사들이 보수동의 유기선 내과 2층에 모였다. 김광일 변호사, 박상도 부산산업선교회 총무, 김형기, 김영일, 김병성 등이 먼저 도착했고 맨 나중에 최성묵이 들어오면서 손학규 간사를 데리고 왔다. 손학규 간사는 그날 새벽 열차를 타고 부산으로 내려왔던 것이다. 손학규 간사를 둘러싸고 모인 사람들은 부마항쟁과 부산의 분위기에 대해 그동안 보고 들은 것들을 이야기했다. 손 간사는 여러 사람의 이야기를 부지런히 노트에 옮겨 적었다. 이야기가 대략 마무리될 즈음에 최성묵이 말했다.

"아까 들어오면서 보니 이 주변에 형사들이 많이 깔려 있는 것 같습니다. 빨리 이곳을 나가는 것이 좋겠습니다."

일행은 지체 없이 일어나서 밖으로 나갔다. 김광일 변호사는 바로 자신의 사무실로 갔다. 손 간사를 포함한 나머지 사람들은 중부교회 앞에 있는 대도다방으로 갔다. 그러자 일행의 행적을 뒤쫓고 있던 형사들이 곧바로 덮쳐 최성묵을 위시해 전원을 체포했다. 최성묵이 강력히 항의했으나 소용이 없었다. 그들은 모두 계엄합수부로 끌려갔다. 손학규 간사만 따로 김해에 있는 어떤 군부대로 끌려갔다. 그를 끌고 간 군인들은 아무런 신문도 하지 않고 다짜고짜 두들겨 패기 시작했다. 그는 죽도록 얻어맞은 후 방면되었다.

28
계엄합수부로
끌려가다

　　　　　　최성묵을 포함한 재야인사들은 일단 중부산경찰서로 끌려갔다. 김광일 변호사는 그 이후에 연행되어 바로 보안사로 갔다. 중부산경찰서에서 하룻밤을 지낸 후 최성묵 등은 계엄합동수사본부(합수부)로 이송되었다. 이송하는 동안 차 바깥은 볼 수 없도록 눈을 가렸다. 경찰서에서는 비교적 부드러웠지만 합수부에 들어가니 분위기가 완전히 달라졌다. 최성묵은 비교적 넓은 취조실로 끌려갔다. 취조실에는 책상이 있었고 그 앞에 철제 의자가 하나 놓여 있었다. 그리고 출입문 옆의 작은 의자에 덩치 큰 감시병 하나가 몽둥이를 들고 지키고 앉아 있었다. 감시병이 그를 인계받아 철제 의자에 앉혔다. 최성묵은 의자에 앉아 가만히 눈을 감고 생각해봤다. 지금 유신정권이 어떤 짓을 하려는 것인지는 명백했다. 부마항쟁의 책임을 뒤집어씌울 희생양을 만드는 작업에 자신을 비롯한 무고한 사람들을 이용하려는 것이었다. 수사의 허울을 쓴 이런 공작에 넘어가지 않으려면 정신을 바짝 차려야 했다. 그는 마음을 모아 하느님께 이 시련을 이겨낼 힘과 용기를 주시고 조국이 사악한 독재자의 악정에서 벗어나 민중들이 사람답게 살 수 있는 나라가 되도록 도와달라고 간곡히 기구했다.

얼마간의 시간이 지난 후 취조관이라는 자가 나타났다. 그는 살집이 좋고 눈빛이 날카로운 중년 사내였다. 얼핏 보아도 이런 계통에서 오랫동안 일해온 사람 특유의 섬뜩한 기운이 느껴졌다.

"최 목사, 당신 이야기는 많이 들었소. 오늘부터 당신이 협조를 잘하면 조사는 빨리 끝나고 당신도 편하겠지만, 협조하지 않으면 힘들어질 거요. 내 말 알아듣겠소?"

대뜸 협박조로 쏘아붙였다.

"……"

최성묵은 취조관의 협박에 답하지 않고 강한 눈빛으로 그를 응시하고 있었다. 취조관은 약간 화가 난 표정으로 일장의 장광설을 늘어놓기 시작했다.

"최 목사, 당신도 잘 알겠지만 이번에 부산, 마산에서 일어난 사태는 단순한 데모가 아니란 말이오. 이건 폭동이오, 폭동. 각목에다 화염병까지 들고 파출소, 경찰서를 부순다는 건 빨갱이보다 더한 놈들이지 대한민국 국민이 아니란 말이오. 그렇지 않소? 말해보시오. 우리는 이번 사태가 단순히 정부를 비판하는 것이 아니고 대한민국을 전복하려는 세력이 작용했다는 증거를 갖고 있소. 당신은 어떻게 생각하오?"

최성묵은 천천히 입을 열었다.

"나는 목사요. 목사란 직업은 매우 다양한 사람들을 만납니다. 내가 만난 많은 사람들 가운데 유신헌법을 지지하는 사람은 거의 없었습니다. 사람들은 권력이 두려워서 겉으로는 아닌 체하고 있지만 유신체제가 독재라는 것을 누구나 알고 있고 싫어하고 있습니다. 이번에 부산에서 일어난 사태도 그런 민심이 나타난 것입니다. 누가 작용한다고 해서 일어날 수 있는 일이 아니라고 생각합니다."

취조관은 비웃음을 띤 얼굴로 이렇게 말했다.

"흥, 그런 수작은 그만두시오. 지금 우리나라가 얼마나 놀랍게 발전하고 있는지는 당신도 알지 않소? 수출 100억 불 달성했고, 새마을운동 하면서 국민들이 얼마나 열심히 일하고 있소? 당신네들 같은 불평분자들이 젊은 아이들을 충동질해서 문제를 일으키지만 않는다면 대한민국은 아무 문제가 없소. 당신들이야말로 국가 발전에 암적인 존재야!"

최성묵도 화가 나서 맞받았다.

"수출을 그렇게 많이 하는데 왜 노동자들은 저렇게 비참하게 사는 겁니까? 새마을운동 해서 농촌이 잘살게 되었다면 왜 농민들이 해마다 그렇게 많이 도시로 나옵니까? 열심히 일하는 사람들도 인간답게 살도록 좀 나눠줘야 할 것 아닙니까? 그렇게 하지 않으니까 문제가 생기고 데모를 하는 거 아닙니까?"

"먼저 성장을 많이 해서 나눌 게 많아야 그 다음에 나눌 수가 있잖소? 아직 나눌 것도 쥐뿔도 없는데 뭘 가지고 나눈다는 거요? 그렇게 하면 아무 것도 안 되기 때문에 우리 각하께서 먼저 성장을 하고 그 다음에 분배를 하자고 하신 거 아니요?"

"경제개발 시작한 지가 20년이 다 돼가는데 아직도 더 기다려야 한다는 겁니까? 그동안 열심히 일한 노동자, 농민들이 최소한의 인간적인 생활을 할 수 있도록 보장해달라는 것이 지나친 겁니까? 그만큼 성장했으면 일하는 사람들에게도 혜택이 돌아가야 할 것 아닙니까? 지금 가진 사람들이 얼마나 사치, 낭비하고 공무원들이 부패해 있는

지 않니까?"

"그래서 각하께서 서정쇄신(庶政刷新)을 해서 부패한 공무원은 잘라 내고, 사치, 낭비를 근절하려고 애쓰시고 계시지 않소? 그리고 지금 우리나라 안보가 어떤 상황이오? 휴전선 이북에서 빨갱이들이 밤낮 으로 남침 기회를 노리고 간첩을 내려보내고 땅굴을 파고 있는데 뭐 자유? 민주주의? 현실을 모르고 도대체 그따위 잠꼬대 같은 소리나 하고 있으니 이 나라 장래가 어떻게 되겠소? 당신들이 그따위 철없는 소리나 하면서 학생들을 선동하니까 학생 놈들이 멋모르고 설쳐대는 것 아니오? 목사면 목사답게 교회나 잘 돌볼 것이지 어디 선동이나 하고 돌아다니고 있어?"

"함부로 말하지 마시오. 걸핏하면 국가안보 들먹이는데 정말 국가 안보를 위태롭게 하는 게 뭔지 압니까? 이렇게 독재를 하면서 국민들 이 나라에 등 돌리게 만드는 게 국가안보를 위태롭게 하는 겁니다. 나 는 6·25 때 학도병으로 인민군에 맞서 싸웠던 사람이오. 그러다가 총 살당해 죽을 고비에서 구사일생으로 살아나온 사람이오. 지금도 내 몸에는 총탄 자국이 남아 있소. 나도 누구 못지않게 대한민국의 안보 를 위해 몸 바친 사람이오. 지금처럼 장기 독재를 하면 국가안보를 위 태롭게 한다는 것을 알아야 합니다."

취조관은 자존심이 상한 듯 얼굴 표정이 일그러지더니 이렇게 내뱉 었다.

"목사라고 말은 잘한다마는 당신은 정말 대한민국에는 위험한 불 순분자야. 내가 이 계통에 20년간 밥을 먹고 살아오면서 당신 같은 사 람들 많이 다뤄봤는데 내가 당신들 뱃속까지 꿰뚫고 있으니까 헛소 리하지 말고 바른대로 말해야 할 거야. 허튼 수작하면 뼈도 못 추린다는 걸 알아야지. 알아들었어?"

홍분해서 반말로 협박하더니 취조관은 문을 꽝 닫고 나가버렸다.

최성묵은 홍분을 가라앉히며 가만히 눈을 감고 생각에 잠겼다. 처음에 짐작한 대로 자신을 포함한 부산의 재야세력을 부마항쟁의 배후로 조작하려는 의도가 더욱 분명하게 느껴졌다. 그때 어디선가 무언가 둔탁한 소리와 날카로운 비명 소리가 들리기 시작했다. 같이 붙들려 온 청년들을 구타하거나 고문하고 있는 것이 틀림없었다. 그 소리는 최성묵의 가슴을 송곳으로 찌르는 것 같았다. 비명소리는 이어졌다 끊겼다 하면서 계속되었다. 비명 소리에 뒤섞여 울음소리도 들렸다. 그런 소리는 어느 한 곳에서 나는 것이 아니라 여기저기서 울려나왔다. 최성묵은 자신이 고문을 받는 듯 괴로웠다. 옆방에서 신문하면서 옥박지르는 소리도 간간히 들려왔다. 방음이 잘 된 건물은 아닌 듯했다.

그러자 아까 나갔던 취조관이 무언가 서류뭉치를 들고 다시 들어왔다. 그는 최성묵에게 자술서를 쓰라며 백지를 내놓았다.

"지금부터 당신을 조사하는데 이 종이에 당신의 최근 행적을 빠짐없이 적으시오. 만약 숨기고 감추는 게 있으면 재미없을 줄 아시오."

최성묵은 취조관과 더 이상 말하기가 싫어 천천히 최근의 일을 기억해가면서 있는 그대로의 사실을 대략 적어서 내놓았다. 취조관은 그 종이를 대충 들춰보더니 그대로 던져버렸다.

"이런 식으로 비협조적으로 나오면 나도 생각이 있소. 내가 빠짐없이 적으라고 했는데 이렇게밖에 못 써요? 한 시간 단위로, 숨김없이 적으란 말이오."

"나는 아무것도 숨긴 것이 없소. 뭘 더 쓰란 말이오?"

이런 식의 승강이가 계속되는 사이에 어느덧 밤이 깊어졌다. 취조관은 밤을 새워서라도 자술서를 제대로 쓰라고 요구하면서 방을 나갔다. 최성묵도 지쳐서 온몸이 무거웠다. 갑자기 졸음이 몰려와 자신도 모르게 깜박 졸았는데 날카로운 소리에 깜짝 놀라 깨어났다. 보니 문 옆에 앉아 있던 감시병이 몽둥이로 최성묵이 앉아 있던 철제의자를 세차게 내려쳤던 것이다.

"자지 마시오. 자면 안 됩니다."

"사람이 잠을 자야지 왜 못 자게 하는 거지?"

"잠을 재우지 말라고 명령을 받았으니까요. 어쨌든 잠을 자면 안 됩니다."

최성묵은 어이가 없었지만 더 이상 대꾸하기도 싫었다. 감시병을 상대로 말해봤자 아무런 소용도 없을 것이기 때문이다. 하지만 온 종일 시달린 육신은 어쩔 수 없이 수면을 요구했다. 꾸벅꾸벅 졸리는 것을 어쩔 도리가 없었다. 그때마다 감시병은 고함을 지르거나, 철제의자를 치면서 최성묵의 잠을 깨웠다. 잠 재우지 않는 고문은 생각보다 고통스러웠다. 어떨 때는 다른 방에서 나는 비명 소리 때문에 깨기도 했다. 감시병의 고함소리, 비명 소리, 울음 소리 등으로 밤새도록 최성묵은 졸다 깨어나기를 반복했다.

하룻밤을 그렇게 보내고 나니 심신이 말할 수 없이 피로해졌다. 그렇게 오랫동안 앉아 있다 보니 허리도 아파왔다. 아침 햇살이 문틈으로 퍼지기 시작했다. 감시병이 철제 식판에 식사를 담아 왔다. 식욕이 전혀 나지 않았지만 이 시련을 이겨내자면 억지로라도 식사를 해야 했다. 식사를 끝내고 기진맥진하여 앉아 있자니 취조관이 다시 나타났다.

이번에는 다른 연행자들의 진술서를 가지고 와서 최성묵을 다그치기 시작했다. 취조관과 최성묵은 한참을 다른 사람의 진술 내용을 가지고 공방을 벌였다. 그러다가 그런 입씨름을 하기도 지겨웠던 최성묵은 이렇게 말했다.

"어차피 당신들은 당신들 원하는 대로 사건을 만들 테니까 알아서 하시오. 다만 내가 다 책임을 질 테니까 젊은 사람들 애매하게 잡지 마시오. 어제 밤에 젊은이들 고문을 너무 심하게 해서 밤새껏 비명 소리를 들었소. 제발 고문은 하지 말아주시오."

"당신도 고문을 당해봐야 바른 말 할 거 같은데 턱도 없는 소리 말아. 그래도 목사라고 봐주고 있는 거니까 입 다물고 있으라구."

이런 식의 신문 같지 않은 신문과 잠을 재우지 않는 고문이 계속되면서 시간이 어떻게 흐르는지 구분도 되지 않는 몽롱한 상태 속에서 새로운 신문자가 나타났다. 입안이 헐고 눈꺼풀이 천근같이 무거워 간신히 버티고 있는데 몸집이 큰 중년의 사나이가 검정 선글라스를 끼고 007 가방을 든 채 취조실 문을 열어젖히고 들어섰다. 바로 그 뒤에는 처음의 취조관이 서 있었다.

"이 사람이 최성묵이야?"

서울 말씨였다.

"예, 그렇습니다."

취조관이 공손히 말했다.

"알았으니 가보시오."

서울 사나이는 취조관을 보내고 나서 책상 위에 가방을 놓고 앉더니 이렇게 말했다.

"어이, 최 목사. 나는 서울 중앙정보부에서 온 사람이야. 지금까지는 부드럽게 왔겠지만 이제부터는 좀 달라. 나는 말이야 당신 같은 사람들 잘 알아. 부드럽게 하면 사실대로 실토를 잘 안 하지. 당신은 지금까지 거짓말을 했어. 사실을 하나도 말 안 했어. 이제는 바른 말을 할 때가 됐어. 안 그러면 어떻게 되는지 보여주지."

최성묵은 피로한 눈을 들어 서울 사내를 응시했다. 검정 선그라스를 낀 검붉고 살찐 얼굴이 백열등에 반사되어 번들거렸다. 사내는 책상 위의 007 가방에서 무언가를 꺼내어 방 한구석에 있는 괘도에 걸었다. 괘도에 걸린 것은 '부마사태 배후 조직표'라는 제목이 붙은 도표였다. 도표의 맨 위쪽 네모 칸 속에는 김일성이라는 큼직한 글씨가 적혀 있었다. 그리고 그 아래에는 위 네모와 세로줄로 연결된 네모 속에 엠네스티, KNCC, 도시산업선교회 등의 단체가 눈에 띄었고, 그 아래로 최성묵의 이름이 적혀 있었다. 최성묵의 이름 앞에는 '총책'이라는 타이틀이 붙어 있었다. 그 아래로 '자금책' 김광일, '학원 담당책' 김형기, '교회 및 노동 담당책' 박상도의 이름이 나열되어 있었고, 김형기 밑으로 이상록, 고호석 등과 박상도 밑으로 조태원, 김영일 등의 이름이 적혀 있었다. 그 도표를 보면서 최성묵은 처음부터 이들이 어떤 올가미를 씌우려는지 짐작은 했지만 김일성까지 연결하리라고는 미처 생각하지 못했으므로 다소 어이가 없었다. 하지만 실소를 금할 수 없는 도표였다. 정보부에서 왔다는 서울 사내는 득의양양하게 말했다.

"어이, 최 목사, 어때? 당신네들 족보가 여기 다 나왔지? 김일성이가 당신네들의 배후에 있고 당신은 엠네스티, KNCC를 통해 연결돼 있지. 그리고 바로 당신이 부산 총책이고 당신 밑에 김광일이, 김형기, 박상도가 있지. 이번 사태는 바로 김일성이가 지령을 내려서 당신이 지도해서 벌어진 거고. 더 할 말 있나? 이제 사실대로 불라구."

최성묵은 화가 나기보다 차라리 서글퍼졌다.

"도대체 무슨 소린지 나는 하나도 모르겠소. 내가 무슨 총책이라고요? 나는 그런 걸 들어본 적도 없소. 그리고 엠네스티나 NCC가 왜 김일성의 지시를 받나요? 당신은 엠네스티나 NCC를 잘 모르는 것 같군요."

그러자 서울 사내는 고함을 빽 질렀다.

"능청 떨지 마. 다 증거가 있어. 당신이 김일성이와 연결된 간첩인 줄 다 알고 있는데 아직도 오리발이야? 진짜 고문을 당해봐야 실토를 하겠어? 좋게 말할 때 불라구!"

최성묵도 지지 않고 소리쳤다.

"도대체 무슨 증거로 날 간첩으로 모는 거요? 증거가 있다면 내놔 보시오! 그렇지 않으면 당신이 책임져야 할 거요!"

"그래도 여전히 오리발이야? 당신 며칠 전에 뭐 태풍이 불어서 사과가 떨어졌다고 암호를 주고 받았지? 당신하고 암호 주고받은 자는 잡혀서 자백했어. 당신하고 간첩 접선했다고. 어디서 수작 부리고 있어?"

그제서야 최성묵은 며칠 전 새벽에 임종호와 했던 전화 통화가 기억났다.

"당신들이 아마 우리 집 전화를 도청한 것 같은데 그건 암호가 아니오. 나와 통화한 사람도 물론 간첩이 아닙니다. 그 사람이 부산사태로 사람이 얼마나 죽었는지 직접 묻기가 부담스러워서 그렇게 둘러서 얘기했고 나도 둘러서 말한 것뿐입니다."

"그래도 끝까지 거짓말할 거야? 정 그렇게 나온다면 뜨거운 맛을 보여주지."

　수사라기보다 처음부터 각본을 짜놓고 밀어붙이는 억지였다. 그런 식의 입씨름은 계속되었고 서울 사내는 걸핏하면 고문을 하겠다고 위협했지만 잠을 재우지 않는 것 이상의 고문을 가하지는 못했다. 하지만 잠을 자지 못하는 고통은 정말 견디기 어려웠다. 잠을 자지 못한 시간이 사흘을 넘어가자 정신이 몽롱한 상태를 넘어 몸조차 가누기 어려울 지경이었다. 그동안에도 젊은 사람들에 대한 고문과 비명 소리는 끊임없이 들려왔다. 자신이 고문을 당하는 것보다 더 견디기 어려웠다. 수사당국의 시나리오대로라면 목숨이 위태로울 상황인데도 최성묵은 어차피 독재권력이 원하는 희생양이 누군가 되어야 한다면 자신이 십자가를 질 수밖에 없고, 자신이 희생하는 대신 젊은이들을 살려야겠다고 생각했다. 그래서 최성묵은 서울 사내에게 내가 모든 책임을 질 테니 젊은이들을 고문하지 말고 풀어주라고 거듭 부탁했다. 하지만 들은 척도 하지 않았고 최성묵을 총책으로 하는 유신정권의 수사극은 약간씩 수정은 있었지만 그대로 진행되었다.

　서울 사내는 며칠에 걸쳐 자신들의 시나리오를 받아들이도록 강요했다. 잠을 자지 못한 상태에서 오로지 불편한 철제 의자에만 앉아 있는 것 자체가 심한 고문이었다. 최성묵은 다리가 퉁퉁 부어오르기 시작했다. 그리고 눈은 뜨고 있었지만 의식은 잠을 자는 것과 비슷한 상태로 변해갔다. 수사관의 신문에 바른 정신으로 대답하는 것 자체가 불가능한 상태로 되어갔고 그런 상태에서 조서는 각본대로 꾸며졌다. 부마항쟁 배후 조직의 도표는 조금 변형되어 제시되기는 했지만 김일성과 최성묵 그리고 그 휘하의 부산 재야인사들이 연결되어 있다는 것이 중심축을 이루고 있는 점은 변함이 없었다.

수사팀은 특히 부산양서협동조합을 부마항쟁의 배후조직으로 몰려고 애를 썼다. 최성묵과 함께 끌려온 김형기는 부산양서협동조합의 창립자라는 점에서 주목을 받았다. 서울 중앙정보부에서 왔다는 사내는 김형기가 취조받는 중에 방문을 열더니 수사관에게 물었다.

"김형기, 어디 있어?"

그러자 수사관이 대답했다.

"예, 여기 있습니다."

"그래, 그 친구 말이야, 거 직업적이야. 아주 중요한 인물이니까 잘 다뤄."

"그렇습니다. 이 친구에게 모든 비밀이 있습니다. 이 친구가 사실을 얘기하면 사태의 전말이 다 밝혀질 겁니다."

이런 얘기를 들으면서 김형기는 수사팀이 자신을 부마항쟁의 희생양으로 만들려고 한다는 느낌을 받았다. 왜 진작 피신하지 않았는지 새삼스럽게 후회되었다. 자칫하면 억울하게 죽을 수도 있다는 생각이 들자 자신도 모르게 분노가 치밀었다. 며칠 동안 잠도 자지 못한 상태에서 자기도 모르게 악이 받쳐 스스로도 제어할 수 없는 말들이 마구 쏟아져 나왔다.

"야 이놈의 새끼들아, 너희들이 독재정치해서 민심을 잃어놓고 이런 사태가 나니까 죄없는 사람, 생사람 잡을려고 하는 거지? 이 나쁜 놈들아, 나 죽일려고 계획 세워 놓고 있는 거지? 어림도 없다. 어디 죽일려면 죽여봐라."

그러자 수사관은 일단 김형기를 재우도록 했다. 그렇지만 양서협동조합을 부마항쟁의 배후조직으로 몰아가려는 수사관의 시도 역시 집요했다. 그들은 김형기가 북에 가서 지령을 받고 양서협동조합을 조직한 것 아니냐고 몰아붙였다. 그리고 양서협동조합의 조합원 번호가 간첩 고유번호라는 억지를 쓰기도 했다.

김광일 변호사도 끌려왔다. 김 변호사는 최성묵 등이 연행된 다음 날인 21일 비교적 짧은 조사를 받고 나왔다가 22, 3일경 다시 합수부로 연행되었다. 변호사 사무실로 연행하러 온 수사관은 김 변호사가 영장이 없으면 응하지 않겠다고 버티자 집총한 군인들까지 동원했다. 처음에 끌려간 곳은 망미동 보안대 분실이었다. 이후 최성묵 등이 있던 곳으로 끌려왔다. 빨간 백열등이 켜져 있는 방 안에는 집총한 군인이 감시병으로 붙어 있었다. 감시병은 김 변호사가 잠을 자지 못하도록 하면서 잠을 자면 물리력을 행사하겠다고 위협했다. 수사관은 김 변호사가 부산 재야운동의 자금원이었다는 진술을 확보했다면서 자신들의 시나리오대로 진술할 것을 강요했다. 강요에 견디다 못한 김 변호사는 이렇게 말했다.

"어차피 당신들 각본대로 하겠지만 그래도 내가 시위를 지령했다고 덮어씌우려면 재판은 해야 할 것 아니오? 남의 사건도 고문당한 사건이면 목숨 걸고 변론하는 내가 이렇게 당하고 가만있을 것 같소? 어쨌든 당신들이 원하는 대로 불러보시오. 내가 그대로 써주겠소."

그러면서 그는 진술 내용 중 강요된 부분을 글자의 끝을 삐쳐 올려서 썼다. 나중에 법정에서 자의가 아닌 진술이라는 점을 증명하기 위한 의도였다.

박상도 역시 잠재우지 않는 고문을 받으며 똑같은 각본을 강요받았다. 처음에는 수사관의 억지 혐의에 항의도 하고 싸우기도 했는데 그럴 때마다 M-1 소총을 든 감시병이 대기하고 있다가 다가와서 불문곡직하고 개머리판으로 어깻죽지를 사정없이 내리찍었다. 그때마다 자기도 모르게 비명소리가 튀어나왔다. 꾸벅꾸벅 졸고 있을 때도 감시병의 소총 개머리판은 어김없이 그의 어깨를 찍었다. 그렇게 사흘 쯤 지나자 구타을 당하지 않으려고 억지로 눈은 뜨고 있지만 의식은 잠든 것 같은 상태로 변해갔다. 수사관의 신문에 대해 항변할 기력도 없어졌고 그저 예, 예 하는 대답만 입에서 흘러나왔다. 역시 수사관들이 짜 온 각본을 시인하는 조서가 꾸며질 수밖에 없었다.

계엄합동수사단은 최성묵, 김광일, 김형기, 박상도를 비롯한 재야 인사와 청년들을 북한의 김일성과 연계된 간첩 혐의를 씌워 기소할 작정이었다. 10월 25일에는 카메라를 든 합수부 직원이 와서 최성묵에게 간첩 혐의자라는 팻말을 들게 하고 사진을 찍었다. 당사자들이 아무리 부인해도 그들은 처음 시나리오대로 김일성과 연계된 간첩 조직으로 만들어지고 있었다.

29

10 · 26 정변의
소용돌이 속에서

최성묵을 비롯한 민주인사들과 부산, 마산의 시민들이 계엄합동수사단의 혹독한 고문 조작의 희생양으로 고통을 받고 있을 바로 그때, 한국 현대사를 바꾼 거대한 사건이 서울 궁정동의 중앙정보부 안가에서 벌어졌다.

10월 26일 저녁, 궁정동의 중앙정보부 안가에서는 여가수와 여대생을 불러놓고 대통령 박정희, 경호실장 차지철, 중앙정보부장 김재규,

대통령 비서실장 김계원이 참석한 연회가 벌어졌다. 이 자리에서 당시의 정국 상황에 대한 논란과 언쟁이 벌어졌다.

박대통령은 앉자마자 부마항쟁과 관련하여 국내 치안에 이상이 없느냐고 물었고 김재규 부장은 평온하다고 대답했다. 이어서 신민당 공작 실패, 정보부의 무능, 김영삼 구속 문제 등이 화제에 올랐다. 박대통령은 김재규를 공박하고 여기에 차지철이 가세하는 분위기였다.

박대통령은 유신체제라는 공개적 독재체제를 정립한 이후 권위주의적 정치행태가 한층 더 강화되었는데 특히 1979년 5월 신민당 김영삼 총재 당선 이후 유신체제에 대한 야당의 도전이 다시 시작되자 반대세력에 대한 강박증적 탄압을 계속했다. 이러한 행태는 부마항쟁 직전 김영삼의 국회의원 제명 사태에서 극에 달했다. 그리고 부마항쟁이 일어나자 단 이틀 만에 전격적으로 비상계엄을 선포하는 초강경 조치를 취하였다.

경호실장 차지철은 이러한 박대통령의 강경 일변도의 정국 운영을 부추기면서 대통령의 총애를 등에 업고 2인자로 행세하며 횡포를 부렸다. 차지철은 중앙정보부와 치안본부, 보안사 등 많은 정보기관이 있음에도 별도로 사설 정보망을 운영하기도 했다. 그리고 그런 정보를 바탕으로 김재규를 압박했다. 김재규를 제치고 대통령에게 정보보고를 하기도 했다. 김재규로서는 도저히 참을 수 없는 상황이 지속되었다. 야당의 저항과 부마항쟁의 폭발 등으로 정국이 최악의 파행 국면으로 접어들면서 유신정권 내부의 갈등과 모순도 최고점을 향해 치닫고 있었고 그것은 마침내 10월 26일 궁정동 안가에서 김재규의 총구를 통해 뿜어져 나왔다.

10·26정변은 현대 한국의 역사와 정치를 뒤바꾼 대사건이었지만

그 진상과 배경은 여전히 의문의 베일에 가려져 있다. 특히 사건의 주역인 김재규의 행동이 계획적인 것인지, 우발적인 것인지, 계획적인 것이라면 어느 시점부터인지 등을 비롯하여 특히 미국의 개입이 있었는지, 없었는지, 있었다면 어느 수준에서 있었는지 등 많은 의문점이 아직 밝혀지지 않고 있다. 그러므로 아직 밝혀지지 않은 문제들은 풀어야 할 숙제로 남아 있지만 분명한 것은 김재규의 행동으로 박대통령과 차지철이 사망했고 그로 인해 유신체제 또한 사망선고를 받았다는 사실이다.

유신체제는 박정희의, 박정희에 의한, 박정희를 위한 체제였기에 박정희 없는 유신체제란 상상하기 어려웠다. 유신체제가 박정희 개인의 독재권력을 위한 체제라는 점은 박정희의 사망 이후 나타난 현상을 보면 잘 드러난다. 박정희가 사망하기 직전까지 "유신만이 살 길"이라고 외치면서, 유신체제를 반대하는 야당과 민주화운동세력을 매도하고 질타하던 그 많은 정치인, 언론인, 학자, 지식인들은 어디로 사라졌는지 보이지 않았다. 유신이야말로 위대한 창조라고 목청을 높이던 자들은 하루 아침에 자취를 감추었다. 그리고 그들은 어느 틈에 민주화해야 한다고 목청을 높이기 시작했다. 그렇게 높이 떠받들어졌던 유신의 가치는 바로 그 추종자들부터 내동댕이쳐졌던 것이다. 유신체제를 진정으로 자기의 소신으로 삼고 비록 박정희가 없을지라도 유신체제가 필요하다고 주장하는 자는 단 하나도 없었다. 그것이야말로 유신체제의 진정한 모습이요, 유신체제의 아이러니다.

어떻든 박대통령의 죽음은 거의 모든 한국인들에게 엄청난 충격으로 나아왔다. 그러나 그 충격을 어떻게 받아들였는가는 각자의 사상과 처해 있는 입장에 따라 매우 달랐다. 많은 사람은 그의 죽음을 슬픔과 애도로 받아들였다. 그러나 그의 죽음을 어두운 한 시대의 종말로 받아들이고 새로운 희망의 계기로 받아들이는 사람들도 많았다.

계엄합동수사단에 속한 경찰이나 정보기관에서 가혹한 고문과 조작에 시달리던 부마항쟁 참여자들에게 박대통령의 죽음은 암흑 속에 비춰진 서광과 같은 것이었다. 이 표현은 단지 비유적인 것만은 아니다. 마산경찰서에서 경찰의 무자비하고 잔인한 고문에 시달리던 경남 대학생 최갑순은 10·26정변이 일어나던 바로 그 시점에서 자신을 지탱할 수 있는 심신의 한계에 도달해 있었다. 자살을 시도했지만 실패하고 더 이상 버틸 기력이 소진돼 있음을 느끼면서 절망하고 있던 바로 그때 잠이 들었다가 꿈인지 환상인지 모를 이상한 장면을 보았다. 그가 바라보고 있는 천장에서 네모진 문이 열리면서 그 문 사이로 구명용 사다리가 내려오는 광경이었다. 그리고 잠을 깬 후 그는 10·26 정변이 일어난 것을 알게 되었다. 박대통령의 죽음이 갖는 의미를 그 꿈은 최갑순의 무의식 속에 분명한 모습으로 예시하였던 것이다.

북한과 연계된 간첩으로, 부마항쟁을 배후에서 조종한 수괴로 몰려 조작된 재판을 받고 어쩌면 생명이 위태로울 뻔했던 최성묵은 박대통령의 죽음으로 위험천만한 상황에서 벗어날 수 있었다. 최성묵이 10·26정변을 눈치채게 된 것은 10월 27일 아침 무렵이었다. 무언가 분위기가 심상찮음을 감지했던 그는 창문을 덮고 있던 커텐의 틈새로 국기게양대에 걸린 반기(半旗)를 보았다. 뭔가 비상한 사태가 일어났음을 직감적으로 느꼈다. 그리고 보니 수사관들도 어디론가 가버리고 보이지 않았다. 감시병의 태도도 뭔가 모르게 달라진 것 같았다. 그는 화장실에 가겠다고 하면서 일어섰다. 일단 움직여봐야 정보를 알 수 있을 것 같았다. 감시병이 뒤따라 나섰다. 하지만 이전과 달리 별 간섭을 하지 않았다. 문을 나서서 보니 바로 옆 방의 문이 약간 열려 있었고 그 틈으로 김형기의 모습이 보였다. 최성묵은 급히 김형기를 불렀다.

"김 선생, 김 선생. 잠깐 봅시다."

김형기가 반가워서 얼른 문 쪽으로 가니 최성묵은 손짓을 하면서 뭔가를 전달하려고 애썼다. 김형기가 얼핏 알아차리지 못하자 한마디 던지고는 화장실로 향해 갔다.

"바깥을 봐요. 바깥을."

김형기는 바깥을 한참 쳐다보다가 비로소 국기게양대에 조기가 걸린 것을 발견했다.

최성묵이 화장실에 가니 마침 박상도가 있었다. 그는 낮은 소리로 속삭였다.

"이제 살았어."

"무슨 일이 있습니까?"

"무슨 탈이 났어. 대통령이 죽은 것 같애."

그들이 화장실을 나서는 순간, 군인 하나가 빠른 소리로 속삭이면서 지나갔다.

"살았습니다. 대통령 돌아가셨습니다."

그제야 모든 것이 분명해졌다.

박상도는 모든 긴장이 풀리면서 일주일간 자지 못했던 잠이 한꺼번에 쏟아졌다. 그는 책상 위에 큰 대 자로 쓰러져 혼절하듯 잠이 들어버렸다.

김굉일은 그날 아침까지 잠을 못 잔 채 의자에 앉아 있었는데 누군가 등 뒤에서 방문을 열더니 "박정희가 죽었어."라고 말하고는 꽝하고 문을 닫아버렸다. 너무나 뜻밖의 소식이어서 꿈인지 생신지 순간 멍해졌다. 잠시 후 김광일은 감시병에게 그 말이 사실인가를 물었더니 감시병은 대답을 못하고 입을 다물고 있었다. 그제야 그는 그 말이 사실임을 알고 머릿속이 갑자기 복잡해졌다.

김형기는 최성묵이 가리키는 조기(弔旗)를 보고 직감적으로 대통령의 유고 사태가 아닌가 하는 생각이 들었다. 그러면서도 왜 박 대통령이 죽었는지는 여전히 풀리지 않는 수수께끼였다. 그날 오후, 중부교회의 황 형사가 그곳을 찾아왔다. 그는 중부교회를 담당하는 형사로서 어찌나 뻔질나게 중부교회를 드나들었던지 부목사라는 별칭을 얻은 사람이었다. 황 형사는 거의 매일 중부교회에 들러 최성묵의 동태를 상부에 보고했다. 그는 김순이에게 자주 이렇게 말했다.

"사모님. 저는 목구멍이 포도청이라 하루 한두 번씩 왔다가 보고를 해야 됩니다. 그렇지만 저는 인간적으로 목사님을 존경하고 형님으로 모십니다. 제가 절대로 목사님을 해롭게는 안 합니다."

황형사는 먼저 최성묵을 만났다. 그는 환한 웃음을 띠면서 최성묵의 손을 잡아 흔들었다.

"아이고, 목사님. 얼마나 고생이 많았습니까? 이제 안심하십시오."

"그래 황 형사, 밖에 무슨 큰일이 있었지요?"

"아, 어떻게 아셨습니까? 목사님께서 하마터면 큰일 날 뻔했는데 이젠 사셨습니다. 안심하셔도 됩니다."

그러면서 그는 낮은 목소리로 10·26정변으로 대통령이 사망했다는 소식을 전하면서 수사관이나 윗사람이 알면 곤란하니까 목사님만 알고 계시라고 당부하면서 자리를 떴다. 그는 김형기도 만나서 비슷한 이야기를 전하고 조금만 고생하라고 하면서 안심시켰다.

10·26정변이 나자, 계엄합수단 전체가 일시에 공황 상태에 빠졌다. 대통령을 암살한 인물이 다름 아닌 중앙정보부장이었기 때문에 정보 계통의 충격과 혼란은 걷잡을 수 없었다. 그때까지 부마항쟁 피의자들의 수사를 주도했던 중앙정보부와 치안본부 요원들은 곧 서울로 철수해버렸다. 수사는 완전히 중단되었고 아무도 나타나지 않았다. 다만 피의자들을 지키고 있던 군인들만 남아 있었고 그들의 태도는 이전과 딴판으로 달라져 있었다. 부마항쟁을 북한의 지령에 의한 사태로 날조하려던 유신정권의 계획은 초기 단계에서 좌초를 맞았다. 동시에 최성묵 등 부산의 재야세력을 부마항쟁의 배후세력으로 조작하려던 공작도 이제 완전히 물거품이 되어버렸다.

10월 27일 저녁에야 잠에서 깨어난 박상도는 그곳에서 상급자인 군인에게 물어보았다.

"앞으로 우리 수사는 어떻게 되는 거요?"

"지금 지휘계통이 하나도 없어졌습니다. 우리도 어떻게 돌아가는지 모르겠습니다. 중앙정보부, 치안본부에서 온 사람들은 다 철수하고 아무도 없습니다. 남아 있는 건 우리 부대원들뿐인데 우리는 군인이니까 계엄사령부의 지시를 받아야 할 거 같습니다."

이런 공백 기간이 3, 4일 더 지난 후인 10월 31일이 되자 아침에 군인들이 마지막까지 남아있던 최성묵, 김광일, 박상도, 김형기를 불러내었다. 그들을 호송하는 군인이 예의를 갖추어 말했다.

"오늘 법무관실에서 선생님들을 모셔 오라고 합니다. 아마 좋은 일이 있을 겁니다."

그들은 군 지프차에 실려 양정에 있는 헌병대로 갔다. 헌병대 구내의 법무관실 앞에 다다르니 장교복을 입은 영관급의 법무관이 나와

서 기다리고 있다가 일행이 내리자 깍듯이 경례를 했다. 법무관은 김
광일 변호사를 향해 말했다.

"선배님, 고생하셨지요? 저는 서울법대 후배입니다. 제가 모실 테니
안으로 들어가시지요."

일행은 법무관 실의 소파에 앉았다. 법무관은 차를 권하면서 이렇
게 말했다.

"그동안 여러분들이 맞서 싸우셨던 대통령 각하가 돌아가셨습니
다. 이제 여러분들이 원하던 민주주의가 오지 않겠습니까? 유신체제
라는 것이 남북대결 상태에서 부득이 하게 취했던 체제인데 이제 절
대 권력자가 쓰러지셨으니까 나라가 매우 혼란스러울 것입니다. 여러
분들이 그토록 염원하던 민주주의가 이루어지려면 혼란을 최소한으
로 줄여야 할 것입니다. 이제 여러분들이 나서서 민심을 수습해주셔
야 혼란을 막고 나라를 지킬 수 있지 않겠습니까? 그 약속만 해주신
다면 오늘 훈방 조치를 하겠습니다. 우리 군은 정치적 중립을 엄정하
게 지킬 것이고 그러면 민주주의는 절차에 따라 순조롭게 이루어질
것입니다."

최성묵 일행과 법무관은 그 자리에서 덕담 수준의 이야기를 몇 마
디 주고받은 후 일어서서 밖으로 나왔다. 생사가 오갔던 열흘 남짓한
연옥(煉獄)의 시간이 지나고 그들은 비로소 해방되었던 것이다. 안타
까운 것은 함께 끌려갔던 사람 가운데 김영일만 구속되었던 것이다.
그가 엠네스티 간사로서 유언비어를 유포했다는 죄목을 뒤집어씌웠
다. 최성묵 등 지도급 인물들을 방면하면서 굳이 실무자인 그를 구속
한 것은 어떤 간계에 의한 것인지 알 길이 없었다.

30

피바람을 불러온
'서울의 봄'

                    누구도 상상하지 못한 대통령 박정희의 죽음으로 사실상 유신체제는 정치적 정당성을 상실했다. 또한 민주화를 요구하는 국민들의 뜨거운 열기 때문에 아무도 유신이 정당했고 앞으로도 지속되어야 한다고 주장하지 못했다.

  그럼에도 유신체제의 근간을 이루었던 군부, 관료, 정치세력은 여전히 건재했다. 미국의 카터 행정부는 유신헌법을 폐기하고 이후에 대통령 선거를 해도 반대하지 않는다는 입장을 취했지만 최규하 정권은 11월 10일 특별담화를 통해 유신헌법을 개정하지 않고 대통령 선거를 치르겠다고 발표했다. 이는 유신세력의 기득권을 유지하려는 반동적 조치였다. 이에 대해 재야민주화운동세력은 즉각 반대했다. 11월 12일 '민주통일국민연합' 공동의장단(윤보선, 함석헌, 김대중)은 성명을 발표하여 최규하의 특별담화를 비판하고 민주화를 위해 민주헌법을 3개월 이내에 제정할 것, 최규하 대행의 즉각 사퇴와 과도정부로서 거국민주내각 구성, 민주인사들의 석방과 복권, 계엄령의 즉각 해제 등을 강력히 요구했다. 나아가 '민주통일국민연합' 내에서 행동을 주장하던 사람들을 중심으로 '통대선출 저지 국민대회'가 추진되었다. 11월 24일 YWCA에서 결혼식을 가장한 집회가 열렸다. 500명 이상의 사람이 모여 "통대 저지를 위한 국민선언" 등이 배포되고 150명 정도의 참가자는 "유신 철폐, 통대 반대"의 구호를 외치면서 가두시위를 전개했다. 계엄군은 참가자 140명을 검거하여 무자비한 고문을 가하고 14명을 군법회의에 넘겼다.

12월 6일 유신헌법에 따라 통일주체국민회의의 간접 선거에 의해 최규하가 대통령에 선출되었다. 최규하는 대통령이 된 다음 날에야 대통령 긴급조치 9호를 해제했다. 문익환 목사, 함세웅 신부 등 긴급조치 위반자 68명이 석방되었다. 하지만 유신세력의 실질적 핵심은 최규하나 관료들이 아니라 신군부로 불리던 박정희 친위군벌들이었다. 당시 군부는 민간정부를 지지하는 온건파와 '하나회'를 중심으로 한 강경파로 나뉘어 있었다. 정승화 육군 참모총장으로 대표되는 온건파는 군부 내 다수파로서 유신헌법을 폐지하고 민간정부 수립과 군의 정치적 중립을 지지했다. 반면 강경파는 유신헌법의 조기 폐지를 반대하고 권력 장악을 추구했다. 박정희가 자신의 친위세력으로 키워왔던 강경파의 핵심 '하나회'는 먼저 군권을 장악하기로 하고 12월 12일 군사반란을 일으켰다. 이른바 12·12사태로 알려진 이 군사반란으로 전두환을 위시한 신군부세력은 결국 정권을 탈취하는 쿠데타의 첫 걸음을 내딛게 되었다. 군의 정보계통을 장악하고 선제공격을 감행한 신군부는 어렵지 않게 반란을 성공시켰다. 이제 실질적 권력은 군을 장악한 신군부에게 넘어갔다. 미국의 카터 행정부는 표면상 이 반란에 우려를 표시했지만 이미 이란 사태 등으로 보수주의로 회귀하면서 한국의 민주화보다 안정을 중시하는 노선으로 전환하고 있었다.

상황이 이러함에도 김종필, 김영삼, 김대중을 중심으로 한 정치권은 헌법개정 및 정권교체를 위한 정치일정 논의에만 몰두했다. 1979년 말부터 국회 헌법개정심의특별위원회의 주관 아래 개헌 공청회가 광수, 대전, 부산 등 주요 도시에서 개최되었다. 특히 부산에서 열린 공청회에는 부마항쟁의 도시답게 3천여 명의 시민들이 참석하여 뜨거운 열기를 보여주었다. 1980년 2월 9일에는 공화, 신민 양당이 4년 임기에 1차 중임을 허용하는 대통령 중심제와 직선제 선거, 통대선출 의원제 폐지 등 거의 대부분의 내용에서 일치하는 헌법 시안을 마련했다. 2월 25일에는 서울에서 3김 씨의 회동이 있었다.

3월에 들어서 각 대학이 개강을 하자 학생들은 학도호국단을 거부하고 강제로 해체되었던 학생회를 부활시켰다. 그리고 독재정권하에서 누적되었던 대학 내부의 문제들 즉 어용교수, 사립대학의 족벌경영체제, 대학의 비리 등을 개혁하기 위해 학원자율화, 어용교수 퇴진, 교권 확립 등을 주장하며 투쟁하기 시작했다. 4월에 들어서면 학생운동은 병영집체훈련 거부를 시작으로 학원의 군사화에 반대하고 계엄해제와 민주화 일정을 촉구하면서 정치투쟁으로 전환했다.

학생뿐 아니라 급격히 악화된 경제상황으로 인해 고통받던 노동자, 서민들은 노동조합의 민주화와 새로운 노동조합의 설립, 근로조건 개선, 체불임금 지급, 휴폐업 반대, 해고 노동자의 복직 등 다양한 문제를 제기하면서 노동운동에 나섰다. 1980년에 들어 4월 말까지 809건의 노동쟁의가 발생했는데 이는 1979년 전체의 쟁의 건수(105건)의 8배나 되는 폭발적인 증가세였다.

이런 상황에 대해 최규하 정권이 취한 입장은 지극히 반동적인 것이었다. 이미 실권이 신군부로 넘어간 상태에서 국무총리 신현확 등은 이원집정부제 구상을 밝히는 등 기득권에 집착하면서 학생과 노동자들의 요구에 대해서는 사회 혼란으로 매도하였다. 야권도 양 김 씨 사이의 갈등이 해소되지 못한 채 혼란을 거듭했고 공화당 역시 당내 혼란을 수습하지 못하고 있었다.

이러한 상황을 주시하면서 신군부는 사회 혼란을 수습한다는 명분 아래 집권을 위한 공작을 은밀히 추진하고 있었다. 신군부 핵심세력은 3월부터 이른바 'K-공작계획'이라고 이름 붙인 쿠데타 계획을 수립했다. 4월 14일 보안사령관 전두환이 공석 중이던 중앙정보부장 서리를 맡게 되면서 신군부의 정치개입의 더욱 노골화하기 시작했다. 김대중은 정치권이 근거 없는 낙관론으로 반년을 허송하여 유신세력으로 하여금 반격에 나설 여유를 주게 되었다고 반성했다. 하지만 정국은 이미 신군부의 쿠데타를 막기 어려운 상황으로 가고 있었다.

당시 신군부의 음모에 대항할 수 있는 조직력을 갖고 있는 세력은 유일하게 학생운동이었다. 노동운동은 아직 정치투쟁을 전개할 만한 수준에 도달하지 못한 상태였다. 학생운동은 유신세력의 재집권 음모가 확실해지고 사북항쟁 등 노동운동이 고조되자 전면적 반독재투쟁으로 나아갔다. 5월에 접어들자 서울과 지방의 각 대학은 일제히 시국선언을 발표하고 "유신잔당 퇴진", "계엄 해제", "과도정부 금년 내 종식과 민간정부 출범", "노동3권 보장" 등의 구호를 외쳤다. 학생들의 투쟁은 5월 중순에 이르러 절정에 달하였다. 5월 14일과 15일 전국 대학생들은 대대적인 가두시위를 전개했다. 언론의 추계에 따르면 14일 서울에서 21개 대학 7만여 명의 학생들과 지방의 3만여 학생들이 가두시위를 벌였고, 15일에도 수만 명의 학생이 거리로 쏟아져 나왔다. 특히 서울의 경우, 서울역 광장에 10만을 헤아리는 학생들이 집결해 유신세력의 퇴진과 계엄 해제를 요구했지만 결국 안전 귀가를 보장받는 조건으로 자진 해산했다. 당시 학생들의 가두시위에 시민들은 결합하지 않았다.

학생늘은 대국민 홍보가 더 중요하다고 보고 일단 가두시위를 중단하고 정상 수업을 받으며 대국민 홍보를 계속한다는 방침을 세웠다. 5월 16일 저녁부터 17일 오후까지 이화여대에서 전국 55개 대학 학생대표 95명이 모여 '제1회 전국대학 총학생회장단 회의'를 개최했다. 이 회의에서 5월 22일까지 비상계엄해제, 연내 정권 이양을 위한 정치일정의 조속한 천명 등의 요구가 관철되지 않을 때는 행동을 취하기로 결의했다. 학생들의 투쟁이 고조되면서 신민당과 공화당 등 정치권과 언론계, 학계, 문단, 종교계 등 대부분의 세력이 학생들의 요구를 수용할 것을 정부에 촉구했다.

하지만 신현확 등 유신잔당과 신군부는 대다수 국민의 뜻을 거부하고 무력으로 정권을 찬탈할 쿠데타를 실행에 옮겼고 그 결과 광주에서의 대학살극을 감행하게 되었던 것이다. 5·18항쟁에 이르는 이 시기를 당시 언론은 '서울의 봄'이라 이름 붙였지만 전혀 봄 같지 않은 봄이었고, 봄바람 대신 끔찍한 유혈사태를 몰고 올 피바람이 불기 시작한 잔인한 봄이었다.

최성묵이 풀려나 중부교회로 돌아오자 침통한 분위기에 휩싸여 있던 교인들과 가족들은 모두 기뻐하면서 안도의 한숨을 내쉬었다. 최성묵은 건강을 많이 상했다. 하지만 상황은 여전히 엄혹했다. 10월 27일 아침, 박 대통령의 사망을 공표한 최규하 권한대행 정부는 11월 3일을 대통령 국장일(國葬日)로 정하고 대대적인 추모 분위기의 조성에 열을 올렸다. 이 추모 분위기를 고조시키는 데에 행정기관이 앞장섰지만 무엇보다도 보안사령부가 배후에서 실권을 휘둘렀다. 10·26정변 식후부터 계엄합동수사본부장을 맡은 보안사령관 전두환은 최규하 정부의 배후 실세였다.

최규하 정부는 박 대통령의 추모 분향소를 시, 군, 구 단위로 설치하도록 하고 심지어 학교에도 분향소를 설치하는 해프닝까지 벌어졌다. 교육청은 각급 학교에 지시하여 학생들을 단체 분향하도록 강제했다. 또 기업체마다 근조(謹弔) 현수막을 걸도록 지시했다. 하지만 분향을 온 일반 시민들이 모두 애도의 표현만 한 것은 아니었다. 어떤 사람은 박 대통령의 영정을 노려보기도 하고, 손가락으로 영정을 가리키며 낮은 소리로 욕을 하는 청년도 있었다. 텔레비전은 정규방송을 중단하고 계속해서 추모 방송만 내보내었다. 부산시에서는 각 구청, 동사무소에 공무원은 물론이고 모든 시민이 분향하도록 독려하라고 성화였다.

"그걸 각자의 마음에 맡겨야지 어떻게 분향을 강제합니까?"

"우린들 어쩝니까? 내무부의 지시도 아니고 보안부대에서 졸라대는데."

이런 대화가 공무원들 사이에서 오고 갔다.

김형기는 풀려나온 후 신문, 방송을 위시해서 사회가 온통 박 대통령 추모로 뒤덮이는 듯한 모습을 보고 너무나 마음이 상했다. 신문은 연일 추모 기사로 도배가 되었고, 텔레비전에서는 통곡하는 조문객들의 장면을 거듭 방영했다.

"저런 독재자를 국장을 치르다니 말이 되는가?"

이런 그의 마음과는 달리 추모 분위기는 갈수록 고조되어갔다.

시내에 나가 보면 조기를 다는 집이 늘어갔다. 물론 조기 달기도 공무원들이 앞장서서 독려했기 때문에 자발적이라고 보기는 어려웠지만 어쨌든 김형기로서는 참기 어려운 노릇이었다. 그는 당장 서울로 올라가서 국장을 방해하고 싶었지만 형사들이 감시하면서 그의 서울행을 막으셨다. 절대로 서울을 가면 안 된다며 못 가게 했다.

국장일이 임박하면서 그가 살던 부곡동의 가난한 연립주택단지에
도 조기가 집집마다 걸렸다. 그는 끝까지 걸지 않고 버티다가 마지막
에 조기를 걸었다. 독재자가 죽었는데 너무 조용하게 조기를 다는 분
위기가 이상했지만 그는 국민들의 태도를 박정희가 독재자지만 비명
에 갔으니 그래도 애도를 표하고 난 후에 정치문제를 따지자는 것으
로 해석했다. 그래서 일단 국민의 뜻이 그렇다면 따르자고 생각했다.
국장 당일에는 혹시 서울에서 국장에 반대하는 움직임이 있지 않을까
하는 기대도 내심 해봤지만 결국 성대한 국장이 치러지는 모습을 보
면서 그의 마음속은 회오리바람이 불면서 무너져내렸다. 그런 국민들
의 정서를 이해할 수가 없었던 그는 뭔가 국민에게 배신당한 듯한 느
낌이었다.

"아, 이게 뭔가? 민심이 이렇다면 민주주의는 오지 않는다. 내가 섣
불리 운동한다고 나설 일이 아니라 이 국민의 마음을 더 깊이 바닥에
서부터 파악해야 하지 않을까?" 하는 생각이 들었다. 그는 그 길로 서
울로 떠났고 사회운동보다는 목회자의 길을 걸었다.

대대적인 추모 분위기는 사실 어용화한 언론과 유신세력으로 구성
된 정부 그리고 군권을 장악한 신군부가 합작하여 만들어낸 것이었
다. 다음과 같은 증언을 통해 우리는 그 실상의 일단을 엿볼 수 있다.
시청과 구청에 분향소를 설치했어도 조문객들이 드문드문 나타나자
아부 잘하기로 소문난 고위간부 K란 자가 시정과를 둘러보았다.

"조문객 통계가 와 이래 적소?"

그러자 평소 좀 상식한 S세장이 나섰다.

"실제 분향하러 오는 사람이 그 정도인 걸 우짭니까?"

"야, 이 사람아! 세상에 눈치가 있어야지, 이 숫자를 좀 보시오. 인구에 비해 부산이 다른 도에 비해 적지 않소?"

"그럼 고인의 명복을 비는 조문객의 숫자를 조작하란 말입니까?"

"답답한 사람! 머리가 그래 안 돌아가나? 기관원들이 야단인데 이거 큰일이구만."

그 이튿날로 바로 분향소 관리업무의 책임자는 다른 사람으로 교체되었다.

부산 동구의 경우, 추모 기간 중 분향한 인원을 3만 8천 명으로 보고했는데 4배로 늘려 기록하라 해서 20만의 동구 인구 중 16만 명이 분향한 것으로 중앙에 보고했다고 한다.*

국장 소동이 지나간 후 11월 19일에야 대학의 휴교령이 해제되었다. 하지만 부산과 마산지역은 휴교가 지속되었다. 부마항쟁으로 구속되었던 학생들은 일부 면소 판결을 받은 사람 외에는 모두 11월 28일 부산경남지구계엄보통군법회의에서 유죄를 선고받았다.

최성묵 등 재야인사들을 간첩으로 조작하려다 풀어주긴 했지만 계엄사는 민주세력에 대한 탄압을 늦추지 않았다. 계엄사는 양서협동조합의 해산을 강요했다. 당시의 상황을 김희욱은 다음과 같이 기억하고 있다.

계엄당국은 나를 파렴치범으로 몰기 위해 국세청의 직원까지 보내 조합 장부를 감사하고 비리나 부정이 없는지를 조사했다. 이홍록 이사장은 비상계엄본부에 호출된 것으로 안다. 그 며칠 후

* 손점용, 1994, 『싹쓸이시대』, 지평. 52-57쪽

갑자기 비상 긴급 이사회가 조합 책방에서 열렸다. 그 날은 비상 계엄사령부에서 파견된 직원 1명이 배석하는 가운데 이사회가 진행되었다. 안건은 자진 책방 폐쇄와 관련된 내용이었다. 이에 대한 반론을 제기하자 배석한 사람이 신분상 안 좋다는 협박 공갈을 하는 가운데 자진 폐쇄하는 쪽으로 결의를 하게 되었다.*

계엄사는 이사장인 이흥록 변호사에게 압력을 가했지만 이 변호사는 이 사안은 조합원 총회를 열어서 결정해야 할 사안이지 이사장이 마음대로 할 수 없다고 버텼다. 그러나 계엄사의 집요한 압력에 못 이겨 결국 임시 이사회가 열렸고, 이 자리에 계엄사에서 나온 사복 입은 군인이 배석하여 조합을 해산하지 않으면 신상에 해로울 거라고 협박했다. 이사들은 조합의 해산은 이사회가 결정할 수 없고 조합원 총회가 열려야 하며 자진 해산을 할 수 없으니 차라리 강제 해산을 시키라고 맞섰다. 결국 이사들이 반대하는 가운데 이흥록 이사장이 계엄사의 해산 요구를 받아들여 해산을 결정했다. 1978년 4월에 창립하여 1979년 11월 19일까지 약 1년 반 동안 존속했던 부산 양협은 신군부의 강압으로 마침내 종언을 고하게 되었다. 유신 치하에서 탄압을 받으면서도 성장을 거듭했던 부산양서협동조합이 박 대통령이 죽고, 유신체제가 사실상 종말을 고한 시점에서 계엄사에 의해 해산된 것은 아이러니한 일이었다.

12 · 12 쿠데타가 일어나 전두환 일당이 군권을 장악한 후 신군부의 정권 탈취를 위한 음모는 은밀히 추진되었지만, 아직 정치권이나 일

---

* 김희욱 구술/ 차성환 면담, 2012

반 국민들은 민주화 일정은 누구도 거역하지 못할 것이라는 막연한 낙관이 지배하고 있었다. 정치 민주화를 주도하는 위치에 있던 두 사람의 리더, 김영삼과 김대중은 협조와 단합을 강조하면서도 대선을 의식한 정치활동을 각기 전개하고 있었다.

당시 부산의 재야운동권은 김대중 측과 가까웠다. 그것은 김대중이 정치적 견해나 실천에 있어서 김영삼에 비해 재야의 입장에 훨씬 가까웠기 때문이기도 하고, 김대중이 1976년 3·1구국선언문 사건으로 구속되어 진주교도소에 수감되었던 것과도 관계가 있었다. 김대중이 1973년 8월 일본 동경에서 납치되어 자택에 연금된 이후, 그의 정치활동은 재야 민주화운동세력과 매우 긴밀한 연계를 맺고 있었다. 신민당이라는 제도권 정당의 틀 속에서 활동했던 김영삼과는 그런 점에서 차이가 있었다.

그리고 김대중이 1976년부터 근 3년간 진주교도소에 수감되어 있었을 때 이희호 여사 등 가족과 측근들은 부산을 경유함으로써 부산의 재야인사들의 도움을 많이 받았다. 김광일 변호사는 3·1구국선언문 사건이 났을 때 영남에서는 유일하게 변호인단에 참여했다. 재판이 끝나고 김대중은 진주교도소로 이감되었다. 당시 진주는 서울에서 가장 먼 교도소의 하나였다. 외신기자 등이 접근하기 어렵게 가장 교통이 불편하고 먼 곳으로 보냈다. 그 직후 이희호 여사와 김옥두 비서가 김 변호사를 찾아왔다. 김대중이 진주로 이감된 후 면회가 안 되니 같이 접견을 한번 가달라고 부탁했다. 김 변호사는 당장 가족과 같이 진주교도소로 가서 면회를 신청했다. 그런데 교도소 측은 안 된다는 것이었다. 왜 안 되냐고 따지니 중앙정보부에서 막는다고 했다. 면회 사무의 논리는 기결수에게 변호인이 필요 없다는 것이었다.

"지금 기결수라고 하더라도 재심을 청구하기 위해서 접견이 필요합니다."

"아직 재심 청구도 안 했는데 왜 변호인이 필요합니까?"

"재심 청구를 하기 위해서 변호인이 만나려는 것입니다."

"그래도 안 됩니다."

막무가내였다. 그때 김 변호사는 김대중이 1971년 대선 당시 선거법 위반으로 서울고등법원에 미결로 남아 있는 사건이 있었음을 상기했다. 3·1구국선언사건 재판 때 병합 심리해달라고 청구했지만 기각되었던 사건이었다. 그 사건 때문에 변호인 접견을 하려고 한다고 요구했다. 그랬더니 변호사 증명을 받아오라는 것이었다. 전례가 없는 일이었다.

"좋소, 그러면 내가 서울고법에서 변호인 증명을 받아 올 테니 당신들은 피고인의 변호사 선임장을 받아주시오."

그 선임장을 받아내기 위해 하루 종일 교도소 측과 싸웠다. 그렇게 우여곡절 끝에 김 변호사 혼자만 김대중을 접견할 수 있었다. 김 변호사가 김대중을 가까이에서 만나기는 처음이었다. 그 당시의 느낌을 후일 김광일은 이렇게 술회했다.

"그래서 처음 가서 만났을 때 느낌이 마치 맹수가 사냥꾼한테 치명상을 입고 동굴 속에서 마지막 숨을 쉬는 것 같은 그런 느낌이었어요. 사실 저는 김대중 씨하고 법정에서 얼굴만 봤지 정치적으로나 개인적으로나 몰랐거든요. 동시에 내가 정치를 안 했으니까 김영삼 씨하고도 전혀 관계가 없을 때야. 단지 민주주의를 위해서 목숨 걸고 투쟁하는 분이니까 변론한 거지요. 그때 나는 이런 사람을 살려내는 게 변호사의 임무다. 내 자신이 어떤 희생을 당하더라도 이 사람을 살려야 한다고 결심했습니다."

그리고 김광일은 속기하다시피 대화 내용을 기록하여 접견록을 만들었다. 그리고 접견 후 가족들과 만났고 사무실에서 접견록을 정리하여 가족들에게 보냈다. 김광일의 접견은 한 달에 두 번씩 꼬박꼬박 이루어졌다. 이 접견을 통해 가족들의 서신을 전달하기도 하고 목사님들이 써준 기도문을 가지고 가서 기도해주기도 했다. 수감 직후부터 근 1년간 이 접견은 계속되었다.

외부와의 단절을 위해 대한민국에서 제일 구석진 교도소에 갇힌 김대중의 소식이 그렇게 해서 전 세계로 알려졌다. 일본에서는 김대중 납치사건이 일어났던 8월이 되면 "김광일 변호사에 의하면 김대중은 현재 진주교도소에서 이렇게 지내고 있다."는 식으로 보도가 나갔다.

김광일의 변호사 접견이 계속되는 동안 곤욕을 치른 것은 경찰이었다. 김광일 변호사의 관할인 서부경찰서장은 김광일을 만나 빌다시피 통사정을 했다.

"김 변호사님이 진주교도소에 가시는 것을 우리가 막을 수는 없지만, 그래도 언제 가시는지는 알고 있어야지, 몰랐다가는 우리 모가지가 달아납니다. 제발 가시는 날짜라도 좀 알려주십시오."

서장의 얘기를 들으면서 김광일은 김대중 접견에 대한 박 정권의 태도로 보아 무슨 사고를 저지를지도 모른다는 생각이 들었다. 그래서 그는 이렇게 대답했다.

"좋소. 내가 접견 가는 날짜를 알려드리겠소. 대신 나는 유서를 써놓고 갈 겁니다. 만약 남해고속도로에서 자동차 사고라도 일어난다면 그건 당신네들이 일으킨 것으로 간주하겠소."

그 이후로 김광일의 차가 진주로 갈 때는 서부경찰서의 차량이 진주까지 에스코트하고 진주 시내에서는 진주경찰서의 차량이 따라붙었다.

그렇게 하는 동안 박 정권은 여러 가지로 김광일의 접견을 막기 위한 압력을 가했다. 중앙정보부의 대북업무에 종사하던 그의 자형을 통해 그 일에서 손을 떼도록 종용하기도 했고, 그의 고교 동기이자 중앙정보부 대공수사국장을 했던 김기춘을 통해 압력을 행사하기도 했다. 그래도 안 되자 사건을 하나 만들어서 김광일을 조사하지도 않고 비밀리에 영장을 신청했다가 기각당한 일까지 있었다. 그래도 김광일은 굴하지 않고 변호사직을 걸고 김대중 접견을 계속했다. 김대중의 건강이 악화되어 그의 치료를 요구한 것도 김광일이었다. 그 결과 김대중은 서울대학 병원으로 이송되었다. 감리교의 임기윤 목사도 김대중 가족이나 측근들이 부산에 오면 위로하고 도와주었다. 최성묵과 박상도도 김광일과 함께 진주교도소로 접견을 가기도 했다. 물론 김광일 외에는 면회가 되지 않았지만.

김광일 변호사가 진주로 부지런히 면회를 다니던 1977년 4월 10일에는 중부교회 대학생 회원 김언곤(부산대 공대), 이승원(동아대 수학과)이 김대중을 면회하기 위해 진주교도소 주변을 배회하다가 진주경찰서 정보과 형사들에게 붙들려 부산시경으로 넘겨지는 사건이 일어났다. 학교당국이 학생들을 중징계하려 하자 이에 박상도가 나서서 만약 학생들을 퇴학시키면 대학을 상대로 여론몰이를 하겠다고 싸웠으나 결국 김언곤은 제적되었다.

1970년대에 전개되었던 이 모든 상황들 때문에 1980년 이른바 '서울의 봄' 시기에 부산의 재야인사들은 김대중에게 심정적으로 동조적이었다. 노경규는 직접 동교동과 연계되어 민주헌정동지회를 조직하기 시작했다. 당시 박상도는 YMCA 건물의 지하실에 있는 커피숍을 인수해서 운영하고 있었다. 노경규도 YMCA 지하에 방을 하나 얻어 활동을 시작했다.

유신체제의 붕괴로 민주화가 될 거라는 기대는 12·12쿠데타를 통한 신군부의 등장으로 점차 실망으로 바뀌어갔다. 신군부와 민주화 세력의 대치 속에 불안한 정국이 반년간 지속되었다. 이 시기에 최성묵은 동교동의 김대중 전 의원을 대구의 백현국 등과 함께 찾아가서 시국을 의논하기도 했다. 대구지역의 학생지도부와 홍정회(계명대 학생운동단체) 관련자들은 5·17 계엄확대 이후 김대중 내란음모사건과 계엄포고령 위반으로 체포되어 특히 김대중, 최성묵의 관계와 그 지령을 자백하라고 혹독한 고문을 받았다.

31

5·18민중항쟁의
발발

　　　　　　　신군부는 12·12사태로 군권을 탈취한 후 정권 탈취를 위한 기회를 호시탐탐 노리고 있다가 학생들이 시위를 자제한 5월 17일 자정을 기해 전격적으로 쿠데타를 감행하였다. 비상계엄을 전국으로 확대하고, 국회를 해산했으며 정치인, 재야인사, 학생운동 지도자들을 무더기로 검거했다. 신군부가 5·17쿠데타를 일으키면서 가장 많은 병력을 집중하고 무자비한 탄압을 가한 곳이 광주였고, 그에 대해 가장 첨예한 저항이 일어난 곳도 바로 광주였다. 신군부의 쿠데타를 온몸으로 받아낸 곳이 광주였지만 광주는 고립되어 있었다. 광주의 시민들이 계엄군과 목숨을 건 투쟁을 벌이고 있을 때 부산도 전국의 다른 도시와 마찬가지로 계엄군과 경찰의 삼엄한 경계 속에서 시민들은 숨을 죽이고 있었다. 그 시기에 과연 광주에서 무슨 일이 일어나고 있는지조차 일반 시민들은 가늠하기 어려웠다. 계엄하의 언론은 신군부가 조작한 대로 광주의 항쟁을 폭도들의 난동으로 보도했기 때문이다. 그러나 부산 시민 중에서 일본의 텔레비전을 수신한 사람들은 광주의 상황을 비교적 객관적으로 알 수 있었다. 부산은 일본과 가까운 관계로 일본 텔레비전 방송의 수신이 가능했기 때문이다.

　5·17계엄확대라는 신군부의 쿠데타는 민주세력에 대한 대대적인 예비검속으로 시작되었다. 부산에서도 5월 17일 자정을 기해 계엄합수부가 학생운동 지도부에 속하는 인물들과 일부 재야인사를 우선

적으로 검거했다. 50명 정도의 학생들이 한 밤중에 검거되어 망미동에 있던 보안부대(부대명 삼일공사) 지하실에 수용되었다. 군인들은 검거된 학생들이 들어올 때부터 불문곡직하고 소총의 개머리판 등으로 개 패듯이 구타했다. 초주검이 되도록 맞은 학생들은 지하실에 있는 강당 같은 공간에 놓여진 철제의자에 꼼짝 못하고 앉아 있으면서 조사를 받았다. 부산대, 동아대 학생들뿐 아니라 동아대학교의 김민남 교수도 끌려와 군인들에게 무자비하게 구타를 당했다.

한밤중에 연행되어 온 정외영은 여러 가지 요구에 시달렸는데 수사관들은 최성묵이 학생들의 반정부투쟁을 선동했다는 진술을 하도록 강요했다. 그러나 정외영은 끝끝내 그것은 자의에 의한 것이며 최 목사의 선동은 없었다고 버텼다.

중부교회 청년회원 조태원은 김대중내란음모사건의 혐의자로 지목되어 연행되었다. 그는 10·26사건 이후 동교동 김대중 씨 자택을 후배들과 같이 방문한 적이 있었다. 또한 노경규 선생과도 가까운 사이였기 때문에 김대중과 연결하기 좋은 조건이었다. 계엄합수부는 구타와 우격다짐으로 조태원을 김대중내란음모사건의 일원으로 만들어버렸다. 심지어 받지도 않은 돈 30만 원을 김대중에게 받았다고 신문에 멋대로 보도해버렸다. 하지만 정작 조태원의 심문조서에는 그런 사실이 기재되어 있지 않았다. 김대중 씨를 한 번 만난 사실만으로 그는 내란음모에 가담한 것으로 되어 버렸던 것이다. 그 과정에서 조태원은 너무 심하게 구타를 당해 다리가 평소의 두 배쯤 부어올랐다. 다행히 다리뼈는 부러지지 않았지만 다리 전체가 시커멓게 멍이 들고 걸을 수도 없었다. 수사관들도 안 되겠다 싶었던지 그를 망미동에 있는 국군통합병원으로 보내 치료를 받게 했다. 주사를 맞고 연고를 바르는 등의 치료를 받으면서 조태원은 병원에서 의무병으로 근무하는 지인을 우연히 만나게 되었다. 그는 서울의 경서교회를 다니던 대학생이었는데 1979년 여름방학 때 경서교회와 중부교회의 청년회가 합동수련회를 할 때 인사하고 알게 된 사이였다. 그 의무병은 조태원의 상황을 집과 중부교회에 알렸고 그 이야기가 와전되어 조태원이 계엄사에 연행되어 맞아 죽었다는 소문이 퍼지기도 했다.

한편 예비검속을 피한 부산의 민주화운동가들은 광주에서 일어난 거대한 5·18민중항쟁이 고립 속에서 패배해가는 상황을 막아보려고 고심했지만 서울 등 다른 지역과 마찬가지로 이미 신군부의 기선에 제압당한 상황에서 강력한 저항을 조직할 수 없었다. 하지만 신군부의 쿠데타를 규탄하고 5·18민중항쟁의 진상을 폭로하는 유인물을 배포하거나 시위를 계획하다 체포되기도 했다.

5월 19일 하오 7시경 부산대학생 노재열, 김영, 배정렬, 남경희 등이 신군부의 쿠데타를 규탄하는 유인물을 광복동 일대에서 살포하였다. 노재열은 미화당 백화점에서, 김영과 남경희는 부영극장에서, 배정렬은 구둣방 골목을 맡았다. 노재열과 배정렬은 현장에서 살포 후 체포되지 않고 피신했으나, 김영과 남경희는 체포되었다. 김영은 현장에서 계엄군에게 피투성이가 되도록 구타를 당하고 노재열의 집까지 끌려갔다가 삼일공사에 구금되었다. 김영과 남경희는 삼일공사에서 고초를 겪은 후 김영은 강제징집되고 남경희는 훈방되었다.

같은 날 저녁, 부산대학생 강용현과 영도에서 함께 야학활동을 하던 이우주는 의기투합하여 민주화를 요구하는 유인물을 제작하여 광복동으로 나갔다. 그러니 군경의 경계가 워낙 삼엄하여 살포하지 못하고 정황을 살피던 중 계엄군의 불심검문에 걸려 강용현은 도피하고 이우주는 체포되어 역시 삼일공사로 끌려가 고초를 겪었다.

또한 5월 20일 이후 5월 25일 사이에 김재규가 이끄는 일단의 청년 그룹이 두 차례에 걸쳐 도심에서 5·18항쟁의 진상을 폭로하고 신군부와 계엄군이 광주에서 저지른 만행을 규탄하는 유인물을 살포하였다. 당시는 5·18항쟁의 진상조차 알기 어려웠다. 부산대학 출신으로 가톨릭농민회 경남 총무였던 이병철이 김재규 등을 만나 광주 시민이 고립 속에서 죽어가게 해서는 안 된다고 주장했다. 김재규는 당시 발행된 〈뉴스위크〉지를 입수했다. 국내 언론은 보도통제로 거의 보도가 안됐지만 〈뉴스위크〉지에는 계엄군이 시민을 폭행하는 사진과 함께 진상을 알려주는 기사가 실려 있었다. 그 기사를 토대로 광주에서 학살을 자행하는 계엄군의 만행을 폭로하고 부산시민들이 궐기하자는 내용의 유인물을 제작했다. 이 유인물을 2차에 걸쳐 살포했는데 서면 일대에 1회, 남포동, 광복동 일대에 1회 살포했다. 다행히 김재규 그룹의 활동가들은 검거되지 않았다. 박행원은 엠네스티 활동 등이 문제시되어 삼일공사에 연행되어 고초를 겪었으나 유인물 살포는 드러나지 않았다. 이 투쟁에 참여했던 사람들은 김재규, 문정현, 박찬성, 박행원, 허진수, 박홍숙, 손정엽, 진기순, 고복희(김재규 부인), 고호석, 송병곤 등으로 부산양서협동조합의 조합원들이 많았다. 그들은 대개 남녀 2사람이 1조가 되어 건물 위에서 뿌리기도 하고 혹은 시내버스 환기통 위에 유인물을 놓고 버스가 출발하기 직전 내려서 사라졌다. 그러면 달리는 시내버스 위에서 유인물이 바람에 날려 자연스레 뿌려졌다.

다른 한편 동아대 출신의 신종권을 중심으로 하는 그룹의 투쟁 기도가 있었다. 당시 신종권은 영남상고의 교사였다. 그는 동아대 재학

중에 동아독서회라는 서클을 조직하여 지도했고 졸업 후 교사로 있으면서도 후배들과 연결을 갖고 있었다. 5·18항쟁이 일어나자 신종권은 후배들과 논의하여 부산에서 고신대, 수산대 등과 연계하여 시위를 조직하기로 결심했다. 시위에 쓸 유인물도 제작하고 25일경 시위를 벌일 계획을 진행하던 중 23일경 정보가 누설되어 신종권이 계엄합수부에 체포되었다. 이후 그의 친구인 이광호, 후배 이평수, 정덕오 등 모두 6명이 검거되어 삼일공사에서 고초를 겪었는데 신종권은 군법재판에 회부되었고 다른 사람들은 모진 시달림을 받다 겨우 방면되었다.

증부교회의 집사이자 부산도시산업선교회 총무 박상도는 김현장과의 관계 때문에 피신해야 할 상황에 놓이게 되었다. 박상도와 친분이 있던 광주의 김현장은 5·18현장의 아비규환 속에 있었다. 그는 눈물을 흘리며 현장 속에서 계엄군의 만행과 시민들의 비참한 죽음을 지켜보면서 이 상황을 다른 지역에 알려야 한다고 생각했다. 그는 필사적으로 계엄군의 포위망을 뚫고 나와 먼저 전주로 갔다. 거기서 그는 광주의 참상을 알리는 유인물을 제작하여 여러 곳에 배포했다. 그는 전주의 노동일에게 부탁하여 유인물을 가지고 부산에 가서 박상도에게 전달해달라고 부탁했다. 노동일은 유인물을 소지하고 시외버스를 타고 부산으로 가던 중에 거창에서 계엄군의 검문에 걸려 체포되었다.

노동일을 취조한 계엄군은 그 유인물을 전달받을 인물이 박상도라는 것을 알아내고 바로 부산 계엄사로 연락하여 체포에 나섰다. 수사관들은 먼저 박상도의 집을 덮쳤다. 그때가 5·18항쟁이 막바지로 치닫던 1980년 5월 25일 일요일 아침이었다. 그때 박상도는 집을 나서 중부교회로 향하던 중이었다. 교회로 갔다는 식구들의 말을 듣고 수사대는 차를 타고 바로 중부교회로 가서 박상도를 찾았다. 당연히 교회가 발칵 뒤집혔다. 그때 박상도는 아직 교회에 도착하지 않았다. 그 와중에 교인 한 사람이 몰래 교회를 빠져나와 책방골목 어귀에 서서 박상도가 오기를 기다리고 있었다. 박상도가 나타나자 그는 황급히 손짓을 하면서 군인들이 잡으러 왔으니 빨리 피신하라고 말해주었다. 박상도는 바로 발길을 돌려 서울로 피신했다.

최성묵은 일요일 오전 예배 전에 박상도에 대한 당국의 추적을 보고 신변의 위험을 직감했다. 하지만 태연히 오전 예배를 집전했다. 그리고 점심을 먹은 후 김순이에게 아무래도 사태가 심상치 않으니 몸을 피해야겠다고 말한 후 간단한 여장을 꾸려 서울로 향했다. 나중에 알았지만 김광일 변호사도 신변의 위협을 느껴 일단 피신했던 상황이었다. 신군부는 6월 17일 부정축재, 국기문란, 시위주도, 배후조종 등의 혐의로 정치인, 교수, 목사, 언론인, 학생 등 329명의 민주인사들에게 지명수배를 내렸으니 최성묵의 예측은 틀리지 않았다.

32

뇌졸중으로
쓰러지다

서울에 올라간 최성묵은 중앙대 교목실장을 하던 허민구 목사와 금영균 목사 등을 만나 을지로에 있는 어떤 여관에 들어 밤을 새워 시국을 토론하고 나라의 앞날을 걱정했다. 온 나라가 군홧발에 짓눌려 광주에서는 무고한 시민들이 학살당하고 있는데 체포를 피해 피신은 했지만 몸과 마음이 한없이 답답하고 암울했다. 그는 하느님께 이 민족과 민중의 고통을 굽어 살펴달라고 간구했지만 당장 눈앞의 현실이 달라질 수는 없었다.

다음 날 저녁 마포에 있던 지인의 아파트에서 최성묵과 허 목사, 금 목사가 함께 늦은 시간에 술자리를 가졌다. 최성묵은 허탈한 마음에 맥주를 꽤 마시고 젓가락 장단을 맞추며 노래를 부르기 시작했다. 그런데 음정도 가사도 틀린 노래를 얼마 부르지 못하고 그는 이내 쓰러져 자기 시작했다. 그렇게 자고 다음 날 아침이 되었다.

그때 박상도는 서울에 있는 김성재의 집에 있었는데 밤에 차선각이 전화연락을 했다. 최 목사가 허민구 목사와 술을 한잔 하고 YMCA호텔에서 주무시기로 했으니 아침에 가서 만나라고 했다. 다음 날 아침, 박상도가 호텔방으로 갔더니 최성묵은 침대에 일어나 앉아 있다가 반가워하면서 어이, 하고 손을 드는 순간 쓰러지고 말았다. 수배 중인 상태에서 아무 병원에나 갈 수도 없어 난감하던 중 마침 이규상 목사의 도움으로 캐나다 선교사와 직통전화기 되어 급히 택시를 불러 세브란스병원에서 응급처치를 하고 입원시켰다. 당시 세브란스병원 내과의 혈압 권위자 이웅구 박사는 최성묵이 조금만 늦었으면 사망했을 것이라고 했을 만큼 위급한 상황이었다. 참으로 아슬아슬하게 생사의 위기를 넘긴 것이다.*

박상도는 최성묵의 곁을 떠날 수 없어 이틀간 세브란스병원 건물 밖 벤치에서 잠을 잤다. 그때가 6월이라 그나마 밤이슬을 견딜 수 있었다. 그러나 아무래도 제대로 간호를 하자면 가족이 와야 할 것 같아 김순이에게 연락했고 사흘째 되는 날 그녀가 세브란스병원으로 왔다. 그러나 세브란스병원에도 오래 있을 수가 없어 퇴원하고 서울에 있는 최성묵의 누님집 근처에 방을 얻어 김순이가 간호하기로 했다. 최성묵의 누님 최성란은 당시 서울에서 교편을 잡고 있었다. 당시는 수상한 자는 무조건 신고하라고 방송할 때라 방을 구하기도 어려웠다. 그래서 최성란이 근무하는 학교의 동료 교사 집의 방을 얻었다. 병원에서 퇴원할 당시에 최성묵은 보행도 못하고 누워 있었으나 김순이의 헌신적인 간호로 서서히 회복되어갔다.

박상도는 서울에서 거의 한 달간 수배를 피해 숨어 다녔다. 하지만 특별히 지은 죄도 없는데 기약 없는 피신생활을 계속한다는 것도 너무 힘들었다. 박상도는 일단 부딪쳐보기로 했다. 그래서 부산의 차선각과 연락해서 관할 경찰서인 동부경찰서로 자수하는 형식을 취해 출두하기로 했다. 그래서 부산 동부경찰서의 형사 이대규와 차선각이 서울 YMCA 사무실로 박상도를 데리러 왔다. 그는 부산에 오던 길로 망미동 삼일공사로 연행되었다. 그때가 1980년 6월 14, 5일경이었고 7

---

* 당시 세브란스병원에 입원할 때 신분의 노출을 염려하여 다른 사람의 이름으로 등록하였다. 이 때문에 병원의 치료기록도 본인의 이름으로 남은 것이 없이 후일 민주화운동 보상 등에서도 제외되었다.

월 16일경 석방될 때까지 약 한 달간 그 곳에서 호된 고초를 겪었다. 처음에 들어가자 수사관 하나가 그를 인계하여 고문실 한 곳으로 데려갔다. 그 방에는 전기고문을 하는 의자가 놓여 있었다.

"저 의자가 뭔지 아나? 저게 김창룡 특무대장이 빨갱이들 고문하던 전기고문의자다. 당신도 순순히 불지 않으면 성한 몸으로 나갈 수 없을 거니까 각오하라구."

그 자가 이런 식으로 협박을 하자 박상도는 화가 솟구쳤다.

"아니, 불법적으로 계엄을 확대한 건 당신들이지 않소? 왜 죄 없는 사람을 잡아놓고 이런 협박을 하는 거요?"

그러면서 둘 사이에 언성이 높아졌고 분위기가 험악해졌다. 그러자 고위층인 듯한 군인이 나타났다. 그가 망미동 삼일공사의 사장 즉 보안사령부 부산분실의 책임자인 백 대령이었다. 백 대령은 그 자리에서 수사관을 호되게 질책했다. 그러면서 박상도에게 부하의 무례함을 정중하게 사과하면서 염려하지 말고 조사에 협조해달라고 부드럽게 말했다.

박상도가 보안대에서 받은 조사의 내용은 물론 과거의 활동에 대한 것이었다. 특별히 범죄를 구성할 만한 내용도 없었지만 그들은 부산 민주화운동 세력의 실체를 파악하기 위한 목적인 듯 온갖 것을 다 들추어내었다. 하지만 그는 적절히 잘 대응해나갔기 때문에 큰 문제는 없었다. 가끔 한 번씩 야간에 백 대령이 그를 불러내었다. 백 대령의 방에 들어가 보면 근사한 술상이 놓여 있고 백 대령의 맞은 편에는 동명목재 강석진 회장의 아들 강정남이 앉아 있었다. 당시 동명목재는 신군부에 의해 해체의 위기를 맞고 있었고 재산의 강제헌납을 강요받던 중이었다. 재벌 회장의 아들이 구금되어 있다 보니 당연히 회사에서 손을 썼을 터였다. 떡 벌어진 술상도 그렇게 마련된 것으로 짐작되었다. 백 대령은 박상도에게 술을 권하며 말했다.

"우리도 위에서 하라니까 어쩔 수 없이 하는 거지 좋아서 하는 건 아닙니다. 그렇지만 우리 전두환 장군께서는 추호도 정치할 뜻은 없으십니다. 그저 지금 정치가 너무 혼란하니까 혼란을 수습하려고 나선 것이고 혼란만 수습되면 민주화될 것입니다."

박상도는 이런 얘기를 진지하게 하는 백 대령이 순진한 건지, 간교한 건지 분간이 안 될 정도였다. 물정 모르는 소리를 되뇌던 백 대령은 얼마 안 돼 군복을 벗었다. 그가 전두환과 가까웠던 윤필용을 취조한 경력이 있다는 사실이 괘씸죄에 걸렸다는 후문이었다.

33
임기윤 목사의
의문사

박상도가 삼일공사에서 근 한 달간의 조사를 마치고 나온 지 3일쯤 후인 1980년 7월 19일에 임기윤 목사, 이흥록 변호사 등이 삼일공사에 출두했다. 임 목사는 감리교 제일교회 목사로서 부산 민주화운동의 또 하나의 버팀목이었다. 그는 1976년 부산의 신구교가 연합하여 창립한 교회인권선교협의회의 회장을 맡기도 했다. 그때 부회장을 최성묵과 송기인 신부가 맡았다. 이흥록의 기억에 의하면 계엄합수부의 공문을 받고 삼일공사 앞에 가니 임기윤 목사도 거의 같은 시각에 도착했다. 삼일공사에 이흥록과 같이 들어간 사람은 임기윤 목사 외에 야당 인사, 신문기자가 각 1명씩이었다. 군인의 안내로 건물 구내로 들어가니 군인들은 그들의 사복을 벗게 하고 군복으로 갈아입혔다. 그리고 지하실로 데리고 들어가서 철문을 열고 한 명씩 방 안에 구금했다. 각 방의 철문 앞에는 착검한 엠원(M-1) 총을 들고 군인들이 지키고 있었고 수사관이 각 방에 한 명씩 배치되어 있었다. 이홍록을 담당한 수사관은 나라가 부강해지기 위한 방안을 쓰라는 등 엉뚱한 과제를 부과했다. 조사가 목적이 아니라 재야인사들에게 겁을 주기 위한 게 아닌가 하는 생각이 들었다.

이홍록의 바로 옆방에는 임기윤 목사가 있었다. 토요일에 들어와서 첫날밤을 조사실 안에서 자는데 임 목사 방에서 기도소리가 들려왔다. 자세한 내용은 알아들을 수 없지만 "주여, 주여" 하며 분노의 목소리로 하느님께 간구하는 그런 느낌의 기도 소리가 들려왔다. 간헐적으로 이어지는 기도소리를 숙연한 마음으로 듣고 있다가 잠이 들었다. 이튿날 일요일 아침에 이홍록은 임 목사를 화장실에서 만났다.

"아이고, 목사님 잘 주무셨습니까? 일요일인데 예배도 인도 못하시고 어떻게 합니까?"

"예, 세월이 이러니 어떡합니까? 이 변호사께서는 건강이 괜찮으십니까?"

이런 식으로 인사하고 다시 각자의 방으로 들어갔다. 일요일이 지나고 그 다음 날인 월요일 아침에 임 목사가 쓰러져서 병원으로 후송되었다는 소식을 들었다. 이홍록으로서는 그 사이에 옆방에서 무슨 일이 있었는지, 임 목사가 왜 쓰러졌는지 알 수가 없었다. 분명한 것은 삼일공사 측에서 당혹해하는 기색이 역력했다. 수감자에 대한 처우도 대폭 완화되었다. 분위기도 훨씬 부드러워졌고 수감자들이 함께 식사를 하는 것도 허용되었다.

임 목사의 장남 임정식은 부마항쟁 때 경찰에 체포되어 곤욕을 치르고 풀려나왔다. 그가 특별히 그럴 만한 위치에 있거나 행동을 한 것도 아니어서 임 목사의 아들이라는 점 때문에 당한 보복적인 구금의 의혹이 짙었다. 임정식은 5·17쿠데타가 나자 또다시 계엄합수부에 의해 예비검속을 당했다. 임정식은 5월 17일 밤에 끌려갔는데 삼일공사에 들어가자마자 무자비한 구타를 당했다. 그는 당시 부산의대 2학년이었고 어려운 의학공부에 몰두하느라 집회에도 한 번 참가한 일이 없었다. 삼일공사 지하실에 들어가니 수십 명의 학생들이 붙잡혀와서 고통을 받고 있었다. 그에게는 조사도 없었고 이름도 계급도 알수 없는 군인이 나와서 말도 안 되는 훈시를 하고 철제 의자에 앉혀 잠도 재우지 않았다. 노래를 부르라고 시키고는 노래 가사 중에 붉은색과 관련된 단어가 나오면 빨갱이라고 몰아붙이는 어이없는 짓을 하기도 했다. 다행히 그는 사흘 만에 방면되어 나왔는데 7월 19일에 부친 임 목사가 같은 곳으로 불려갔던 것이다.

그로부터 사흘 후인 7월 21일, 삼일공사에서 임 목사 사모께 전화를 해서 임 목사가 쓰러졌다고 전했다. 어디에 계시냐고 물으니 아들이 알 거라고 했다. 임정식이 어머니를 모시고 삼일공사 옆의 국군통합병원으로 가니 임 목사는 기도에 관을 꽂은 채 혼수상태에 빠져 있었다. 사모는 간호대학을 나온 간호사였다. 임 목사의 몸 상태를 꼼꼼히 살폈다. 그리고 병상에 누워 있는 임 목사의 뒷머리 왼쪽 부분이 3센티 가량 찢어져 있었고 피가 말라붙어 있음을 발견했다. 임 목사는 부산의대병원 중환자실로 옮겨졌으나 7월 26일 운명했다. 사인은 뇌출혈이었다. 가족들은 당연히 타살 의혹을 제기했다. 하지만 삼일공사 측은 이를 극구 부인하면서 가해 사실은 없었고 임 목사가 평소에 혈압이 높아서 일어난 일이라고 변명했다. 그러나 당시 임 목사는 수시로 혈압과 당뇨 등을 체크했지만 문제가 없었고, 건강하게 생활하고 있었기 때문에 고혈압으로 인한 뇌출혈이란 주장은 근거가 희박했다. 사인을 둘러싸고 의혹과 시비가 일자 부검을 하기로 했다. 부검에는 사모가 입회하지 않고 임정식의 6촌 형이 가족 대표로 들어갔는데 그는 군대의 문관으로 근무하고 있었다. 부검의의 소견에 제대로 이견을 제기할 수 있는 사람이 없었다. 부검 결과는 외부의 가해가 없다는 결론으로 끝났다. 상황은 엄격히 통제되었고, 신문기자도 접근을 못했다. 감리교단 측에서도 여러 목사님들이 모여들어 애통해했지만 삼일공사 측의 가해 사실을 명백히 밝혀내지 못하는 상황에서는 어떤 행동도 할 수 없었다. 장례식 날짜도 이미 잡아놓은 상태였고 부검 결과를 놓고 싸우기에는 상황이 너무 어려웠다. 민주세력은 모두 감옥에 있거나 지하로 피신한 상태였고, 대학도 교회도 야당도 모두 강요된 침묵 속에 갇혀 있었다. 가족들은 피눈물을 삼키면서 임 목사의 장례식을 치를 수밖에 없었다.

임 목사의 죽음은 오랫동안 의문사로 남아 있다가 김대중 정부가 들어선 후 설치된 의문사진상규명위원회에서 사인 규명에 들어갔다. 하지만 의문사진상규명위원회에서도 사인은 여전히 규명되지 못했다. 그 후 임 목사는 5·18특별법에 의한 5·18희생자로 인정이 되었다. 그래서 임 목사의 유해를 수습하여 국립 5·18묘역으로 이장(移葬)을 하게 되었다. 그런데 5·18묘역에서 이장을 전문적으로 하는 분들이 임 목사의 두부(頭部) 쪽의 유골을 보고는 외부의 충격이 있었던 흔적이 분명하다고 말했다. 외부 충격이 확인되는 부분은 임 목사 사모가 출혈이 있었음을 확인했던 부위와 일치했다. 이장 전문가들의 관찰과 판단이 옳다면 1980년 당시의 부검은 엉터리였음이 분명하지만 유족들은 그 문제를 더 이상 거론하지 않고 덮어두었다.

임 목사의 죽음 때문에 일시 당혹스러워했던 계엄 합수부는 사건을 의도한 대로 통제함으로써 곤경을 벗어났지만 더 이상 재야인사들에 대한 수배와 구금을 계속하기 어려웠다. 그런 분위기 속에서 최성묵은 다시 중부교회로 돌아올 수 있었다. 하지만 상당 기간 동안은 뇌졸중의 후유증으로 거동이 부자유스러운 상태로 생활할 수밖에 없었다. 식사와 화장실 출입도 힘들었다. 그는 이를 악물고 고통을 참으며 하느님께 간절히 기도했다.

그는 건강이 회복되는 대로 교회 일을 보기 시작했다. 그러나 수배 중에 얻은 병으로 최성묵은 수년 동안 한두 달에 한 번씩 세브란스병원으로 통원치료를 받으러 가야 했고 평생 혈압약을 먹어야 했다. 조금만 과로해도 오른쪽 다리를 절었다. 의사들은 그에게 민주화운동을 그만두고 목회에만 전념하라고 권했지만 그는 결코 그렇게 할 수 없었다.

34

부림사건

       광주학살의 피비린내를 풍기며 권력을 탈취한 전두환 등 신군부 집단은 처음부터 철권통치를 자행하였다. 그들은 국가보위비상대책위원회(약칭 국보위)라는 초법적 비상기구를 설치하고 국정 전반에 걸쳐 무소불위의 권력을 휘둘렀다. 신군부는 권력기반을 구축하기 위해 공직자 숙정, 중화학공업 투자 재조정, 졸업정원제 실시, 과외금지, 출판 및 인쇄물 제한, 삼청교육의 실시 등 사회 전반에 걸쳐 대대적이고 폭력적인 재편을 실시했다.

   또한 민주화운동세력을 제거하기 위해 1980년 7월 '김대중 일당의 내란음모사건'을 조작, 발표했다. 이 사건은 5·18학살의 책임을 김대중 등 민주세력에게 뒤집어씌우려는 음모였다. 민주인사들에 대한 대대적인 수배, 검거, 구금, 투옥, 고문이 자행되었다. 1980년 7월부터 12월까지 시행된 이른바 '정화조치'로 많은 노동조합 지도자들이 체포되거나 해고되었다. 1970년대 민주노조운동의 선두주자였던 원풍모방, 콘트롤데이타, 반도상사, 대한전선, 청계피복 등의 노조 지도자들이 삼청교육대에 끌려가기도 했다.

   권력기반 구축에 성공한 신군부는 허수아비나 다름없는 최규하를 압박하여 하야시킨 후 1980년 9월 유신헌법에 의한 통대선거에서 총 2,525명 중 2,524명의 찬성과 1명의 무효표로 전두환을 11대 대통령에 당선시켰다. 전두환은 취임 후 개헌심사위원회를 발족, 개헌에 착수하여 이른바 제5공화국 헌법개정안을 1980년 9월 29일에 공고하였다. 이 헌법안은 대통령의 임기를 7년 단임, 중임 금지로 제한하고, 국회의원 1/3을 대통령이 추천하던 제도를 폐지하는 등 형식적으로는 유신헌법의 독소 조항을 일부 수정한 듯 했지만 대통령 간접선거, 전국구 배분에서 집권당의 독점적 배정권, 대법원장과 대법원 판사에 대한 대통령의 실질적 임명권 등 군사독재를 위한 악법이었다. 전두환 정권은 이 헌법개정안을 1980년 10월 22일 국민투표에 회부하여 확정했는데 95.5%의 투표율과 91.6%의 찬성률을 기록하였다. 계엄령이라는 군사적 억압 상황 아래서 관권을 총동원하여 치러진 국민투표라는 것이 진정한 민의와는 아무런 상관이 없는 조작임은 두말할 필요가 없을 것이다.

이 헌법에 따라 전두환은 국회, 정당, 통일주체국민회의를 해산하고, 국가보위입법회의라는 기관을 설치, 국회를 대신하게 했다. 국가보위입법회의는 전두환이 임명한 81명으로 구성되었는데 11대 국회가 개원하기까지 156일간 215건의 안건을 접수하여 100% 가결했다. 이 기간 중에 기성 정치인의 활동을 8년간 금지하는 '정치풍토 쇄신을 위한 특별법안' 등을 비롯한 온갖 악법이 양산되었다. 1980년 11월 12일 전두환 정권은 정치인 835명을 정치규제 대상자로 발표했고 이 중 569명이 재심을 청구해 268명이 구제되었다. 이 과정에서 전두환 정권은 구제 대상자들에게 제5공화국 헌법안에 대한 찬성의 글을 언론에 게재토록 하는 충성도 테스트까지 했다.

이렇게 기존의 정치판을 완전히 초토화한 후에 1981년 1월 15일 전두환 정권은 신군부 인사, 유신체제 인사 등을 주축으로 민주정의당(약칭 민정당)을 창당하고 전두환을 총재로 선출했다. 민정당의 창당 작업은 1980년 9월 초부터 진행되었고 처음부터 신군부세력이 실권을 상악했다. 전두환 정권은 야당의 창당도 주도했다. 민정당 창당 이틀

후 유치송을 총재로 한 민주한국당(약칭 민한당), 그 일주일 후에는 김종철을 총재로 한 한국국민당(약칭 국민당)이 창당되었다. 민정당은 보안사령부가, 민한당과 국민당은 중앙정보부가 실질적으로 창당 작업을 한 완전한 관제 야당이었다.

이러한 정지작업이 끝난 후 1980년 2월 2일 제5공화국 헌법에 의한 대통령 간접선거가 실시되었다. 선거는 철저히 각본에 따라 진행되었다. 박정희 한 사람이 입후보하여 당선되었던 유신체제하의 대통령 선거와 달랐던 점은 전두환 외에 민한당의 유치송, 국민당의 김종철, 민권당의 김의택이 들러리로 나섰다는 것뿐이었다. 전두환은 90.2%를 얻어 1981년 3월 3일 제12대 대통령에 취임하였다.

1980년 3월 25일에는 제11대 국회의원 선거가 실시되었는데 선거 결과 민정당 151석, 민한당 81석, 국민당 25석이었다. 전두환은 행정부와 국회, 사법부까지 확고히 장악한 독재권력을 구축했다. 제5공화국이란 유신체제가 간판만 바꿔 단 것에 지나지 않았다.

이 과정에서 한국사회 전체가 폭력에 의한 왜곡을 경험했다. 전두환 정권은 집권 초기부터 잠재적 도전세력을 거세하기로 작정하고 전국에 걸쳐 용공조작사건을 만들었다. 1981년 7월 7일에 터진 무림사건, 8월 31일의 아람회 사건과 오송회 사건, 불꽃회 사건, 금강회 사건, 횃불회 사건, 한울회 사건 등이 모두 유사한 사건이었다.

부산에서는 1981년 9월 이른바 '부림사건'이 터졌다. 이 사건은 부산의 학생, 종교, 재야세력을 망라한 22명을 검거하고 이들이 사회주의 혁명을 기도했다고 기소한 사건이다. 경찰은 수사과정에서 이들에게 무자비한 고문을 가하여 거짓 자백을 받으려 했다. 그러나 그 내용은 너무나 엉성하게 조작된 것이었다. 이 사건에 연루된 이들은 대

개 1970년대 중부교회와 양서협동조합과 관련한 사람들로서 최성묵과 가까운 사람들이 많았다. 최성묵은 이들의 가족들과 함께 석방운동에 적극 나섰다. 이 사건에서 노무현 변호사가 변론을 맡아 법정에서 맹활약을 한 것은 잘 알려진 사실이다.

부림사건의 경과는 이러했다.

1981년 7월 7일 송병곤 등이 먼저 경찰에 구금되어 혹독한 고문을 받았다. 이후 부산의 청년 운동가들이 속속 검거되기 시작했다. 9월 7일 이상록, 고호석, 송세경, 설동일, 송병곤, 노재열, 김희욱, 이상경 등 8명이 1차로 구속되었다. 10월 15일 김재규, 최준영, 주정민, 이진걸, 장상훈, 전중근, 박욱영, 윤연희 등 8명이 2차로 구속되고, 도피중이던 이호철, 설경혜, 정귀순 등 3명이 이듬해 4월에 구속되었다. 그리고 시위 중 구속된 김진모, 최병철, 유장현, 김영 등이 추가로 구속되었다.

부산의 경찰, 정보기관은 부마항쟁 당시 부산의 민주화운동 세력을 파악하고 있었는데 대탄압의 기회가 10 · 26정변으로 무산된 후 다시 한 번 대대적인 탄압을 벼르고 있었다. 거기에 전두환 정권이 들어선 1981년 봄 학기가 되어 부산대학교에서 4월과 6월에 잇달아 반정부 시위가 일어나자 그들의 촉각은 더욱 곤두섰다. 또 1981년 6월에 적발된 전국민주학생연맹, 전국민주노동자연맹 사건에서도 부산과 연루된 정황이 드러나는 등의 요인들이 겹쳐 부산지역의 사회운동 세력에 대한 경찰의 기획수사가 시작된 것이었다.

경찰은 부산지역의 학생운동, 청년운동, 노동운동, 종교운동 등의 영역에서 활동하는 운동가들을 하나의 조직으로 묶어 국가보안법 위반 사건을 만들고자 했다. 하지만 연루된 운동가들은 평소 교류와 협의, 협조는 있었지만 조직적 관계는 아니었기 때문에 애초부터 그런 시도는 무리한 것이었다. 고문과 조작은 무리한 시도를 짜 맞추기 위해 동원될 수밖에 없었다. 경찰은 그들을 사회주의를 위한 투쟁 단체의 조직원으로 설정하고 그런 자백을 받아내기 위해 통닭구이 등 갖가지 고문을 가했다. 이러한 사실들은 나중에 변호사 접견이나 공판 과정에서 밝혀지면서 인권 탄압에 대한 거센 비난여론을 일으켰다. 경찰은 그들이 주장하는 반국가단체의 이름을 '부림(釜林)'이라 붙였다. 서울의 '학림(學林)사건', '무림(霧林)사건' 등과 같은 명명 방식이었다. 이른바 '부림 사건'의 실체는 그렇게 엉성했지만 5공의 경찰과 검찰은 아랑곳하지 않고 밀어붙였다.

부산의 활동가들이 부림사건으로 구속되자 가족들은 적극적으로 석방운동에 나섰다. 김재규의 모친 오수선, 송병곤의 모친 정영옥, 최준영의 부인 홍점자, 송세경의 부인 구성애 등은 다른 가족들을 규합하여 구속자들을 위한 투쟁을 필사적으로 펼치기 시작했다. 거의 모든 사회운동이 탄압의 광풍으로 초토화된 상황에서 가족들이 나설 수밖에 없는 상황이었다.

사건 초기에 가족들은 구속자들이 어디에 구금되어 조사를 받고 있는지도 알 수 없었다. 그때 김희욱의 부인 김분희가 구속자들이 부산역 부근의 '내외문화사'라는 곳에 있다는 것을 알아냈다. 그 정보를 듣자 가족들은 곧 그곳으로 달려갔다. '내외문화사'는 경찰이 운영하는 대공분실을 기업체처럼 위장한 상호였다. 가족들이 내외문화사 건물로 들어가니 사복을 입은 남자들이 가족들을 막아섰다. 직감적으로 사복형사들임을 알 수 있었다. 그들은 이곳은 경찰이 아니고 건설회사라고 둘러대면서 가족들을 밀어냈다. 가족들은 내 자식, 남편을 내놓으라고 소리치면서 형사들과 싸웠다. 홍점자는 건물 구조를 살펴보니 2층으로 올라가는 계단이 보이고 구속자들이 2층에 있을 것 같은 느낌이 들었다. 다른 가족들이 형사들과 승강이를 벌이는 사이에 홍점자는 급히 계단을 뛰어 올라가면서 소리를 질렀다. 예상대로 2층에는 복도 양쪽으로 문이 잠긴 취조실이 쭉 늘어서 있었다.

"병곤아! 어디 있니? 느그 엄마도 왔다."

"여보, 내가 왔어요. 어디 있어요?"

"세경 씨! 어디 있어요? 구성애 씨도 같이 왔어요."

홍점자가 집이 떠나갈 듯이 소리를 치자 구성애도 뛰어와 가세했다. 형사들은 놀라서 급히 그들을 끌어내렸다. 그 사이에 외침 소리는 계속 건물 속에 울려 퍼졌다.

취조실에서 모진 고문에 시달리며 거의 포기 상태에 있던 구속자들은 그 소리를 듣고 깜짝 놀라 정신을 차리고 용기를 얻었다. 구속자들은 자신이 어디서 어떤 고문을 받고 있는지 가족조차 알 수 없을 거라고 절망하고 있었는데 그 외침 소리를 듣고 "이젠 살았구나." 싶은 생각이 들었다고 한다.

가족들은 구속자들이 당한 고문의 실태를 알아내어 엠네스티에 보내는 한편 구속자들의 석방을 요구하는 문서를 만들어 서명을 받았고 모금 운동을 벌이기도 했다. 경찰은 가족들의 운동을 심하게 감시하고 방해했다. 홍점자의 술회에 의하면 구속자 가족 한 사람 앞에 두 사람의 형사가 따라붙었다. 두 사람은 서로 교대하면서 밀착 감시했다. 형사들은 구속자 가족에게 네 발자국, 대략 4미터 이상 떨어지지 않는 거리에서 따라붙으라는 지시가 내려져 있었다. 홍점자는 특히 거세다고 해서 젊은 형사들을 붙였다. 홍점자가 어린 아기를 등에 업고 나서면 형사는 기저귀 가방을 빼앗아 들고 뒤를 따라다녔다. 하도 감시가 심하다 보니 가족들이 모이고 움직이는 것도 그리 쉬운 일이 아니었다.

그런 애로를 덜어준 사람은 다른 구속자들과 달리 불구속으로 입건되어 재판을 받았던 윤연희였다. 윤연희는 9월 중순경에 근무하던 학교에서 연행되었다. 도깨비 방망이처럼 만든 몽둥이로 흠씬 두들겨 맞으면서 근 열흘 동안 갇혀 있은 후 출퇴근 조사를 받았다. 형사들은 나가서 맞았다는 이야기를 하면 죽인다는 협박도 잊지 않았다. 윤연희는 나와서 바로 가족들의 석방운동을 도왔다. 필요한 문서를 작성하는 타자도 치고 서울에도 오르내리면서 헌신적으로 뒷바라지했다. 다행히 윤연희에게는 감시하는 형사를 붙이지 않았다. 그래서 움직이기가 가족들보다 훨씬 수월했다.

가족들은 '부림사건'의 재판이 시작되자 방청석에서 구속자들을 격려하고 응원했다. 구속자들은 가족들의 격려에 큰 용기를 얻었다. 한 번은 가족들이 부산지방법원 구내에서 시위를 벌였다. 당시 부림사건 재판에는 법원에서 방청권을 발급해 방청 인원을 제한했다. 시위를 했던 때는 지학순 주교 등 민주 인사들이 방청하러 왔을 때였다. 가족들은 법정 밖에 있다가 형사들이 점심 식사를 하기 위해 교대하는 틈을 타서 플래카드를 펼쳐 들고 기습적으로 시위를 벌였다.

"부림사건 조작이다!"

"구속자 석방하라!"

형사들이 놀라 달려와서 전원 연행해 갔다. 그 시위로 인해 가족들은 20일간 구류를 살아야 했다.

가족들은 구속자 석방을 위한 기도회를 중부교회에서 열었다. 그

때 기도회를 위한 장소를 제공할 수 있는 교회는 오직 중부교회밖에 없었다. 그러나 경찰의 방해가 워낙 심해 일부 가족들은 정해진 시간보다 일찍 중부교회에 들어와서 교회 내의 한 방에 숨어 있었다. 감시를 맡은 경찰은 가족들의 행방을 알 수 없게 되자 당황했다. 그러자 중부교회 사찰을 맡은 중부산 경찰서의 황 형사가 교회로 들어와서 최성묵과 김순이를 괴롭혔다. 그는 평소에는 최성묵을 어려워했지만 그때는 시국이 워낙 엄중해서 그런지 태도가 달랐다.

"목사님, 지금 시국이 어떤 시국인데 기도회를 엽니까? 그리고 구속자 가족들은 어디에 숨겼습니까? 저한테만 알려주십시오. 자꾸 이렇게 하시면 큰일 납니다."

협박 반, 설득 반으로 끈질기게 최성묵을 괴롭혔다. 침묵을 지키고 있던 최성묵은 딱 잘라 말했다.

"나는 모릅니다. 나는 기도회를 허락한 일도 없고 가족들도 어디 있는지 모르니 더 이상 괴롭히지 마시오."

기도회를 하기로 정한 시각이 다 되었지만 중부교회 입구는 경찰의 봉쇄로 외부인이 들어올 수 없었다. 대학생들이 기도회에 참석하기 위해 왔다가 들어오지도 못하고 책방골목 주변에 몰려 있었다. 그런데 어떻게 들어왔는지 송기인 신부가 중부교회로 들어왔다. 가족들은 너무 기뻐 어쩔 줄 몰랐다. 최성묵은 일부러 기도회장에 나타나지도 않았다. 대신 송 신부가 가족들과 함께 기도회를 시작했다. 기도회는 눈물로 진행되었다. 기도회가 거의 끝나갈 무렵에 갑자기 바깥이 소란해졌다. 가족들이 보니 교회 입구에서 오수선 여사가 교회로 들어오려는데 이를 막는 경찰과 싸움이 벌어진 것이었다. 오 여사는 경찰의 방해에 항의하여 땅바닥에 뒹굴며 소리치다가 급기야 혼절할

듯이 보였다. 그러자 기도회장에 있던 오 여사의 며느리 고복희가 창틀에 뛰어 올라 투신할 태세로 소리쳤다.

"너희들이 우리 어머니를 안 놓으면 내가 여기서 뛰어내려 죽겠다!"

그때 고복희는 임신 3개월로 이미 배가 불러오기 시작했다. 그런 몸으로 벼랑 같은 곳에 올라서서 투신하려고 하니 홍점자 등 다른 가족들은 정신이 하나도 없었다. 급히 달려들어 고복희의 옷을 붙들고 끌어내리느라 소동을 빚었다. 사실 오 여사의 오버 액션은 일종의 투쟁방법이기도 한데 이를 모른 순진한 며느리는 정말 투신을 각오하고 창틀에 올라섰던 것이다.

중부교회는 구속자 가족들에게 기도회 장소도 제공하고 마음을 위로해 주는 넉넉한 비빌 언덕이 되었다. 그럴 때 최성묵은 안팎으로 어려움을 겪었다. 전두환 정권의 경찰은 수시로 그에게 압박을 가해왔고, 교인들도 음양으로 당국의 압력을 받았다. 자연히 최성묵의 대외활동을 부담스럽게 여기는 교인들도 생겨나고 있었다. 게다가 수시로 경찰이 교회를 봉쇄하거나 경계 근무를 하다 보니 교회 주변의 주민들도 불편을 겪었다. 중부교회 주변의 책방골목 상인들이나 주민들 가운데서도 왜 우리가 중부교회 때문에 피해를 봐야 하느냐, 교회를 옮겨가라는 등의 소리가 나왔다. 그럼에도 최성묵은 묵묵히 자신이 해야 할 일을 할 뿐이었다.

부림사건과 관련하여 특기할 일은 부산의 민주화운동에 노무현이라는 새로운 인물의 등장이었다. 당시 노무현 변호사는 잘나가는 조세 전문 변호사였는데 김광일 변호사의 요청으로 부림사건의 변론을 맡게 되었다. 그러면서 자연스럽게 최성묵과도 알게 되었고 최성묵은 노 변호사를 전점석 등 후배들에게 소개시켰다. 전점석은 당시 부산

YMCA의 사회개발부 부장으로 일했다.* 부림사건 변론 초기에 노 변호사는 전점석에게 이렇게 말했다.

"내가 지금 교도소에 가서 부림사건 학생들 만나고 오는 길인데 좀 개전(改悛)의 정(情)**을 보이면 좋을 텐데 자기들이 잘했다고 주장하는 것도 이해가 안 됩니다. 그 친구들이 어떤 책을 읽고 그렇게 생각하는지 나도 그 책들을 한번 읽어봐야 되겠습니다."

"변호사님께서 그 책들을 읽어보면 큰 도움이 되실 겁니다."

전점석은 그렇게 책을 읽기를 권하고 책을 소개하기도 했다. 노 변호사는 그 책들을 밤을 새워가며 읽었다. 그러면서 노 변호사는 점차 사회 모순에 눈뜨게 되었다. 노 변호사는 구속자 가족들이 기대하던 것 이상으로 열심히 변론을 했다. 때로는 변론을 너무 과감하게 해서 가족들이 조마조마할 때도 많았다. 법정에서 검사가 무식하다고 쏘아붙이기도 하고 검찰이 불온서적이라고 기소한 책에 대해 그 책에 무슨 문제가 있느냐고 따지기도 했다. 화가 나면 변론하다가 법정을 나가버릴 때도 있었다. 법정에서뿐 아니라 구속자 가족에게도 항상 편하게만 대하지는 않았다. 가족들이 노 변호사를 만나 지나치게 읍소한다든지 하면 너무 엄살 부리지 말라고 면박을 주기도 했다. 하지

---

* 전점석은 1970년대 후반 구미공단에서 산업선교 활동을 하다 경찰의 탄압으로 구속되었다가 10·26정변으로 풀려났다. 이후 1980년 5·17계엄 확대 당시 예비검속으로 대구 50사단에 잡혀가 한 달간 고생한 후 1981년 2월 부산 YMCA 사회개발부장으로 부임했다. 당시 사회개발위원장은 김동수 박사였다. 그는 당시 보수적인 YMCA 이사회의 분위기 속에서 최성묵 목사가 "길게 보고 사업을 하라"고 격려하면서 가장 큰 힘이 되어주었다고 회고했다. 전점석은 야학활동을 본격적으로 전개하는 한편, 시민중계실을 만들어 소비자운동 등을 하면서 월 1회 무료 법률 상담을 시작했다. 이때 최성묵의 소개로 노무현 이후록 변호사를 만났고 노무현 변호사는 무료 법률상담에 열심히 임했다.
** 잘못을 뉘우치고 반성한다는 뜻의 한자어

만 가족들이 보기에 그의 행동에는 진심으로 권력의 횡포에 분노하는 진정성이 있었고, 정의를 위해 헌신하고자 하는 열정이 느껴졌으며, 고통받는 사람들에 대한 인간적인 정이 있었다.

부림사건은 부산의 구속자가족운동을 태동시킨 사건이었고, 노무현을 민주화운동으로 끌어넣은 사건이기도 했지만, 막 새싹이 돋아나던 부산 민주화운동을 뿌리채 흔들어버림으로써 많은 사람들에게 어려운 시련을 안겨주었다.

35
부산미문화원
방화사건

이듬해인 1982년 3월에는 고신대, 부산대, 부산여대 학생들이 연루된 '부산미문화원방화사건'이 일어났다. 이 사건은 5·18항쟁에 참여했다가 탈출하여 광주의 진실을 알리는 유인물을 만들어 살포했던 김현장이 문부식 등 부산의 대학생들과 만나면서 시작되었다. 김현장과 문부식을 연결시켜주었던 사람은 중부교회 청년회의 허진수였다.

허진수는 5·18항쟁 후인 1980년 7월경, 삼일공사에 끌려갔다. 5·18항쟁 기간 중에 부산에서 김재규 등과 함께 유인물을 살포한 사건은 드러나지 않았지만, 허진수는 부산보안대(삼일공사)에서 초주검이 되도록 고문을 빚었다. 아마 엠네스티 활동 등에 혐의를 두는 듯했다. 끌려가자마자 험악하게 생긴 삼일공사 조사관이 방 하나를 가리키면서 말했다.

"이 새끼야, 임 목사가 이 방에서 조사받았고, 저 계단을 올라가다가 죽었다. 너도 그 꼴 나지 않으려면 순순히 불어!"

그러면서 임 목사가 조사받았다는 방의 옆방에 밀어 넣고 몽둥이로 개 패듯이 때리기 시작했다. 어떻게나 심하게 폭행을 당했는지 거의 죽을 것 같은 공포감이 밀려왔다. 그러더니 갱지를 1,000장쯤 가지고 와서 지난날의 행적을 낱낱이 적으라고 강요했다. 종이에 행적을 적어놓으면 조사관이 와서 읽어보지도 않고 무조건 두들겨 팼다. 그리고 다시 새 종이를 가지고 와서 쓰라는 것이었다. 하루 중 잠자는 시간을 빼고 절반의 시간은 종이에 살아온 행적을 써야 했고, 나머지 절반의 시간은 두들겨 맞았다. 그런 식의 이상한 조사를 한 열흘쯤 한 후에 삼일공사는 가족에게 허진수의 신병을 인도해 가라고 연락했다. 열흘 동안 초주검이 되도록 얻어맞고 그는 간신히 풀려날 수 있었다.

삼일공사에서 나온 후 골병이 들다시피 한 몸을 좀 추스린 후에 허진수는 YMCA와 중부교회를 중심으로 청년, 학생들의 소모임을 조직하여 이른바 의식화학습을 하고 있었다. 김재규도 장기적으로 활동할 수 있는 생활 근거가 필요하다고 생각하여 1980년 10월경 김광일 변호사에게서 약 300만 원 정도의 자금을 빌려 탁구장을 차렸다. 여기서 나오는 수익금으로 생활비와 활동비에 충당하였다. 김재규는 부산대학교 후배들과 연관을 맺고 있었고, 허진수는 중부교회 중심으로 활동을 하고 있었다.

그러던 중 1980년 말경에 문부식과 김은숙이 허진수를 찾아왔고 그들은 곧 친해졌다. 그 무렵 문부식은 고신대생을 중심으로 학습 모임을 운영하고 있었고 다른 대학의 학생들과도 만나면서 활동의 폭을 넓혀가고 있었다. 허진수는 문부식 등이 중부교회를 나오도록 권유했다. 그들은 중부교회에 이름을 올릴 수는 없었다. 고신대학교 학생들이라 고신파 교회에 다녀야 했기 때문이다. 그렇지만 자주 중부교회의 예배에 나와 최성묵의 설교를 듣기도 하고 좋은 강연이 있으면 참석하기도 했다. 1981년 여름에는 기독교장로회에서 개최하는 전국청년대회에도 허진수와 문부식 그룹은 함께 참가했다.

그런데 1981년 8월에 허진수에게 김현장이 찾아왔다. 그때 김현장은 5·18항쟁으로 수배를 받아 원주의 성당에 숨어 지내고 있었는데 비밀리에 부산을 방문했던 것이다. 허진수가 김현장을 처음 만난 것은 1977년 기장청년대회가 부산에서 열렸을 때였다. 그 대회에서 김현장은 광주에서 일어났던 '무등산 타잔 박흥숙' 사건을 고발했었다. 그 이후 알고 지냈는데 그때 허진수를 만난 김현장은 자신이 부산에서 학습 그룹을 하나 만들고 싶으니 사람을 소개해달라고 부탁했다. 그러면서 자신의 본명과 신분을 밝히지 말고 김영철이라는 가명을 알려주도록 했다. 그래서 허진수는 자신이 알고 있던 문부식 그룹을 소개하게 되었다. 허진수는 문부식에게 김현장을 소개하면서 김영철이라는 이름을 알려주고 잘 아는 선배라고만 소개했다. 그리고 1981년 12월 겨울 방학이 되자 허진수가 중개자가 되어 문부식 그룹을 원주로 보냈는데 그 과정에서도 김현장은 보안을 유지하기 위해 매우 조심스런 과정을 거치도록 했다. 문부식, 류승렬, 박정미 등 부산의 학생들이 김현장을 만나기 위해 원주로 갈 때 허진수는 김현장과 의논한 대로 문부식에게 이렇게 일러주었다.

"부산역에서 중앙선을 타고 가서 영주역에서 내려라. 영주역에서 내릴 때는 뒷머리에 손을 얹고 내려라. 그러면 마중 나오는 사람이 있을 거다. 그 사람을 따라가면 된다."

그러니까 문부식 등은 행선지가 어딘지도 모르고 영주행 표를 끊어 열차를 탔고, 영주에서 마중 나온 한 여성을 만났다. 그 여성은 후일 김현장의 부인이 된 김영애였다. 김영애는 그들을 원주교구의 교육원에 은거하고 있던 김현장에게 안내했다. 당시 김현장은 최기식 신부가 주임신부로 있던 교육원의 지하 보일러실 옆의 조그만 방에서 지내고 있었다. 거기서 김현장과 문부식 등 부산 학생들 그리고 충북대와 강원대 출신의 청년 2명이 합류하여 거의 일주일간 집중적인 학습을 했다.

이 모임에 참석했던 류승렬은 그 학습에 대해 절반은 실망했고 절반은 괜찮았다고 회상했다. 실망했던 것은 『우상과 이성』이나 『전환시대의 논리』 등의 책을 놓고 하는 토론들은 이미 대학에서 거쳐온 과정을 반복하는 듯한 식상함이 느껴졌기 때문이었다. 반면 김현장의 박학다식함이나 언변 등은 신선하고 흥미롭게 느껴져 그나마 실망감을 누그러뜨렸다. 5·18항쟁과 미국의 문제도 화제에 오르기는 했으나 거대한 미국과 군부독재와의 왜곡된 관계야 이미 알고 있는 것이고 그 세력에 어떻게 맞설 것인가를 생각하면 답답한 상황에서 원론적인 이야기를 듣는 기분이었다. 다만 언론의 철저한 통제로 웬만한 투쟁은 보도가 안 되고, 보도되더라도 무슨 내용인지 진실을 알기 어렵거나 왜곡되는 것이 현실이므로 투쟁을 한다면 언론이 보도하지 않을 수 없는 행동이나 이슈를 만드는 게 필요하다는 취지의 이야기는 있었다. 이 시기에 허진수는 다른 일이 있어 서울로 올라갔다가 부산에 내려가는 길에 원주에 들러 그들과 이틀간 함께 학습을 하고 먼저 부산으로 내려갔다.

학습을 마치고 부산으로 온 후 문부식 그룹의 활동은 더욱 활발해졌다. 그들은 전두환 군사독재정권을 규탄하는 선전물을 만들어 주택가의 벽에 붙이거나, 건물의 창을 통해 현수막을 내걸고 사라지는 등의 투쟁을 벌였다. 하지만 경찰과 정보기관은 검거의 단서조차 잡지 못했다. 경찰은 그런 투쟁의 주체가 부산에서도 가장 보수적인 분위기의 대학이었던 고신대 학생들이라고는 상상하지 못했기 때문에 부산대학교 쪽을 주시하고 있었다. 그런 가운데 문부식을 중심으로 미국의 책임을 묻는 상징적 투쟁으로서 부산미문화원에 방화를 하자는 계획이 서서히 구체화되어갔다.

마침내 1982년 3월 18일 오후 2시. 문부식이 길 건너편 건물에서 카메라로 촬영하는 가운데 김은숙, 이미옥, 최인순, 김지희 등이 부산 미문화원 입구에 휘발유를 붓고 불을 붙였다. 불길은 삽시간에 번졌다. 같은 시각에 류승렬, 박원식, 최충언 등은 부근 국도극장과 유나백화점에서 "미국은 더 이상 한국을 속국으로 만들지 말고 이 땅에서 물러가라"와 "살인마 전두환 북침 준비 완료"라는 2종의 유인물을 살포했다. 불길은 약 1시간 만에 진화되었는데 동아대생 1명이 사망하고 3사람이 중경상을 입는 피해가 발생했다. 당초 이들은 상징적 의미의 방화를 의도했으나 결과는 당초의 의도와 전혀 다르게 어마어마한 사태로 발전했다. 처음부터 이 사건을 공안 탄압에 활용하려던 정권의 의도도 작용하여 부미방 사건은 일거에 대형 공안사건이 되었다.

전두환 정권은 범인의 검거를 위한 거액의 현상금을 내걸고 이 사건을 민주화운동 세력을 섬멸할 호재로 삼아 대대적으로 선전했다. 문부식과 김은숙이 전국에 공개 수배되었다. 두 사람은 원주로 갔고 최기식 신부를 만나게 되었으며 최 신부는 함세웅 신부와 의논했다. 함 신부는 청와대 수석비서관과 이들의 자수를 의논했다. 김수환 추기경이 전두환과 면담하여 자수를 하면 선처하겠다는 약속을 받았다. 4월 1일 두 사람이 자수했으나 전두환 정권의 안기부는 4월 2일 김현장을 검거했고, 4월 5일 최 신부까지 범인은닉 혐의로 검거했다. 이 사태로 전두환 정권과 가톨릭교단의 관계는 극도로 악화되었다.

문부식과 김현장이 구속되어 취조받으면서 문부식은 김현장의 본명도 알지 못했으므로 당연히 누가 중개자인지를 추궁받았고 허진수의 이름이 나왔다. 경찰과 안기부는 김현장, 허진수 배후에 어떤 인물이 있을지도 모른다는 가정 아래 두 사람에게 온갖 고문을 가해 자백을 강요했다. 구타는 기본이고 코에다 겨자 섞은 물을 붓는 등 견딜 수 없는 고통을 받았다. 허진수는 도합 2년을 복역하고 석방되었다. 김현장, 문부식은 사형을 언도받았고, 김은숙, 이미옥은 무기징역을, 나머지 관련자들은 징역 3년부터 15년까지 선고받았으나 이후 감형되었고, 1988년 말까지 특별사면으로 차례로 석방되었다.

1980년 5월, 5·18항쟁이라는 참혹한 비극을 겪으면서 한국사회는 "미국은 우리에게 무엇인가?"라는 문제 제기에 직면했고 이 사건은 그에 대한 하나의 응답이었다. 그렇지만 아직도 반공 친미의식에 젖어있는 대중은 물론이요 공공연히 반미를 내건 적이 없었던 민주화운동 진영에도 이 사건은 충격적이었다. 사회운동 내에서도 이 사건은 '조직적 반미 자주화운동의 효시'로 평가받기도 하고, '돌출적이고 비대중적인 모험주의'로 비판받기도 하면서 논쟁적인 문제로 받아들여졌다.

특히 이 사건에 주동적으로 참여한 학생들이 보수교단의 직영 신학교인 고려신학대학교의 학생들이라는 점은 한국 기독교계에도 큰 충격을 주었다. 문부식은 고신대 신학과 3학년을 다니다가 휴학 중이었고, 그의 애인이자 동지였던 김은숙은 고신대 기독교 교육학과 2학년생이었으며 이미옥, 최충언, 박원식도 모두 고신대생이었다. 이들은 양서협동조합에도 참여했던 바가 있고 허진수와 만나면서 중부교회에도 출석했다. 김은숙은 주일학교 교사도 했다. 이들은 "참된 크리스천이라면 미친 운전수가 운전하는 것을 방관해서 버스의 승객들이 숨지거나 다치게 해서는 안 되고 운전수를 제거해야 마땅하다."고 한 독일의 신학자 본회퍼를 자주 인용한 최성묵의 설교에 영향을 받았는지도 모른다. 김은숙은 최성묵의 대학원 은사였던 김정준 박사의 집안 손녀이기도 했다. 사건의 주범으로 문부식과 함께 사형을 언도받았던 김현장은 광주 사람이었지만 자주 부산 중부교회를 찾았고 최성묵 목사와도 잘 아는 사이였다.

물론 최성묵은 이 사건과 직접 관련이 없었다. 그렇지만 부산미문화원사건의 수사에서도 경찰은 최성묵과의 관계를 추궁하는 것을 잊지 않았다. 김현장은 당시의 상황에 대해 다음과 같이 술회했다.

이들은 마지막에는 부산 중부교회 목사인 최성묵 목사님과의 관계를 추궁했다. 용돈을 최성묵 목사로부터 얼마를 받았느냐고 추궁하길래 1천만 원밖에 안 주더라고 대답해 주었다. 그 놈이 1천 원이라고 잘못 듣고는 "어느 놈이 돈 1천 원을 줄 턱이 있노, 거짓말 아이가?" 하고 되묻기에 나는 피식 웃으면서 "1천만 원이

요-."하고 끝의 요자를 길게 빼주었다.(김현장, 『빈체시오, 살아서 증언하라』, 352쪽)

36
중부교회 사태

연이은 부림사건과 부산미문화원사건으로 인해 부산의 민주화운동은 융단폭격을 당한 것처럼 쑥대밭이 되어 버렸다.

그런데 설상가상으로 1982년 9월에 중부교회에서 예측하지 못한 사태가 일어났다. 이 일이 일어나기 전에 중부교회를 둘러싸고 두 가지 전조가 나타나는데 하나는 중부교회의 교인들에 대한 당국의 보이지 않는 압력이 가해진 것이고 다른 하나는 보수교단의 공격이었다. 중부교회의 교인들에 대한 당국의 압력은 여러 형태로 가해졌는데 이로 인해 상당수의 교인들이 교회 출석에 신경을 쓰게 되었다. 정보기관원들이 교인들의 성분을 분석하고 체크하면서 큰 사업을 하거나 공직에 있는 사람들은 자연히 교회 출입을 기피하게 되었다.

예컨대, 신이건은 자신의 경험을 언급했는데 정부기관의 인사가 찾아와서 "당신 동생이 군의 요직에 있으면서 진급을 해야 하는데 당신이 문제의 교회, 더구나 반정부운동을 하는 교회에 출석하여 최 목사를 돕고 있으니 자연히 동생에게 불이익이 가더라도 후회는 하지 마십시오."라고 협박을 했다고 한다.

당시 부산은행 대리로 근무 중이던 이영우는 본사로 인사발령을 받은 지 4개월 만에 이유 없이 서울지점으로 전보되었다. 그때가 1982년 6월경이었다. 정상적인 관례를 벗어난 인사였다. 그래서 인사 담당 상무에게 이 인사에 대해 납득할 수 있는 설명을 해달라고 요구했다. 그러자 상무는 전화로 "이유는 말할 수 없고 나중에 밝혀질 것이다. 지금은 조용히 있어 달라."고 말했다. 그때는 부산은행 본점에도 정보기관원이 상주하고 있던 시절이었다. 이영우는 어쩔 수 없이 원하지 않는 서울 근무를 2년 4개월 동안이나 하게 되면서 중부교회에는 출석할 수 없었다.

또 다른 전조는 보수교단의 최성묵에 대한 노골적인 인신공격이었다. 내분 사태가 일어나기 바로 전 해인 1981년 11월에는 한국기독교회 정화위원회 위원장이라는 거창한 직함을 붙인 이확실이라는 목사가 '증언 1'이라는 제목의 유인물을 배포하여 진보적 목회자들을 비난했다. 그 내용 가운데 최성묵과 관련해서는 어린 학생들은 감옥에 보내고 자기는 뒤로 빠지면서 수감된 사람들의 구제대책도 안 세우는 의리 없는 사람이라는 것, 총회장 선거에서 강 모 목사의 선거운동 자금으로 해운대 AID아파트 한 채를 사놓았다는 등 터무니없고 비열한 악선전을 늘어놓았다.

그로부터 얼마 지나지 않은 1982년 9월 5일 중부교회 회계집사 최성이 최성묵을 비난하는 유인물을 배포하고 그의 퇴진을 요구했다. 최성이 열거한 최성묵의 비리란 개인의 취향이나 교회 행정과 관련된 극히 사소한 일들을 침소봉대한 것들이었다. 최성 집사의 유인물이 나온 지 불과 나흘 만인 9월 9일에는 교회의 일부 청년들이 유인물을 배포하면서 최성묵의 사과를 요구했다. 그러면서 상황은 최성묵과 청년들 간의 갈등으로 변해갔다. 당시의 상황에 대해 한국기독교장로회 중부교회 50년사 발간위원회가 발간한『중부교회, 희년 50년』은 다음과 같이 기록하고 있다.

> 1982년 중부교회는 또 하나의 시련에 봉착하게 된다. 그동안 최성묵 목사님을 따르던 청년들과 목사님 사이에 갈등이 불거지면서 2년여에 걸친 분쟁으로 교회는 심각한 상황에 휩싸이게 된다. 이때 목사님의 교회 운영에 반기를 들었던 청년들은 조성삼, 박철수, 조인두, 김영일, 이흥만, 이태성, 정동영, 이재순, 남보희 등이었다. 조태원은 군에 있었고, 나중에 손동철, 조석조 등이 함께 하였다. 이때 목사님의 입장에서 교회를 옹호했던 분들은 박순금 장로님을 비롯하여 대부분이 장로님과 원로 집사님들이었다.*

이 기록처럼 청년들 외에 중부교회의 의결기구인 당회, 제직회의 구성원들은 최성묵을 지지했다. 그해 11월 최성 집사는 중부교회의 공식적 의결기구를 무시하고 기독교장로회 경남노회에 고소장을 제출하였다.

이 고소에 대해 1983년 5월 24일, 평소 최성묵을 적대시했던 보수세력이 주도한 경남노회 재판국은 최성묵의 중부교회 담임 목사직(시무)을 해임한다고 판결하였다. 이런 판결이 나오자 노회는 찬반으로 대립했고 평소 최성묵을 아끼고 지지하던 사람들과 민주화운동에 동

---

* 한국기독교장로회 중부교회 50년사 발간위원회, 2007,『중부교회, 희년 50년』, 70쪽

역했던 목사와 장로들은 그 부당함을 총회에 상소했다. 그러나 보수 세력들은 최성묵과 함께 부산신학교에 출강하던 다른 목사까지 이중 직을 가졌다는 명목으로 회원권을 박탈했다.

이런 상황에서 김기수 목사가 노회장이 되어야 회원권 박탈 음모를 저지시킬 수 있다고 판단한 일부 목사와 장로들이 적극 움직여 어렵사리 노회가 개회되고 노회장 선거를 하게 되었는데 김기수 목사는 보수파 목사와 3차 투표까지 가는 접전을 벌인 끝에 과반수로 당선되었다. 그러나 보수파는 다음 회의에서 전날의 노회장 선거가 무효라고 주장하면서 자신들만의 노회를 구성하여 끝내 최성묵과 다른 목사들의 회원권을 박탈함으로써 노회는 둘로 갈라졌다. 결국 우여곡절 끝에 양측의 타협이 이루어져 최성묵의 해임과 회원권 박탈은 1984년에 가서야 원상회복되었다.

이러한 중부교회 사태의 원인이 무엇인가에 대해 당시 민주화운동권에서는 내부분열을 조성하는 정보기관의 치밀한 공작이라고 보는 일부의 시각이 있었다. 당시 정보기관이 탄압과 회유를 사용하거나 프락치를 활용하여 민주화운동에 나선 목회자를 괴롭히거나 내쫓는 경우가 많았기 때문이다. 교회의 공식 기구가 목회자에 대한 지지를 철회하지 않을 경우 목회자의 인간적인 약점을 건드려 스스로 물러나게 하거나 심지어 교회가 분열되는 경우도 있었다. 최성묵 목사와 절친하였던 박형규 목사가 시무하였던 서울제일교회는 결국 분열되었고 박 목사를 지지하는 교인들을 중심으로 정보기관의 탄압에 정면 대응하기 위해 가두예배를 드리기도 했다. 이런 정황들 때문에 공작으로 보는 시각이 광범하게 퍼져 있었지만 중부교회 사태가 정보기관의 공작이라고 단정할 근거는 없다. 하지만 중부교회의 일부 청년들이 보여준 행동은 부산지역의 민주화운동권을 실망시켰다. 민주화운동의 최전선에 서 있던 존경받는 재야인사의 도덕성에 치명적인 상처를 남기는 것은 그 자체로 운동의 역량을 심각하게 훼손할 수밖에 없기 때문이다. 야만적인 독재권력 앞에서 교회 내부의 의견 차이와 인간적인 약점은 오히려 서로가 감싸주어야 하지 않았을까?

중부교회 사태의 원인에 대한 또 하나의 시각은 일부 청년들의 불만 때문이라는 것이다. 다시 말해 민주화운동의 리더인 최성묵은 한 번도 구속되지 않은 반면 청년들만 감옥에 갔다든지, 감옥에 간 청년들에 대해 충분한 지원을 하지 않았다는 것 등이 불만의 원인이라는 것이다. 이와 관련하여 주요한 재야인사의 한 사람이었던 박상도는 당시의 상황을 다음과 같이 설명한다.

최 목사님과 저하고 김광일 변호사를 예로 들면 부산에서 누구보다 못지않게 70년대에 민주화운동, 재야운동에 제일 활발하게 중심적으로 한 것을 자부합니다. 그런데 세 사람은 공교롭게도 한번도 감옥살이를 한 적이 없습니다. 그러니까 수사기관에 잡혀가면 수사기관은 운동하는 사람들 사이에 꼭 이간을 붙입니다. 거짓말을 시키며 사이를 멀어지게 합니다. 연행되어 갈 때마다 세뇌를 시킵니다. 우리 세 사람이 한 번도 감옥살이를 한 적이 없어요. 별 일도 안하는데 하부에 있는 학생들은 감옥에 갑니다. 중부에서는 조태원, 이태성, 김영일이 감옥 갔지요. 5·18 나고 난 뒤에도 김영일은 별 일도 안했는데 그 사람은 또 감옥에 가고 김광일, 최성묵, 박상도는 아무렇지도 않게 또 풀려났지요. 이 사람들이 갈 때마다 "최 목사는 사꾸라다. 맨날 정보과 형사들이 같이 와서 같이 놀고 술도 먹고 맨날 잡혀가는 것은 너희들이고 최 목사가 잡혀가는 것 너희들 봤나? 최 목사는 사꾸라다." 이런 식으로 계속 주지시켰습니다. 처음 들을 때는 아니다 라는 것을 알고 괜찮은데 무언가 어떤 사람을 의심을 하기 시작하면 과거에 들었던 모든 사실들이 한꺼번에 클로즈업되는 것입니다. 들을 때는 아니라 생각해도 어떤 상반되는 문제나 이해관계가 묘하게 접목되면 옛날의 것이 클로즈업되면서 다시 살아나는 것입니다.(박상도 구술/차성환 면담, 2009)

사태의 원인이 어떤 것이든 간에 노회재판이 해임과 회원권 박탈 그리고 무혐의, 원상회복으로 우여곡절을 거치는 동안에도 중부교회 당회와 제직회는 외풍에 흔들리지 않는 꿋꿋한 모습을 보여주었다. 박순금, 조성항, 조문길 장로를 비롯한 대다수 교인들은 최성묵을 신뢰하며 안팎의 어려움에 의연하게 대처하였다. 특히 박순금 장로는 기장 여신도회장을 지낸 수석 장로로서 교인들을 하나로 묶어내어 최성묵의 사회 활동을 지지하는 큰 역할을 다하였다. 이러하였기에 최성묵은 중부교회에서 생을 마감하는 날까지 민주화운동에 헌신할 수 있었던 것이다. 하지만 이 사태를 겪으면서 중부교회는 큰 상처를 입었고 교회의 청년부는 와해되다시피 했다. 이러한 일들은 1980년 5월에 쓰러진 이후 겨우 회복된 최성묵의 건강을 더욱 악화시켰다. 그 결과 그는 장출혈과 위출혈로 두 번의 큰 수술을 받았다. 메리놀

병원의 외과과장 정일동 박사는 그의 흥해중학교 동기생이었다. 그는 친구에게 살고 싶으면 제발 바깥 활동을 자제하라고 신신당부를 했다. 그는 최성묵의 스트레스가 너무 과중함을 고려하여 신경선을 하나 잘랐다고 한다.

제4장

부산의
우람한 봉우리 되어

37
민주화운동의
선봉에 서서

부림사건과 부산 미문화원 방화사건 이래
침체해 있던 부산의 민주화운동은 1983년을 경과하면서 새롭게 활력
을 회복하기 시작했다. 이는 부산만이 아니라 전국적인 현상이기도
했는데 1983년 말에 전두환 정권이 그 이전까지 취해왔던 강권통치를
완화하는 유화국면으로 전환했던 것과 관련이 있다.

전두환 정권이 유화정책을 취하게 된 이유는 여러 각도에서 분석
해 볼 수 있다. 첫째, 전두환 정권은 3년에 걸친 강권통치를 통해 이른
바 제5공화국을 만들고 정치적 기반을 다졌다는 점이다. 따라서 유화
정책으로 전환하더라도 능히 감당할 수 있다는 자신감이 있었을 것
이다. 둘째는 강권통치에 대한 저항이 점점 강력하고 급진화됨에 따
라 통치의 효율성이 저하되었다. 특히 학생운동은 학생사회에서 대중
적 지지를 얻으면서 급속히 확대되었다. 구속, 제적, 강제징집 등의 방
식으로 강력하게 탄압하면 할수록 저항은 더 거세어졌다. 또한 저항
운동의 사상도 급진적으로 변해갔다. 셋째, 국제사회의 여론과 미국
의 압력이다. 1983년 11월 레이건 미국 대통령, 1984년 교황 요한 바오
로 2세의 방한과 1986년 아시안게임, 1988년 서울올림픽 개최가 예정
되어 있었다. 5·18학살로 국제사회에 악명을 떨친 전두환 정권으로
서는 이미지를 개신힐 필요가 있었다. 넷째, 집권 초기의 극심한 경기

침체가 서서히 풀려나갔던 조건도 작용했다.

1983년 12월 21일 이른바 '학원자율화 조치'가 먼저 시행되었다. 권이혁 문교부장관은 전국대학총학장회의에서 5·17 이후 1983년 말까지 대학에서 제적된 1,363명의 복교를 허용하고 학원대책도 '처벌' 위주에서 '선도' 위주로의 전환을 천명했다. 해직교수의 복직도 부분적으로 허용되었고, 1984년 2월에는 대학에 상주하던 경찰 병력을 철수시켰다. 3월 1일에는 구속학생 158명을 석방하고, 정치활동 피규제자 99명 중 84명을 1차로 해금했다. 이런 조건 속에서 학생들은 학원자율화추진위원회 등을 결성하여 자율적인 학생회 건설에 나서고 뒤이어 활발한 학생운동이 전개되었다.

사회운동 영역에서도 유화국면을 활용하여 새로운 운동단체가 조직되기 시작했다. 1983년 말을 전후하여 한국기독교농민회 총연합회(82. 3), 공해문제연구소(82. 5), 민주화운동청년연합(83. 9), 해직교수협의회(83. 12), 한국노동자복지협의회(84. 1), 민중문화운동협의회(84. 4), 전남민주청년운동협의회(84. 11), 인천지역사회운동연합(84. 11), 민주언론운동협의회(84. 12), 자유실천문인협의회(84. 12) 등이 속속 창립되었다. 특히 민주화운동청년연합(민청련)은 학생운동 출신의 청년들이 중심이 되어 반합법적인 투쟁을 벌여나가면서 민주화운동의 연대를 선도했다. 민청련은 여러 부문운동을 통합하려는 노력을 기울여 1984년 6월 29일 민중민주운동협의회(민민협)을 구성했다. 여기에는 농민, 노동자, 청년, 해직언론인, 성직자 등 각 부문의 운동단체가 회원이 되었다. 한편 명망 있는 재야인사들은 1984년 10월 민주통일국민회의(약칭 국민회의)를 결성했다. 두 단체는 통합을 논의하여 1985년 민주통일민중운동연합(민통련, 의장 문익환)을 결성하였다.

부산에서도 1983년 말경 부림사건과 학생운동 관련 구속자들이 대거 출감함에 따라 민주화운동의 새로운 방향과 대응에 대한 고민과 논의가 시작되었다. 1970년대부터 부마항쟁을 거쳐 5 · 18항쟁과 신군부의 쿠데타, 제5공화국의 등장 등 격동의 시절을 겪어온 부산의 민주화운동 세력은 올바른 정세판단과 지역운동의 역량을 고려하면서 유화국면을 어떻게 활용할 것인지 토론했다. 그 토론을 통해 도출된 중요한 결론 중의 하나는 유화국면을 적극 활용하여 공개운동을 발전시켜야 하며 그를 위한 조직을 만들어야 한다는 것이었다. 서울의 민청련 지도부는 진작부터 부산의 지역 민청련 결성을 요청하고 있었다. 하지만 부산은 서울과는 달리 권력의 억압성은 더 강한 반면 그것에 맞설 수 있는 운동 역량은 상대적으로 취약했다. 따라서 공개운동 조직의 결성은 더디더라도 정확한 정세 판단 위에 충분히 준비하여 시작해야 한다는 것이 대체적인 중론이었다. 그런 판단 위에서 혹독한 탄압에서 상대적으로 피해가 적었고 권력의 예봉을 방어할 역량이 있는 종교계의 운동단체들이 먼저 조직되는 것이 필요하고 바람직한 것이었다.

YMCA 등 기왕에 활동하던 단체들 외에 한국교회사회선교협의회 부산지부(82년 3월 창립), KNCC 부산인권선교협의회(84년 4월 창립), 부산지구기독청년협의회, 천주교 부산교구 정의평화위원회, 청년불교도연합(84년 7월 창립) 등과 같은 조직이 창립 혹은 활성화하기 시작했다.

부림사건으로 복역하고 1983년 말에 출소한 고호석은 유화국면 하의 새로운 운동 방향을 고민하고 있었다. 그때 함께 부림사건으로 복역한 최준영은 한국교회사회선교협의회의 부산 지역 간사를 맡고 있었는데, KNCC 인권위원회가 부산, 대구, 광주, 전주 등지에 지역 인권위원회를 설치하려는 계획이 있다는 소식을 알려왔다. 전두환 정권의 집권 이후 빈발하는 시국사건과 늘어만 가는 양심수들에 대한 대처와 지원을 위해 각 지역에 인권위원회를 설치할 필요가 절실해졌기 때문이었다. KNCC 인권위원회 사무국장 권호경 목사가 지역 인권위원회의 설치를 주도했고 부산에서는 최성묵이 중심이 되어 움직였다. 최준영은 고호석이 부산인권선교협의회의 간사를 맡으라는 제안을 했다. 고호석은 이 제안을 이상록, 김재규 등과 의논했고 두 사람 모두 고호석이 그 제안을 받아들이는 것에 동의했다. 고호석도 부산인권선교협의회의 역할이 필요하다고 판단했고 이 기구의 설립을 위해 노력하고 있는 최성묵을 만났다. 고호석은 1978년부터 중부교회에 출석했기 때문에 최성묵을 알고 있었지만 가까운 거리에서 구체적인 사업을 함께하기는 이때부터였다.

고호석이 최성묵을 만나 새로 설치되는 부산인권선교협의회의 간사를 맡겠다고 하자 최성묵은 선선히 동의했다. 대신 고호석이 현재 다니는 중부교회를 떠나 다른 교회로 가는 것이 좋겠다고 제안했다. 그것은 인권선교협의회가 여러 교단의 협의체이기 때문에 특정 교단 특히 기독교장로회가 너무 두드러지는 것은 피해야 한다는 생각 때문이었다. 최성묵은 고호석에게 예수교장로회에 속한 부산진교회를 추천했다. 당시 부산진교회에는 우창웅, 김재천, 이상화 장로 등 민주화에 관심이 큰 장로들이 많았고 중부교회와도 교류가 있었다. 고호석은 이 제안을 받아들여 부산진교회로 갔고 이해 4월에 세례를 받았다.

1984년 4월 22일 부산인권선교협의회가 창립되었다. 위원장에는 항서교회(예장)의 최기준 목사, 부위원장은 박광선 목사(예장)와 정만덕 신부(성공회)가 맡았다. 총무는 최성묵이 맡고 간사는 고호석이었다. 최성묵이 실질적으로는 중심이었지만 그가 위원장을 맡으면 너무 강성으로 비칠 위험이 있어 본인이 극력 고사했다. 위원장 최기준 목사가 시무하고 있던 항서교회는 장로나 교인들이 그런 일에 관여하는 것을 탐탁해하지 않는 분위기가 강했다. 그래서 시국사건 관련 기도회 등 정치적 부담이 있는 행사나 집회는 주로중부교회에서 열렸고, 산정현교회나 동광교회에서도 이따금씩 개최했다.

부산인권선교협의회의 위원은 모두 15명 정도였는데 교회 목사들이 12명, 법조위원으로 김광일, 노무현 변호사가 참여했고, 청년위원이 1명 있었다. 당시 부산에서 민주화운동에 참여한 목회자들은 최성묵 외에 조창섭, 정영문, 전병호, 박광선, 엄영일, 임명규, 이일호 목사 등이 있었고, 장로급으로는 김동수, 우창웅 등이 활동하고 있었다. 위원회는 한 달에 한 번 정도 조찬 모임을 열어 중요한 사안을 결정했는데 모임에는 보통 10명 정도가 늘 참석했다. 부산인권선교협의회가 다루는 중요한 문제들은 거의 간사 고호석과 총무 최성묵의 협의를 거쳐 위원회에 상정되었다. 조찬 회의에서 논란이 될 만한 사안들은 미리 조정해야만 했다. 고호석은 1주일이면 최소한 2, 3차례는 학생운동, 노동운동 등 민주화운동과 관련해서 발생하는 여러 가지 복잡한 문제들을 갖고 중부교회 사택을 드나들었다. 어떤 때는 신학교 강의 준비나 설교 준비를 하다가 반바지, 런닝 차림으로 손님을 맞을 때도 많았다. 그만큼 최성묵은 소탈하고 격의가 없었다. 고호석을 만나 여러 가지 문제에 대한 보고를 받고, 성명서를 내고, 기도회를 열고, 불법 구금된 학생들의 면회를 가달라는 등 갖가지 요구에 대해서도 회성묵은 항상 선선하게 "그러죠, 뭐." 한마디로 답했다.

당시 시위 등으로 구속 학생들이 늘어나면서 이들을 면회하는 일이 중요했다. 경찰의 조사를 받은 경험이 없는 학생들이 겁에 질려 불리한 이야기를 하지 않도록 목사나 변호사들이 면회를 가서 심리적으로 안정시키는 게 필요했기 때문이다. 고호석이 가장 많이 면회를 부탁한 사람들이 최성묵과 노무현, 문재인 변호사였다. 김광일 변호사는 근엄해서 쉽게 부탁하기 어려웠다.

부산인권선교협의회는 창립 직후 발생한 택시기사들의 대규모 시위사건을 시작으로 줄줄이 터졌던 시국사건에 대한 일상적인 양심수 지원활동과 『부산인권소식』 발간, 법률 구조 활동, 구속자를 위한 기도회와 인권예배 개최 등 왕성한 공개 활동을 벌였다. 또 1986년에 시작해서 전 국민에게 폭발적 호응을 받았던 KBS의 시청료 거부운동도 부산에서는 거의 도맡다시피 하는 등 부산민주시민협의회(부민협)이 결성되기 전까지는 부산인권선교협의회가 부산지역의 대표적 운동단체로서의 역할을 해내었다.

종교단체에 이어 부산의 민주화운동세력이 80년대 들어 최초로 조직한 공개적 운동단체는 1984년 10월에 창립한 한국공해문제연구소 부산지부였다. 한국공해문제연구소는 서울에서 최열을 중심으로 결성되었는데 부산지역에서는 그 지부의 형태로 조직이 추진되었다. 한국공해문제연구소 본부의 정문화와 부산의 최준영, 고호석, 최병철 등이 만나면서 지부 설립 논의가 구체화되고 이후 최성묵을 비롯하여 천주교의 손덕만, 송기인 신부, 박광선 목사를 비롯해 노무현 변호사, 문재인 변호사 등 부산의 대표적 재야활동가들이 결합하여 공식 출범을 하게 되었다. 따라서 이 단체에 부산의 주요 운동역량을 거의 결집했던 것이다. 이 단체는 급속한 경제개발과정에서 발생하는 공해문제들 곧 당시에 주요한 이슈가 되었던 낙동강 하구언 문제, 온산공단, 광양제철 등의 공해 피해 등에 대처하는 환경운동을 시작하였다. 하지만 이런 환경문제는 단순한 기술적 문제가 아니라 정치적 문제이기도 했고 따라서 환경운동은 군사독재정권의 반민주성과 반민중성을 폭로하는 매개적 역할을 할 수 있었다.

당시 부산의 민주화세력이 최초의 비종교적 공개운동단체로서 공해문제연구소를 조직한 것은 부산 운동가들의 고민이 반영된 것이었다. 부산의 민주화운동은 충분한 조직 역량을 갖추기 전에 부마항쟁, 5·18항쟁, 부림사건, 부산미문화원방화사건 등 대규모 항쟁과 대형 사건에 휘말려 엄청난 피해를 입었다. 더 이상의 피해를 막아내면서 운동 역량을 복원하려면 처음에는 정치성이 약한, 따라서 권력에게 탄압의 빌미를 주지 않는 방식의 단체로 조직할 필요가 있었다. 공해문제연구소 부산지부는 그런 필요에 의해 설립된 것이었다. 당시 다른 지역에는 공해문제연구소의 지역 지부가 없었는데 부산에서만 조직된 것도 그런 이유 때문이었다. 공해문제연구소를 운영하면서 다음 단계의 공개운동 조직의 가능성을 탐색하려는 것이었다. 따라서 이 연구소가 원활하게 운영되도록 총력을 집중했다. 최성묵, 송기인, 손덕만, 박광선, 김광일, 이흥록, 노무현, 문재인, 김정한, 윤정규, 김재규 등 200여 명의 재야인사가 발기인으로 참여했고, 실무자로는 최병철, 구자상, 송영경 등이 일했다. 공해문제연구소 부산지부가 비정치적이며, 환경문제를 다루는 단체임에도 전두환 정권은 갖가지 방해공작을 벌였다. 출범하기 전에 실무자를 연행하여 협박을 가하기도 했고, 희인들 기운데 교사나 공무원 등 공식에 있는 사람늘에게는 압력을 가해 탈퇴시키고, 강연회 등을 개최하려 하면 집회 장소를 봉쇄하고 참가자를 연행하기도 했다. 그런 가운데서도 부산의 민주화운동 세력은 공해문제연구소를 꾸준히 유지해갔다.

1985년이 되면서 민주화운동세력에게 정치 정세는 한층 고무적으로 발전되었다. 무엇보다도 1985년 2월 12일의 총선거가 획기적이었다. 이 선거를 앞두고 민추협은 새로운 정당을 창당, 총선에 참여하겠다고 선언했다. 1984년 12월 20일 이민우를 창당준비위원장으로 하여 신한민주당(약칭 신민당)이 창당 발기인대회를 열고, 1985년 1월 18일 총선을 불과 25일 앞두고 창당대회가 열려 총재에 이민우, 부총재에 김녹영 등 5명을 선출했다. 신민당은 관제 야당이 아니었고, 유신체제 당시 신민당의 맥을 잇는 정당이었다. 새로 창당한 신민당은 '대통령 직선제 개헌', '국정감사권 부활', '지방자치제 전면 실시', '언론기본법 폐지 및 노동관계법 개폐' 등의 공약을 내세우며, 정권의 비리를 정면으로 공격하고 광주학살의 책임을 물었다. 김대중도 2월 8일 망명지 미국에서 귀국하여 힘을 보탰다.

학생들도 선거에 적극 참여하여 선거법 개정과 전면 해금을 요구했다. 학생들은 유세장에 몰려가서 유인물을 뿌리고 가두시위를 벌이고 신민당 후보를 성원했다. 84.2%의 높은 투표율을 보인 2·12총선에서 신민당은 서울 등 대도시에서 압승을 거두면서 제1야당으로 올라섰다. 의석수는 민정당 148석, 신민당 67석, 민한당 35석, 국민당 20석이었다. 민정당의 득표율은 35.25%에 불과했고, 신민당 29.26%를 비롯해 전체 야당의 득표율이 58%에 달했다. 신군부가 짜놓은 정치 구도가 2·12총선으로 와해되었다. 야당과 민주화운동세력은 이제 제도정치 공간에서도 군사독재와 싸울 수 있는 합법성을 획득했다.

총선 이후 먼저 학생운동이 크게 활성화되었다. 대학생 시위는 전국적으로 일상적인 현상이 되었다. 4·19항쟁와 5·18항쟁을 기념하는 시위가 전국적으로 일어났고 특히 5·18의 진상규명을 위한 투쟁이 치열하게 전개되었다. 이 투쟁은 1985년 5월 23일 서울시내 5개 대학 학생 73명이 미문화원을 점거 농성함으로써 절정에 달했다. 이들은 광주학살의 책임에 대해 미국이 해명하고 사과할 것을 요구하며 미국대사와 면담하고자 했다. 이러한 학생운동의 진출에 대해 전두환 정권은 이른바 '학원안정법'을 제정하여 학생운동의 목을 죄고자 했다. 하지만 '학원안정법'은 학생과 민주세력의 반발로 결국 포기했다.

　이런 정세 속에서 민주화운동세력은 힘을 결집하여 군사독재에 맞설 수 있는 단일조직의 건설에 힘을 쏟았다. 1985년 3월 민민협과 국민회의가 통합하여 민주통일민중운동연합(약칭 민통련)이 출범했다. 민통련은 민중노선을 지향하고 민주화와 민족통일의 과제를 목표로 천명했다. 그리고 9월에는 통합과정의 쟁점이 해소되지 못해 불참했던 민청련, 서노련, 개신교운동단체들이 가입하여 폭넓은 계층, 부문, 지역을 아우른 조직이 구성되었다.

　서울의 조직화가 진행되면서 1983, 4년 무렵부터 장기표, 이창복 선생 등이 부산으로 와서 부산에서 민주화운동청년연합을 조직할 것을 권유했다. 하지만 부산의 청년활동가들은 서울과 달리 부산에서 청년조직이 독자적으로 건설되어 탄압에 견뎌낼 수 있을 것인지 회의적이었다. 아무래도 재야 원로들까지 포괄하는 조직이어야 탄압을 견디고 운동의 구심점을 형성할 수 있을 것으로 판단되었다. 서울에서의 민민협과 국민회의의 통합논의에 발맞추어 1984년 말경 부산에 종교색을 띠지 않은 청년조직을 건설하자는 논의가 거듭되기도 했지만 시기상조라는 견해가 많아 일단 유보되었다. 그 직후 청년들만의 조직이 아니라 원로인사들까지를 포괄하고 대중운동을 지향하는 폭넓은 지역운동체를 만들자는 논의가 급물살을 타게 되었다. 부산의 청년활동가들과 원로 어른들은 서울과 교감하면서 민주화운동을 힘있게 추진할 새로운 조직체를 논의했다. 하지만 새로운 조직체는 민통련의 부산지부는 아니었다. 송 신부나 요산 선생 등 지역의 원로들은 1970년대부터의 경험을 통해 지역 운동체는 독자성을 가져야 한다는 문제의식을 갖고 있었기 때문에 민통련에는 개인 자격으로 참여하고 민통련과 부산의 조직은 제휴관계로 가되 독자성을 가져야 한다고 판단했다.

재야의 송기인, 최성묵, 김광일 등 원로들은 당감성당 사제관에서 만나 부민협의 결성을 합의하고 그 책임을 송기인 신부가 맡기로 했다. 최성묵은 이미 부산인권선교협의회의 총무를 맡고 있었고, 김광일 변호사는 법조인으로서 운동단체의 장을 맡기는 어려웠기 때문이다. 송기인 신부는 청년활동가들과 조직 논의를 하면서 조직의 명칭을 '부산민주시민협의회'로 하자고 제안했다. 송 신부는 당시 청년운동가들이 흔히 쓰던 '민중운동' 등의 용어는 시민들이 접근하기에 너무 부담스럽다는 판단 때문에 명칭에 대해서는 양보가 없었다. 부민협이라는 명칭은 그렇게 결정되었다.

부민협의 이념은 강령에서 민주화를 통한 군사독재의 종식과 민중의 민주적 권리 쟁취, 반외세 민족자주화투쟁을 통한 종속된 현실 타개, 직접생산자 대중에 대한 착취와 불평등의 해소를 통한 생산자 대중의 해방, 반민족세력과의 투쟁을 통한 자주적 민족통일, 퇴폐문화와 공해 일소를 통한 민중문화 창달과 환경보전 등으로 정리되었고

1987년 4월 27일에 열린 부산민주시민협의회 총회 모습

그를 통해 인간해방을 이룩하는 것이 궁극의 목표로 천명되었다.

부민협 초기의 조직 구조는 회장(송기인 신부), 부회장(우창웅 장로, 박순금 장로)과 11인의 상임위원이 있고, 민주발전분과 등 8개의 분과가 있어 상임위원 중 8인이 각 분과의 책임을 맡았으며, 1인의 감사와 1인의 사무국장(허봉) 그리고 사무국 산하에 총무부(김재규), 사회부(이성조), 홍보부(이호철)의 3개 부서가 실무진을 구성했다. 이후 송기인 신부가 1987년 1월 미국으로 출국한 이후에는 최성묵이 회장을 맡았다. 이때는 회장(최성묵 목사), 부회장(김희로 시인)과 10인의 지도위원을 신설하고, 9인의 상임위원과 7개 분과를 책임지는 분과위원을 분리하였으며, 감사를 2인으로 하고 사무국은 국장(김재규), 차장(고호석)으로 개편하였다.

부민협의 인적 구성을 보면 조직의 상층을 구성하는 회장단, 지도위원, 상임위원, 분과위원 등은 종교인, 법조인 등 재야의 명망 있는 인사들이었고 실무진들은 주로 학생운동을 했던 청년활동가로 충원되었으며, 회원들은 자영업자, 노동자, 대학생, 교사, 빈민 등 다양한 직업을 가진 시민층으로 구성되었다.

송 신부 등은 당초에 33명의 상임위원을 두자고 계획했다. 기미독립선언서에 서명한 민족대표 33인을 염두에 두었던 것이다. 하지만 군사독재 하에서 공개적 정치투쟁을 표방한 단체에 공개적으로 이름을 낼 수 있는 인사들은 많지 않았으므로 33명을 다 채우지는 못했다. 발기인으로 참여한 사람들은 최성묵을 비롯하여 박우순(가톨릭의사회 회장), 서상환(화가), 유기선(영락교회 장로), 손덕만(온천성당 신부), 윤성재(봉래성당 사목회장), 백금숙(음악인), 심응섭(한민교회 목사), 김영곤(범일성당 신부), 김광일(변호사), 박순금(중부교회 장로), 박광선(산정현교회 목사), 오수영(초량성당 신부), 문재인(변호사), 김정한(작가), 우창웅 (부산진교회 장로), 허봉(개인사업), 노무현(변호사), 최기준(항서교회 목사), 조돈만(전 국제신문 기자), 이흥록(변호사), 김기수(낙동교회 목사), 염영일 (성 베드로교회 신부), 김세창(사직성당 사목위원), 윤정규(소설가), 이원걸 (한무리교회 목사), 전병호(남천중앙교회 목사), 배환균(전 국제신문 부장), 김희로(시인) 등이다.

1985년 5월 3일, 오후 7시, 마침내 80년대 부산지역운동의 가장 대표적 민주화운동 조직인 부산민주시민협의회(부민협)의 창립 총회가 열렸다. 그러나 전두환 정권의 경찰과 정보기관은 출범식부터 원천봉쇄하기 시작했다. 총회 장소인 부산YMCA 주변에 사복형사와 전투경찰 300명이 배치되어 건물 출입을 봉쇄했다. 항의하는 참가자와 경찰의 몸싸움으로 송기인 신부, 노무현 변호사 등 여러 명이 고관파출소에 불법 감금되기도 했고 기념 강연을 하기 위해 서울에서 온 조갑제 씨는 근처 식당에 감금되었다. 결국 창립총회는 그로부터 약 1주일 후 장소를 옮겨 당감성당에서 열 수밖에 없었다.

부민협은 종교계를 넘어서 일반 시민들이 참여할 수 있는 조직이 필요하다는 송기인 신부, 최성묵 목사, 김광일 변호사 등 대표적 재야 인사들의 요구와 민청련이나 민통련과 함께 전국적 연대 속에서 운동을 전개할 수 있는 탈종교적 운동단체를 갈망하고 있었던 청년활동가들의 요구가 맞물리면서 만들어졌고, 그 간의 여러 활동을 통해 손발을 맞춰온 학생운동 선후배들이 실무 일선에 포진되었기 때문에 타 지역들에 비해 매우 순조롭게 활동을 해나갔으며 종교단체들과의 연대활동도 거의 문제없이 이루어질 수 있었다. 지역 내의 이런 원만한 협소관계는 8/년 6월항생을 힘자게 지러내는 데 는는한 밑받침이 되었다.

1986년 4월부터 전재식 신부 등 울산지역의 종교인들이 중심이 되어 울산사회선교실천협의회를 창립하였다. 이 창립 기념식의 특강에 연사로 초청된 최성묵은 전두환 정권의 폭압정치를 비판하고 민주화의 당위성을 역설했다. 기념식에 와서 특강을 듣고 있던 울산경찰은 강연이 끝나자 바로 최성묵을 울산경찰서로 연행했다. 그러나 최성묵은 경찰서에 가서도 의연하게 맞섰다. 도대체 무엇이 문제냐고 반문하는 최성묵의 배짱에 오히려 경찰들이 당황할 정도였다. 최성묵의 연행 소식이 알려지자 울산의 종교인들과 부산 NCC의 목회자들이 울산경찰서로 모여들었다. 울산사회선교협의회 초대 사무국장을 맡은 전재식 신부가 앞장서서 석방을 요구하고 끝내 최성묵을 구해낸 당시의 상황에 대해 박광선 목사는 다음과 같이 기록한 바 있다.

"울산경찰서에 가려고 울산에 도착해 보니 울산의 동지들이 이미 나와서 기다리고 있는데 성공회 소속 전재식 신부를 처음 상면하게 되었다. 활달하기 그지없는 언변과 거침없는 그의 용감한 기상에 우리는 백만대군을 얻은 양 울산경찰서에 찾아가서 최 목사를 만나게 해 달라고 했다. 그런데 그 곳은 부산보다 더 많은 경찰 병력으로 우리를 가로막아서는 것이 아닌가. 그 와중에 전재식 신부가 거칠 것 없을 정도로 경찰과 맞대응을 하면서 치고 박고 하는데 얼마나 용기가 나는지. 최 목사를 석방하라 외쳐대기도 하고, 최 목사를 만나게 해 달라고 간청하기도 하고, 경찰의 심기를 건드리지 말자고도 하면서 실랑이를 하는 가운데 경찰이 할 수 없이 일층 취조실 밖으로 최 목사를 내보내고는 그를 둘러 에워싸

고 우리는 그의 앞에서 그의 인사말을 듣게 되었는데 무슨 말을
하였는지 기억에는 없지만 나는 눈물이 나오는 것을 닦을 생각
도 아니하고 그를 장하게 우러러보고 있었던 감동 깊은 장면이었
다."(박광선,『그의 부활을 기다리며』, 178쪽)

　　1986년에는 각계각층의 민주화운동은 더욱 고조되었다. 3월 들어
개학이 시작되자 부산대학생들은 비상학생총회를 개최하고 개헌문
제와 민중생존권 보장을 요구했다. 3월 23일에 열린 신민당 개헌추진
위원회 부산시지부 결성대회에는 무려 20만 명의 부산 시민들이 참가
하는 놀라운 광경을 연출하였다. 4월에는 서울대 교수 47명이 시국선
언문을 발표한데 이어서 28개 대학 763명의 교수가 시국선언에 참여
하였다. 부산대, 동아대 학생들의 시위도 규모가 커졌다. 5월 1일에는
부산대학교에서 '세계노동자의 날' 기념식을 개최하고 동양고무 노동
자들의 임금인상투쟁의 경과를 보고했다. 5월 2일에는 전국 17개 대
학 8,000여 명이 노동절 기념행사를 가진 후 시위에 들어갔다. 5월 3일
에는 이른바 '인천 5·3사태'가 발생했다. 이날 인천에서 개최된 신민
당 개헌 현판식에는 5만여 명의 인파가 모여들었고 사태는 걷잡을 수
없이 격하게 치달았다. 수많은 단체들이 각기 다른 주의, 주장을 들고
나왔고 급진적인 구호들이 난무했다. '인천 5·3사태'를 빌미로 전두
환 정권은 민주화운동에 대대적인 탄압을 가했고, 신민당은 민정당과
의 합의 개헌 쪽으로 선회했다.
　　5월 10일에는 YMCA 중등교육자협의회 산하 교사 546명이 '교육
민주화선언'을 발표하여 교육 민주화를 요구했다. 5월 17일부터 전국
의 주요 대학에서 광주민중항쟁 계승과 진상규명, 희생자 추모를 위

1986년 8월, 부산 YMCA 시민중계실
자원상담원 수련회에서 인사하는 최성묵

한 집회와 시위가 계속되었고 이 시위에서 반미 구호가 터져 나왔다. 5월 21일에는 서울대, 고려대 등 서울지역의 학생들이 부산으로 와 부산미문화원을 점거하고 농성을 벌이는 일도 발생했다. 이러한 투쟁들은 10월 28일 건국대 사건으로 인해 국면이 전환될 때까지 여러 형태로 지속되었다.

부산에서는 부민협의 활동이 활발해지면서 그에 대한 전두환 정권의 방해 공작이 시작되었다. 전두환 정권은 부산교구의 이갑수 주교를 통해 부민협 회장 송기인 신부를 외국으로 추방하고자 했다. 전두환 정권의 안기부는 이갑수 주교에게 집요하게 송 신부를 해외로 보내도록 요구했다. 이갑수 주교는 송 신부를 불러 몇 년간 외국으로 유학을 갔다 오라고 권했다. 송 신부는 몇 번은 거절했지만 끝까지 거절하기는 어려웠다. 천주교의 신부는 순명(順命)이라는 규율을 지켜야 했다. 순명은 상급자의 명령에 순종해야 할 의무를 부과하는 것이었다. 이갑수 주교는 당국의 압력이 심해 더 이상 버티기는 어렵다고 설득하면서 몇 년 해외 유학을 다녀오라고 요구했다. 송 신부는 딱 1년만 가겠다고 했다. 그러자 주교는 칠레의 리마대학과 미국의 보스턴대학 두 곳의 초청장을 제시하며 선택하도록 했다. 송 신부는 리마대학에 관심이 더 컸지만 언어문제가 있어서 보스턴대학으로 결정했다. 유신 시절에 삼랑진 천주교회로 쫓겨갔던 송 신부는 당감성당으로 온 지 얼마 되지 않아 이번에는 미국으로 본의 아닌 유학을 할 수밖에 없는 처지가 되었다.

이런 사정이 알려지면서 부산의 재야인사들은 한결같이 반대했다. 바야흐로 전두환 군부독재와의 일대 결전이 다가오는 시기를 앞두고 송 신부가 해외에 나가서는 안 된다고 생각한 김광일 변호사의 요신 김정한 선생이 주교를 찾아가서 항의를 했다. 고령의 요산 선생은 이 갑수 주교를 만나서 짚고 있던 지팡이로 방바닥을 콩콩 치며 이렇게 말했다.

"보소, 주교님요. 이래 중요한 때에 송 신부를 와 외국에 보내라 카는교?"

주교도 난감한 표정을 지을 뿐 요산 선생과 김광일 변호사를 설득하지는 못했다.

송 신부의 출국 소식을 듣고 최성묵은 정말 화가 났다. 사실 부산에서 민주화운동의 대들보 노릇을 한 인사는 최성묵, 송기인, 김광일 셋이었다. 그런데 김광일은 변호사로서 행동에 제약이 있었고, 그나마 짐을 나누어 질 사람은 최성묵과 송 신부였다. 그런데 송 신부가 외국으로 가고 나면 그 모든 짐이 고스란히 최성묵에게 지워질 수밖에 없었다.

출국이 결정된 후 송 신부는 최성묵을 만났다.

"최 목사님, 제가 부득이 출국을 해야 하니 부민협 회장을 목사님께서 맡아주십시오."

"아니, 신부님. 사제직을 버리는 한이 있더라도 그런 천부당만부당한 인사 명령은 거부하십시오. 이 어려울 때에 신부님마저 안 계시면 어떻게 하라는 말씀입니까?"

그러나 어쩔 도리가 없었다. 송 신부가 도미한 후 최성묵은 부민협 회장을 맡을 수밖에 없었다. 그때가 1987년 1월 초 무렵이었다.

38

농민선교, 노동선교를
지원하다

　　　　　이런 가운데 최성묵은 농민선교에도 관심
을 가지고 적극 지원하였다. 1985년경부터 유성일 목사가 개척한 거
창의 갈릴리교회를 세우는 데 중부교회의 재정 지원이 큰 힘이 되었
다. 최성묵은 농민선교의 중요성을 인식하고 경남 거창에서 민중신학
에 바탕한 농민선교를 펼치려는 유성일 목사의 뜻을 귀하게 여겨 중
부교회 설립 30주년*을 기념하는 기념교회로 갈릴리교회를 세우겠다
는 계획을 밝히고 중부교회 대관부 예산에서 매년 200만 원씩 1986년
부터 1988년까지 3년간 지원하였다. 뿐만 아니라 당시 기장 경남노회
의 예산 가운데 500만 원을 개척교회를 위해 사용할 것을 주장하여
갈릴리교회의 개척 지원 자금으로 쓸 수 있도록 노력했다.

　갈릴리교회의 개척자 유성일은 한국신학대학을 졸업하고 1970년대
말 서울에서 도시산업선교를 하려 했으나 1979년 8월의 YH사건 등으
로 도시산업선교회가 탄압을 받아 거의 와해되었기 때문에 거창 양항
교회의 전도사로 와 있었다. 양항교회는 거창고등학교에 속한 교회
였는데 그때 정찬용이 거창에서 두레서점을 열고 있었다. 두레서점에
서는 단순히 책만 파는 것이 아니라 문제의식을 가진 농민들이 모여
농업문제를 공부하는 모임도 갖고 있었다. 유성일은 이 모임에 함께
하면서 주변 농민들의 농사일도 거들고 1981년에는 소작으로 벼농사

* 중부교회 창립일이 1957년 3월 10일이므로 1987년이 30주년이 되는 해였다.

도 지었다. 그러면서 자연스럽게 농민들과 어울리게 되면서 농민목회를 하려는 뜻을 갖게 되었다. 1970년대 후반부터 논의되던 기독교농민회가 이 무렵부터 활동을 시작한 것과도 맞물렸다.

당시 부산, 경남지역의 기독교장로회 소속 교회들은 경남노회에 속해 있었기 때문에 유성일도 경남노회에 가게 되었고 거기서 최성묵을 만나게 되었다. 그때가 1980년경이었다. 당시 기장 경남노회는 기장 내의 보수적인 목회자들과 진보적인 목회자들의 세력이 팽팽한 균형을 이루고 있었다. 최성묵은 진보적 신앙관을 가진 목회자 가운데 지도적 인물이었다. 5·18항쟁 이후 신군부가 권력을 잡게 되면서 교회 내에서도 보수적 목회자들이 진보적인 목회자들을 비방하고 배척하는 분위기가 팽배하였다. 그렇지만 진보적 목회자들은 잘 단결하여 대처했기 때문에 크게 밀리지는 않았다. 최성묵은 경남노회의 지도자로서 후배들이 하고자 하는 일을 잘할 수 있도록 이끌어주는 어른의 역할을 하고 있었다. 농촌에서 농민선교를 하고 싶다는 류성일의 이야기를 들은 최성묵은 매우 반가워하면서 열심히 하라고 격려하고 책을 한 권 선물해주었다. 앨버트 놀런이 쓴 『그리스도 이전의 예수』라는 책이었다.

유성일은 1982년 10월 목사 안수를 받아 농촌 목회에 한발 더 다가서게 되었다. 당시 목사 안수를 받으려면 전도사 등 교직을 맡아 3년이 지나야 하는데 그는 3년을 다 채우지 않고 안수를 받을 수 있었다. 이 역시 최성묵의 배려에 의한 것이었다. 유성일은 1985년 이스라엘로 갔다가 돌아온 후 1986년 봄부터 본격적으로 교회 개척에 나섰다. 단순히 기장 교회를 하나 더 세우는 게 아니라 농민선교의 한 구심점을 만들자는 생각이었다. 거창읍 변두리에 소외된 빈곤층 아이들을 돌보고 농민들과 애환을 같이할 계획을 세웠다. 그 계획을 듣고 최성묵은 지원을 결정했다. 그래서 거창의 변두리 대동리에 200평이 넘는 땅을 2천여만 원으로 구입했다. 처음에는 허름한 창고를 예배실로 사용했고 점차 사택과 농민회 사무실도 지었다. 이렇게 갈릴리교회는 중부교회의 지원으로, 중부교회 30주년 기념교회로 건립되었다. 창립예배를 드릴 때는 부산 중부교회의 교인들이 버스로 거창까지 와서 축하해주었다.

6월항쟁이 일어났을 때 거창에서는 유성일 목사가 움직여서 국본의 거창군 지부를 만들었다. 공동대표 5명을 앞세우고 유성일은 상임집행위원장을 맡아 투쟁했다. 6월항쟁이 끝나고 형식적이나마 민주화가 조금씩 이루어지면서 민중교회들이 무너지기 시작했다. 군사독재의 억압이 극심할 때는 민중교회의 그늘 아래 모여들었던 사람들이 억압이 이완되자 떠나기 시작했기 때문이었다. 농민선교를 본격화하기 위해 유성일은 최성묵의 도움을 얻어 총회 내에 농민선교위원회를 설립하고 1992년 봄에는 경남노회 내에 기독교농민선교기관인 영남농촌개발원을 설립하는 안을 통과시켰다. 영남농촌개발원의 운영을 위해 유성일은 기장 총무 김상근 목사를 통해 독일의 에제에(EZE)라는 교회기관의 지원을 받을 수 있게 돼 있었다. 여기에도 최성묵의 숨은 노력이 있었다. 그런데 영남농촌개발원 이사장을 맡기로 약속했던 최성묵이 1992년 봄에 소천함으로써 이 계획은 무산되어버렸다. 그 직후 경남노회는 부산노회와 경남노회로 분리되었다. 당시 기장교회는 부산과 경남을 합쳐 40개 정도였는데 분리했을 때 경남 13개, 부산 27개 정도로 분포돼 있었다. 부산노회는 부산, 울산, 밀양, 양산, 김해, 창원, 진해, 마산, 창녕 등을, 경남노회는 남해, 거제, 진주, 함양, 산청,

거창, 합천, 의령 등을 관할하게 되었다. 이러한 분리의 이면에는 1982
년 이래 수년간 중부교회의 내분으로 야기된 기장 경남노회의 대립과
갈등의 역사가 가로놓여 있었다.

최성묵은 농민선교뿐 아니라 노동선교에도 깊은 관심을 갖고 있었
다. 최성묵에게 노동선교의 뜻을 밝힌 사람은 김영수 목사였다. 1982
년 여름, 김영수 목사는 최성묵을 만나 울산에서 노동선교를 위한 개
척교회를 하고자 하니 도와달라고 인사를 했다. 최성묵은 열심히 해
보라고 격려해주었다. 김영수 목사가 울산에서 형제교회를 개척한 지
얼마 지나지 않아 최성묵이 찾아왔다. 최성묵은 김영수 목사의 수고
를 위로하면서 격려금까지 주고 갔다. 그리고 1983년에는 김영수 목
사와 최성묵의 장녀 최혜림의 결혼이 이루어졌다. 울산의 형제교회는
오래 지속되지 못하고 문을 닫고, 김 목사는 1984년 부산 가야동에서
다시 우리교회를 개척하여 노동선교를 시작했다. 이 우리교회의 건
물은 최성묵이 독일의 선교기관에서 지원금을 받아 매입한 것이었다.
그럼으로써 노동선교를 위한 든든한 기초를 놓아준 것이다.

우리교회의 교인 수는 적었지만 노동자들의 고통을 함께하기 위해
다방면으로 사업을 벌였다. 맞벌이하는 노동자들이 일하는 시간 동
안 아기들을 돌보아주는 탁아사업, 초등학생 자녀들의 생활과 학습
을 돌보는 공부방, 노동자들의 구강 건강을 돌보기 위한 무료 치과진
료 등이 우리교회에서 벌인 사업들이었다. 김영수 목사는 민주화운동
에도 누구보다 전투적으로 참여했다. 1987년 박종철 고문치사사건 후
벌어진 2·7추도대회 때는 앞장서 싸우다 구속되기도 했다.

6월항쟁 이후에는 노동자, 민중의 정치세력화가 화두가 되었다. 이
때 김영수 목사는 우리교회를 접고 직접 정당운동에 뛰어들었다. 민

중들이 흘린 피로 쟁취한 직선제 대통령선거에서 양김의 분열로 패배를 겪은 후 보수정당의 한계를 절감했기 때문이다. 민중의 정치세력화를 위해 1990년 민중당에 입당한 그는 1992년에는 민중당 부산진을 지구당 후보로 출마하여 선거를 통해 노동자, 민중의 소리를 대변했다. 이후 진보정당추진위원회 활동도 했지만 1994년경부터 북한의 기아상태가 심각해지면서 북한 어린이들을 돕기 위해 '작은이들을 생각하는 모임'을 만들어 모금 활동 등을 펼치며 헌신적으로 일하다가 2002년 소천했다.

39
한울장애인자활센터
설립

최성묵은 사회 민주화운동을 추진하면서 사회사업에도 남다른 관심과 애정으로 힘을 기울였다. 그중에서도 특별히 장애인 문제에 남다른 관심을 가지고 있었는데 아직 한국사회가 장애인 문제에 대한 깊은 인식을 갖지 못하던 시기인 1984년 7월 5일 사단법인 한울장애인자활센터를 설립했다. 한국기독교교회협의회(KNCC)의 장애인 선교사업의 일환으로 세계기독교협의회(WCC)의 지원을 받아 이루어진 일이었다. 이는 당시까지 장애인 교육의 불모지나 다름없었던 부산에서는 매우 획기적인 일이었다. 한울장애인자활센터에서는 매년 교육생을 모집하여 무료로 1년간 직업교육을 실시했는데 먼저 컴퓨터 교육을 시작했다. 이 교육은 제10기까지 계속되었다. 지금은 컴퓨터가 보편화되었지만 당시만 하더라도 컴퓨터가 일반에게 보급되기 전이었다. 당시로서는 첨단기술을 가르친 셈이었다. 그래서 1년의 교육으로도 교육받은 장애청년들이 공기업, 도서관, 회사 등에 취업하여 떳떳한 직업을 가질 수 있게 되었다.

제1기 교육 때는 구형 XT형 컴퓨터 1대를 놓고 시작했지만, 해를 거듭하면서 컴퓨터도 늘어나고 교육생 수도 늘어갔다. 1988년에는 올림픽 때 사용했던 IBM 컴퓨터를 기증받기도 하고, 한울장애인자활센터의 운영위원이었던 이강현이 미국에 들어가 모금을 하여 그 돈으로 당시 신형 모델인 286 컴퓨터를 도입하기도 했다. 당시로서는 참으로 선구적인 장애인 직업교육을 실시했던 것이다. 또 컴퓨터 교육과 함께 인쇄기술 교육과정을 신설하여 과정을 이수한 장애청년들이 인쇄소에 취업할 있도록 지원했다. 한울장애인자활센터는 이후 20여 년간 많은 장애인을 교육하여 사회로 진출시켰다.

장애인교육사업에 이어 최성묵은 장애어린이 조기교육으로 사업을 확장했다. 당시 윤원수 부산지역 뇌성마비복지회 사무국장이 "부산지역 장애어린이 조기교육이 중요하고 시급하니 중부교회에서 시작하면 모든 교회로 전파될 수 있을 것 같다."는 제안을 받고 최성묵은 그 요청을 흔쾌히 받아들였다. 이 사업을 위해 최성묵은 독지가를 모으기 시작했고 재일동포 독지가의 도움으로 중부교회에 부설 한울장애어린이집을 설립하였다. 이강현도 미국에서 다니던 교회와 로드아일랜드 한인회에 부탁하여 1천 달러의 성금을 모았다. 한울장애어린이집은 1990년에 전국 최초의 장애아 전담 어린이집으로 개원하였는데 조성항 장로를 원장으로 3명의 교사와 10여 명의 어린이들로 출발하였다. 이 과정에서 장애아 학부모들이 2000년도에 학부모회를 결성

1990년 7월,
한울장애어린이집
현판식에 박순금 장로와
함께한 최성묵

1988년 2월,
한울장애인자활센터
컴퓨터반 수료식에
참석한 최성묵

하여 장애인들의 권리와 처우개선을 위한 운동을 지속적으로 전개했다. 2006년, 어린이집이 위치해 있던 중부교회 입구 계단이 문제가 되어 결국 문을 닫은 후에도 학부모회는 지금까지도 활동을 계속하고 있다. 또 한울 출신 장애인들은 '한울타리'라는 모임을 만들어 자활을 위한 정보 교환과 상호협력 활동을 꾸준히 해오고 있다.

최성묵은 이강현에게 부산시향 후원회를 구성해달라는 부산시 문화회관 측의 요청을 받고 문화방송의 유판수 국장 등과 함께 사람들을 모아 문화의 불모지라는 오명을 듣고 있던 부산의 문화를 가꾸는 일에도 앞장섰다. 그 결과 1990년 3월 부산시민 20여 명을 회원으로 하는 '부산시립교향악단후원회'(회장 조평래 해동병원장)가 발족되었는데 이는 국내 초유의 일이었다.

또한 이대근, 유판수, 이강현 등이 중심이 된 한국자원봉사연합회(국내 최초의 자원봉사센터)가 1991년 2월에 개설되었는데 이 사업에도 최성묵의 지지와 격려가 있었다고 한다. 뿐만 아니라 최성묵은 YMCA 총무 시절부터 사회체육의 보급에 관심을 가지고 오동석을 앞세워 사회체육시민운동을 시작한 사람이기도 했다.

이 모든 사회사업들에 한국 혹은 부산 최초의 사업이라는 타이틀이 붙은 것은 최성묵이 소외된 사람, 어려운 사람들에 대한 깊은 사랑과 함께 시대를 앞서 가는 안목을 갖고 있었음을 보여준다.

40
박종철
고문치사사건

1987년 1월 13일 박종철 고문치사사건이 발생했다.

송 신부가 미국으로 출국하고 최성묵이 부민협 회장을 맡은 무렵이었다. 박종철 고문치사사건은 전국적인 사건이었지만 특히 부산과는 깊은 관련이 있는 사건이었다. 박종철이 부산 출신이었기 때문이다. 박종철은 1983년 부산혜광고등학교를 졸업하고 1984년 서울대학교 인문대 언어학과에 입학했다. 그리고 학생운동에 참여하여 반독재투쟁에 앞장서 싸우다가 변을 당했다. 그의 부친인 박정기 선생은 당시 부산시청 수도과 공무원으로 근무하고 있었다. 사건이 터지자 전두환 정권은 사건을 축소, 은폐하기 위해 혈안이 되었다. 동시에 경찰력을 동원하여 박종철의 유족을 격리하여 외부와의 접촉을 차단했다.

부산의 인권선교협의회, 부민협 등의 젊은 활동가들은 박종철 고문치사사건을 최성묵 목사, 노무현 변호사와 의논하면서 이 사건을 민주화운동의 새로운 불씨로 살려가고자 했다. 박종철 고문치사사건이 언론에 보도된 이틀 후, 최성묵 회장이 앞장서고 부민협의 운영위원들과 실무자 등 15명 정도가 영도에 있던 박종철의 집을 방문했다. 영도 청학동에 있는 박종철의 집은 정수장을 관리하는 사택이었다. 1층에는 정수장 시설이 있고 2층에 사택이 있어 외부 계단을 타고 출입하게 돼 있는 구조였다. 벌써 집 입구부터 전투경찰들이 에워싸고 외부인의 출입을 막고 있었다. 추운 겨울에 방한복을 입은 전경들이 최성묵 일행의 발걸음을 가로막았다.

"여기는 못 들어갑니다."

"우리는 기독교 인권선교협의회에서 온 사람들이오. 박종철 군의 가족들을 좀 만나야겠으니 비키시오."

"안 됩니다. 상부의 지시 없이는 아무도 들여보내지 말라는 명령을 받고 있습니다."

"이거 보시오. 사람이 사람 사는 집에 가는데 누가 못 가게 합니까? 빨리 비키시오."

이런 실랑이가 한참동안 이어졌고 전투경찰은 무전기로 어딘가와 분주히 연락을 취한 후 전부 다 들어갈 수는 없고 일부 사람들만 들어가라면서 타협을 시도했다. 또다시 실랑이를 벌이다가 최성묵과 일행은 인원수 문제로 시간을 끌기보다 빨리 가족을 만나는 것이 더 중요하다고 판단하여 일부만 들어가기로 했다. 남은 사람들은 바깥 추위에 떨면서 기다려야 했다.

최성묵 일행이 정수장 입구를 들어서 보니 박종철의 가족들이 사는 2층 사택 입구에도 경찰들이 늘어서서 지키고 있었다. 경찰들을 밀어내고 방문을 열고 들어서니 박종철의 부모님과 누나가 잔뜩 겁먹은 분위기로 최성묵 일행을 맞았다. 자리에 앉으라는 말조차 제대로 못하는 분위기였다. 최성묵이 자리에 앉으면서 말했다.

"저는 최성묵 목삽니다. 아드님 때문에 얼마나 마음이 아프십니까? 우리 먼저 박종철 군을 위해 기도합시다."

비명에 간 박종철 군의 명복을 비는 기도를 올린 후 최성묵과 일행은 가족들에게 여러 가지를 물어보았다. 하지만 워낙 살벌한 상황 때문인지 부모님들은 일행을 만나고 있는 것조차 두려워하는 기색이 역력했다. 그나마 박 군의 누나가 말문을 열어 일행의 질문에 답을 해주었다.

"이렇게 찾아와 주셔서 감사합니다. 그동안 저희들은 경찰이 스물네 시간 감시하고 있어서 꼼짝할 수 없었습니다. 경찰은 저희들이 외부 사람과 만나지 말라고 합니다."

"박종철 군은 나라의 민주화를 위해 싸우다 희생한 겁니다. 그 뜻을 이어받아 저희들이 끝까지 싸울 것입니다. 가족 여러분들도 마음을 굳게 먹고 함께합시다."

최성묵 일행은 이렇게 가족들을 위로, 격려하고 발길을 돌렸다. 이 방문은 가족들에게 큰 힘이 되었다. 그로부터 한 달 후 열린 박종철 열사의 2·7추도대회 때 가족들은 경찰의 저지를 뚫고 부산의 사리암에서 정한 시각에 맞춰 타종했다. 박 열사의 어머니와 누나가 울면서 종을 치는 모습은 부산일보에 사진으로 실려 국민들의 심금을 울렸다.

부산의 민주화운동 단체와 개인을 총결집한 '고 박종철 부산시민 추도위 준비위원회'는 2월 7일 오후 2시 광복동 대각사에서 추도회를 열기로 결정하고 대대적으로 홍보를 시작했다. 그러자 부산시경은 6일 밤 신민당 제1지구당 사무실을 급습하여 집회에 쓸 물품을 압수했다. 또 시내 전역에서 검문검색을 실시하여 208명을 연행했다. 최성묵을 비롯하여 김재규 등 재야인사 70명에 대해 가택연금령이 떨어졌다.

하지만 그런 사실을 모른 채 6일 밤 늦은 시각에 최성묵은 부민협 부회장 김희로 시인과 함께 중부교회 앞의 한 중국집에서 식사를 하고 있었다. 이 싸움이 길고 어려운 것이 될 것임을 짐작한 최성묵은 평소 초협초계하는 시인인 김희로 시인에게 이렇게 말했다.

"어이, 욕장이 아우, 이번에 잡혀가면 한동안 나오기가 어려울 텐데 집안 단도리는 해놨나?"

"형님, 난 집에 없는 것이 집을 돕는 일이지요."

김희로 시인은 술이 가득 찬 잔을 최성묵에게 권하면서 이렇게 말했다.

"예수님은 최후의 만찬 때 잔을 돌리며 '이는 내 피니, 너희는 받아 마셔라!' 하셨지만 이는 이 욕장이 아우가 형님에게 드리는 사랑의 증표이니 사양 마시고 받으시지요!"

"정말 못 말리는 아우군."

그러면서 최성묵은 그 잔을 받았다.*

그 무렵 최성묵의 건강 상태로는 술을 삼가야 했다. 하지만 억울한 죽음이 이어지는 어둠의 시대는 누가 권하지 않더라도 술이라도 마시지 않으면 견디기 힘들었다.

그날 두 사람이 헤어지면서 김희로 시인은 최성묵의 귀가를 만류했다. 가택연금을 우려했기 때문이다. 그러나 최성묵은 새벽에 나오면 된다면서 집으로 들어갔다가 다음 날 아침 가택연금에 걸려 움직일 수가 없었다.

한편 이런 상황을 우려한 이호철은 송병곤, 김나야 등 5, 6명의 청년들에게 미리 중부교회에서 대기하도록 부탁했다. 그래서 송병곤 등은 중부교회에 들어가 있었다. 2월 7일이 되자 아침 일찍부터 경찰이 중부교회를 에워쌌다. 아무도 중부교회를 들어갈 수도 나갈 수도 없이 철통같이 봉쇄했다. 최성묵도 꼼짝을 할 수 없었다. 집회 예정 시

---

* 김희로, 형님, 『그의 부활을 기다리며』, 309쪽

각이 다가오면서 상황을 보니 도저히 시민들이나 시위대가 중부교회로 올 수가 없었다.

송병곤이 최성묵에게 말했다.

"목사님, 지금 교회가 완전히 봉쇄되어 있지만 저희들만이라도 이 안에서 투쟁을 하겠습니다. 저 종탑 위에서 시민들에게 선전전을 할 생각인데 허락해주십시오."

"아, 당연히 그렇게 해야지."

최성묵은 오히려 바라던 바였으므로 쾌히 승낙했다.

청년들은 중부교회의 가장 높은 곳에 매달려 있는 종탑으로 올라갔다. 종탑 속으로 들어가자면 사다리를 타고 아래서 위로 미는 문을 열고 올라가야 했다. 청년들은 좁은 종탑 속에 올라가 출입문을 깔고 앉았다. 그 무게 때문에 아래서 위로 문을 열기는 무척 어려울 것이었다. 그렇게 출입문을 열기 어렵게 만들어놓고 김나야는 종탑에서 몸을 내밀어 확성기를 입에 대고 외치기 시작했다.

"시민 여러분, 전두환 군사독재 정권이 우리 부산의 아들, 박종철 군을 고문해서 죽였습니다. 그렇게 억울하게 죽은 박 군을 위해 오늘 추도회를 하려는데 이 정권이 경찰을 동원해서 사람들을 붙잡아가고 있습니다. 오늘 오후 2시 대각사 앞에서 추도회가 있습니다. 우리 모두 억울하게 죽은 박종철 군을 위해 추도합시다."

확성기를 타고 절규하는 듯한 목소리가 2월 맑은 하늘 위로 울려 퍼졌다.

얼마 후 당황한 경찰은 청년들을 끌어내기 위해 교회로 들어왔다. 최성묵은 화가 머리 끝까지 나서 경찰들에게 소리쳤다.

"야, 이놈들아, 냉상 불러가라! 사람을 죽였으면 회개를 해야지 이게 무슨 짓들이냐!"

하지만 경찰은 막무가내로 밀고 들어와 종탑으로 올라가는 사다리를 탔다. 하지만 사다리가 작고 공간이 협소하여 여러 명이 올라갈 수가 없었다. 맨 위로 올라간 전투경찰 한두 명이 종탑의 출입문을 위로 밀어보았지만 꼼짝도 하지 않았다. 위에서 건장한 청년들이 문을 깔고 앉아 있으니 아래쪽에서 웬만큼 힘을 줘 밀어보았자 열릴 리가 없었다. 그러는 동안 김나야의 선전, 선동은 거침없이 계속되었다.

"시민 여러분, 독재정권이 젊은 학생을 고문해서 죽여놓고는 하는 소리가 웃깁니다. 책상을 탁하고 치니 억하고 죽었답니다. 지나가는 개도 웃을 소립니다. 국민을 바보로 알고 하는 소리 아닙니까? 광주에서 수천 명의 무고한 시민을 죽여놓고 그것도 모자라 학생을 또 고문하여 죽인 이 살인 정권을 타도합시다!"

종탑 위의 목소리는 건조한 2월의 공기를 타고 대청동, 보수동 일대를 뒤흔들었고 거리를 지나던 시민들은 너나없이 소리가 나는 중부교회 쪽을 바라보았다. 그럴수록 경찰의 조바심은 더 커져갔다. 현장 지휘관들의 신경질적인 체포 명령이 연거푸 떨어졌지만 경찰들은 종탑의 문을 열지 못하다가 서너 시간이나 지나서 겨우 문을 열고 청년들을 끌어내었다.

경찰은 2월 7일 오전 7시부터 집회가 예고된 장소의 주변 지역을 막고 차량과 사람의 통행을 통제, 차단했다. 이런 조치로 인해 신창동 유나백화점, 새부산상가, 국제시장 등의 500여 점포가 철시했다. 그러나 이런 조치도 끓어오르는 부산시민들의 분노를 막을 수 없었다. 낮 12시 30분경부터 신민당 청년당원, 부산대와 동아대 학생 수백 명이 대각사 입구에서 경찰과 대치하고 시위를 벌였다. 오후 2시가 되자 경찰의 검속을 피해 있던 노무현, 김광일, 김재규, 고호석 등 재야 인사와 민주단체 회원, 구속자 가족 등이 남포동 부산극장 앞에 모여 추도회를 시작했다. 뒤늦게 달려온 경찰이 최루탄을 난사하며 시위를 해산시키려 했으나, 시민들의 뜨거운 열기로 인해 시위대열은 급속히 불어났다. 오후 3시경에는 3천 명 이상의 시민들이 간선도로를 메우고 "독재 타도", "고문 추방"의 구호를 외쳤고 저녁까지 시위 참여자는 2만 명을 넘었다. 드디어 시민들이 움직이기 시작했다. 부마항쟁 이후 억눌려온 시민들의 분노가 박종철 군의 죽음을 계기로 용암처럼 분출했던 것이다. 이날 시위로 김영수 목사, 김희로 부민협 부회장, 김신부 신민당원, 손규호 장청 부산경남협의회장 등 4명이 구속되었다. 또 연행된 노무현 변호사에게 검찰이 하룻밤 사이에 무려 네 번이나 구속영장을 신청했다가 기각되는 사법사상 초유의 사태도 벌어졌다. 노 변호사는 진압을 위해 중무장 전경부대가 다가오자 윗옷을 벗어 던지며 "나부터 찍어라!" 하고 외치며 달려가 온몸을 내던지는 등 워낙 헌신적으로 투쟁했기 때문에 공안검찰이 어떻게든 구속시켜보려다가 망신만 당한 꼴이 되었다.

최성묵이 걱정한 대로 2·7추도회로 구속된 김희로 시인은 주례교도소에 수감되어 3·1절을 맞았다. 그 전날 밤, 그는 꿈을 꾸었는데, 저승에서 죽은 박종철 군과 유관순 열사가 이야기를 하고 있었다.

"자네는 어떻게 젊은 나이에 왔느냐?"

"저는 경찰의 고문을 못 이겨 죽었습니다."

"조국은 이미 왜놈으로부터 독립하지 않았느냐? 그런데 왜 경찰관의 고문에 죽었단 말이냐?"

"만복재 빈수화투쟁을 하다 당했습니다."

"모를 일이로다. 나는 왜놈의 경찰 고문에 죽었지만 자네는 우리 경찰한테 죽었단 말인가?"

문득 깨어보니 꿈이었다. 하도 기분이 이상해서 3·1절 아침에 그는 최성묵에게 꿈 이야기를 편지에 썼다. 최성묵은 다음과 같은 구절을 담아 회신을 보냈다.

"이봐, 욕장이 아우, 일본 경찰과 우리 경찰의 차이점이 있다고 생각하는가? 정말 순진한 아우군."*

1987년 4월 10일, 부산 YMCA에서 고문을 주제로 열린
시민논단에서 발표하는 최성묵

---

* 김희로, 형님,『그의 부활을 기다리며』, 310쪽

2·7추도대회로 자신감을 얻은 추도위는 박종철의 49재를 '고문추방 민주화 국민평화대행진'으로 치르기로 했다. 가족 중심의 49재는 사리암에서 치르고, 평화대행진은 대각사에서 출발하기로 했다. 2·7추도대회의 진압에 실패한 부산시경은 대회 사흘 전부터 겹겹이 저지선을 구축했다. 3월 2일 최성묵, 김기수 목사 등 재야인사 50명을 가택연금하고 사리암과 대각사 주변에 2천 명의 경찰 병력을 배치했다. 이른바 원천봉쇄가 워낙 심해 도심은 공동화(空洞化)되었다. 3월 3일 오전에는 사리암에서 가족들과 스님, 신도 등이 모여 49재를 치렀고 오후 6시경부터는 부민협 소속 재야인사와 신민당 국회의원 박찬종, 문정수 등과 당원 등 200여 명이 광복동에서 침묵시위를 벌였다. 경찰은 시위자들을 무더기로 연행하여 이른바 '닭장차'*에 싣고 시 외곽으로 가서 내팽개쳤다. 그 직후 대학생들의 시위가 남포동에서 시작되어 7시경까지 각목과 화염병을 들고 경찰의 최루탄에 맞섰다. 이날 대각사 주변과 도심에서 벌어진 시위의 참여자는 3천 명 정도였다. 부산시경은 3·3대행진과 관련 대학생 3명을 구속했다.

　박종철 고문치사사건의 여파로 끓어오른 분노가 3·3평화대행진을 고비로 잠시 소강상태로 들어가는 듯하자 다가오는 대통령 선거를 앞두고 개헌문제로 골치를 앓던 전두환 정권은 '호헌' 카드를 빼들었다. 전두환은 1987년 4월 13일 이른바 '4·13호헌조치'를 선언했다. '호헌'이란 유신헌법의 재판인 제5공화국 헌법을 개헌하자는 야

---

* 경찰 병력을 수송하는 버스로서 유리창을 모두 격자형 철망으로 막아 놓은 모양이 닭상처럼 모인다고 하여 붙여신 별칭이다.

당과 국민의 요구를 무시하고 제5공화국 헌법을 수호하겠다는 것이었다. '4·13호헌조치'가 발표되자 부산을 비롯한 전국, 각계각층으로부터 이에 항의하는 성명, 농성, 단식, 삭발, 기도회 등이 줄을 이었다. 민주화에 대한 전 국민의 열망이 거대한 항의의 목소리로 울려퍼졌다. 부산만 하더라도 5월 1일, 가톨릭 부산교구 신부 28명이 호헌철폐, 민주개헌을 촉구하는 성명을 발표하고 가톨릭센터에서 단식 농성이 돌입하였다. 5월 3일에는 가톨릭 부산교구 수녀협의회 소속 수녀 250여 명이 신부들의 단식을 지지하는 성명을 발표하고 중앙성당에서 철야 기도회를 열었다. 5월 4일에는 가톨릭 부산교구 사제단이 동료 사제들의 단식 농성을 지지하는 성명을 발표했다.

같은 날, 중부교회에서는 부산목회자정의평화실천협의회(약칭 목정평)의 이름으로 개신교의 젊은 목사들이 모여 호헌철폐와 민주개헌을 촉구하는 삭발 단식 농성을 벌였다. 영남지역에서 개신교 목회자들의 저항운동으로서는 최초의 것이었다. 목정평에 참여한 교단은 기독교장로회, 예수교장로회, 감리교, 성공회 등이었다. 김영수, 유성일, 김용환, 김상훈, 송영웅, 황대봉, 공명탁, 전재식, 임명규 등의 목사들이 참석한 이 농성은 5월 12일까지 8일 동안 계속되었다. 이 농성은 이후 개신교계가 6월항쟁에 보다 적극적으로 참여하도록 이끄는 역할을 했다. 5월 6일부터는 부산대, 동아대, 부산여대, 부산산업대의 교수들이, 5월 20일부터는 부산의 치과의사, 부산과 경남의 약사, 부산일보 기자, 부산의 변호사들이 개헌을 촉구하는 성명을 잇달아 발표했다.

1987년 5월 4일부터
12일까지 계속된
부산목회자정의평화실천
협의회 목사들의
삭발 단식 농성장이 된
중부교회의 모습

6월 5일부터는 부산가톨릭센터에서 '5·18 광주민중항쟁 영령추도
사진전'이 부산교구 정의평화위원회 주최로 열렸다. 전시된 사진들은
5·18항쟁으로 계엄군에게 학살당한 시민들의 참혹한 광경을 담은 것
이었다. 1층에서는 사진전을 하고 위층에서는 5·18항쟁의 과정을 찍
은 비디오테이프를 상영했다. 그때까지 대학생들을 제외한 대다수 부
산 시민들은 5·18항쟁의 진상을 잘 모르고 있었다. 일부 시민들은
5·18항쟁 당시에도 일본의 텔레비전 보도를 통해 사태를 짐작하고 있
었지만* 대부분의 시민들은 5·18항쟁이 폭도들의 난동이라고 보도하

* 부산은 일본과 지리적으로 가까운 곳이어서 상당한 지역에서 일본의 텔레비전 방송이
수신되었다. 1980년 5월 당시 일부 시민들은 이렇게 수신된 일본 텔레비전의 보도를 통

고 가르치는 군사정권의 거짓 선전을 반신반의하는 상황이었다.

5·18항쟁 이후 부산에서는 최초로 공개되는 이 사진들이 부산시민들에게 던져준 충격은 엄청나게 컸다. 1주일 정도로 잡았던 일정을 늘려 13일까지 계속된 이 전시를 보기 위해 몰려든 부산 시민들은 장사진을 이루었다. 가톨릭센터 입구에서부터 시작된 시민들의 대열이 영선고개를 넘어 메리놀병원에 이르기까지 두 줄, 석 줄씩 늘어섰다. 가히 폭발적인 반향이었다. 자갈치에서 생선장수하는 아주머니들이 장사 시작하기 전에 새벽 일찍 와서 그 참혹한 사진을 보고 전시장 바닥에 앉아 대성통곡을 했다. 심지어 경찰과 안기부 직원들이 와서 사진과 테잎을 관람한 후 박승원 신부에게 놀라움을 표시했다. 그들조차도 광주의 진상을 잘 몰랐기 때문에 그 참상을 보고는 경악을 금치 못했던 것이다. 이 5·18항쟁 사진전은 연 6만여 명의 시민들이 관람했는데 이를 통해 5·18항쟁의 진실을 대중적으로 알렸을 뿐 아니라 전두환 정권의 죄악상에 대한 시민들의 분노를 더욱 증폭시키는 역할을 했다. 이 사진전은 가톨릭 부산교구의 박승원 신부가 수년간의 숨은 노력 끝에 만든 작품이었다. 또한 이 행사가 성공적으로 치러지는 데는 박 신부를 도왔던 부산천사협(부산천주교사회운동협의회) 실무자들의 숨은 노고도 컸다.

박종철 고문치사사건에서 시작해 숨가쁘게 이어진 탄압과 저항의 상승적 발전은 마침내 1987년 6월항쟁이라는 클라이맥스를 향해 치달았다.

해 광주항쟁에 대한 정보를 알 수 있었다.

41
6월항쟁

1987년 6월항쟁은 한국현대사에서 가장 중요한 분수령의 하나이다. 이 대사변을 통하여 한국사회는 군사정부에서 민간정부로, 권위주의독재에서 의회민주주의로 이행하는 변화를 겪게 되었다. 대통령의 7년 단임을 규정한 제5공화국 헌법은 1987년 내에 대통령 선거를 치르도록 되어 있었다. 따라서 대선을 둘러싼 개헌 공방이 1985년부터 뜨겁게 달아올랐는데 이제 호헌을 선언한 전두환 정권과 개헌을 요구하는 야당과 국민의 대결은 피할 수 없는 것이었다. 전두환 정권의 여당인 민정당(민주정의당)은 4·13호헌조치를 밀고 가기 위해 6월 10일 전당대회를 열고 노태우를 차기 대통령 후보로 선출하려 했다. 야당과 민주세력은 6월 10일을 기해 대대적인 반독재 민주화투쟁을 계획했다. 그리고 그 계획은 민주헌법쟁취 국민운동본부(약칭 국본)의 결성으로 나타났다. 국본과 함께 부산시민이 보여주었던 민주화에 대한 불굴의 열정은 민주화를 이끌어내는 가장 결정적인 동인이었다.

부산의 경우, 1987년 5월 20일 2시 당감성당에서 부산민주시민협의회(부민협)과 종교계, 통일민주당, 학생, 노동자 등 1백여 명이 모여 '호헌반대 민주헌법쟁취 범국민운동 부산본부'가 결성되었다. 경찰의 원천봉쇄 때문에 참여자는 많지 않았지만 열기는 높았다. 부산국본의 조직 구성은 지도급 원로인 고문과 각 참가단체의 대표들로 이루어진 공동대표가 있고 그 산하에 실질적인 최고 의결, 집행기구인 상임집행위원회가 있었다. 그 아래도 각 부문의 대표로 구성된 집행위원과 실무를 총괄하는 사무국이 있었다. 참가단체는 한국교회사회선교협의회 부산지구협의회, 부산기독교교회협의회 인권위원회, 부산지구기독청년협의회, 부산민주화실천가족운동협의회, 천주교정의구현부산교구사제단, 영남지역목회자정의평화실천협의회, 부산민주시민협의회, 부산민주노동자투쟁위원회, 부산천주교사회운동협의회, 통일민주당 1, 2, 3, 6지구당, 부산지역총학생회협의회 등 부산지역의 모든 민주진보단체가 망라되었다. 6월 8일에 확대 개편한 부산국본의 상임대표는 부민협과 부산사선의 회장 최성묵이 맡았다. 상임집행위원장은 노무현 변호사였고, 집행위원들은 천주교, 불교, 개신교 그리고 법조계, 재야, 민가협, 민주당의 대표적인 인사들로 구성되었다. 실무를 맡은 사무국은 고호석, 최병철 등 젊은 활동가들이 뛰었다. 이렇게 전열이 정비된 후 6월 10일부터 29일까지 20일간 줄기차게 전개되었던 항쟁의 과정을 3단계로 나누어 각 단계별로 항쟁의 양상과 전개 과정을 살펴본다.*

1단계는 6월 10일부터 17일까지다. 이 시기에 6·10대회와 명동성당 농성으로 상징되는 서울의 투쟁이 일단 하강국면으로 접어들면서 부산이 16일부터 가톨릭센터 농성을 시작하면서 다시 전국적 투쟁을 상승국면으로 끌어올리는 역할을 했다.

6월 10일 오후 6시 '박종철 고문살인 은폐규탄 및 호헌철폐 부산시민대회'가 대각사에서 개최될 예정이었으나 경찰의 철통 같은 봉쇄로

---

* 고호석은 (사)6월민주항쟁계승사업회가 편찬한 『6월항쟁을 기록하다』에 쓴 「부산지역의 6월항쟁」에서 부산의 항쟁을 3단계로 나누어 서술하고 있다. 이하에서는 많은 부분 고호석의 서술을 인용하였다.

1987년 6월항쟁 기간 중, 중부교회에 모인 시위 군중들의 농성 장면

시내 여러 곳에서 산발적으로 전개되었다. 경찰은 무차별적이고 무분별하게 최루탄을 난사함으로써 시위대나 시민들에게 부상을 입혔는데 이것이 시민들의 분노를 더욱 자극하였다. 동광초등학교 부근에서는 경찰 1개 중대가 시민들에게 포위되어 무장해제를 당하기도 했다. 대학생 중심의 시위에 참여하는 시민들의 수도 더욱 늘어났다. 이날 밤 자정 무렵까지 학생과 시민들은 '동시다발적 기동성 시위'를 벌였는데 이는 부마항쟁 때 위력이 확인된 바 있다. 즉, 부산 도심의 복잡한 지형을 이용하여 동시다발적으로 시위대를 형성했다가 경찰이 추격하면 해산하고 다시 다른 곳에서 시위대를 형성하는 식으로 치고 빠지는 게릴라식 시위 방식이었다. 결국 경찰은 시위대를 쫓아다니지만 해산시키지는 못하고 시위는 산발적으로 계속되었다. 밤이 깊어지고 시위 인파도 줄어들 무렵에 국본 지도부와 일부 시민, 학생들은 투쟁의 열기를 계속 이어가야 한다고 생각하여 해산을 거부하고 농성에 들어갔다. 이 농성 계획은 이미 낮 시간에 결정되어 각 부문을 대표하는 사람들은 우선적으로 오후 6시에 중부교회에 집결하라는 메시지가 전달되었다. 당시 대학생불교연합회 부산지부 간사장이었던 성재도는 6시까지 중부교회에 집결하라는 메시지를 받고 오후 6시가 조금 넘은 시각에 중부교회로 갔다. 이 시간에 중부교회에 집결한 사람들은 약 30명 정도였다. 그런데 시간이 지나면서 점점 더 많은 사람들이 모여들었다. 밤 10시경이 되었을 때는 150명 정도가 되었고 자정 무렵에는 250명이 넘는 숫자가 모여들었다. 그리고 자연스럽게 철야 농성에 돌입했다. 최성묵은 물론 이 농성의 버팀목이었다. 중부교회 농성이 시작되자 경찰병력이 교회를 포위하였고 자정이 넘어서자 중부산경찰서의 정보과장과 황형사가 앞장서서 해산을 요구하기 시작했다. 만약 자진해산하지 않으면 강제 연행하여 구속하겠다고 위협했다. 국본 지도부는 숙의를 거듭했다. 일단 중부교회가 250명을 수용하기에는 공간이 협소하고 농성 대열을 정비할 필요도 있어서 직장인 등 내일 당장 일이 있는 사람들은 귀가하도록 했다. 그리고 나니 남은 사람은 100여 명 정도로 줄었다. 그런 상태에서 어떻게 할 것인가를 고민했다. 경찰이 강제 해산에 나서면 농성은 버티기 어렵고 다수가 연행될 것이 뻔했다. 당연히 국본의 지도부, 실무자 등 다수가 연행, 구속된다면 전력의 손실이 클 것이었다. 중부교회 농성에 참여하고 있던 최성묵과 노무현, 김재규, 고호석 등 국본의 지도부는 항쟁의 열기를 이어갈 필요성과 경찰에 강제해산 당했을 때의 손실을 놓고 고심하고 있었다. 바로 그때 텔레비전에서 서울 명동성당에서 시위대의 농성이 시작되었다는 뉴스가 전해졌다. 국본 지도부는 일단 명동성당 농성이라는 하나의 구심점이 생긴 것을 보고 안도의 한숨을 쉬었다. 서울의 명동성당 농성에 대해 경찰이 강제 해산은 유보하고 있었으므로 중부교회 농성도 자진 해산할 필요는 없겠다고 판단하고 그대로 버티기로 했다. 경찰도 위협만 가했지 실제로 강제해산을 하지는 못했다. 그런 대치 상황 속에서 밤은 깊어갔고 다음 날 아침이 밝아왔다. 중부교회 농성단은 더 이상 농성을 지속하기보다는 해산하고 가두시위를 지속하는 편이 낫다고 판단하고 있었다. 그런데 아침 6시가 넘어 노무현 당시 국본 상임집행위원장과 김재규 상임집행위원이 먼저 중부교회를 나서자 교회 밖에 진을 치고 있던 경찰이 두 사람을 연행하여 중부경찰소로 끌고 갔다. 교회 안의 농성단은 이 소식을 전해 듣고 격앙하여 자진 해산하려던 농성을 풀지 않고 두 사람의 석방을 요구했다. 결국 두 사람은 얼마 지나지 않아 풀려났고 농성도 그에 따라 자진 해산하였다.

6월 11, 12, 13일에도 대학생들을 주축으로 한 시위대는 시내 곳곳에서 "독재타도, 호헌철폐"를 외치며 시위를 벌였다. 시민들의 합세가 눈에 띄게 늘어갔다. 시위 인원은 보통 1만 명을 넘어섰다. 6월 12일 밤에는 구덕운동장에서 한국과 미국 선수단 간의 국제축구경기가 열리고 있었는데 관람객과 합세하기 위해 도로에 연좌농성하던 400여 명의 학생에게 경찰이 최루탄을 난사하는 바람에 최루가스로 인해 경기가 중단되기도 했다.

6월 14일은 일요일임에도 학생들은 학교에서 집회를 가진 후 8천여 명의 시위대가 거리로 나섰다. 부산대생들은 사직구장 근처에서 시위를 벌였고, 사직구장에서 롯데와 해태의 경기를 관람하던 관중들은 경기 마칠 무렵 응원 구호가 "화이팅" 대신 "독재타도"로 변했다. "우리의 소원은 통일", "애국가" 등을 부르면서 시민들은 경기가 끝난 후에도 그대로 앉아 구호와 노래를 반복했다. 경찰이 강제해산에 들어가자 시민들은 구장을 빠져나오면서도 구호를 외쳤다.

6월 15일 부산대, 산업대, 수산대 등의 학생들이 시민과 함께 서면, 범내골, 광복동, 국제시장 등에서 게릴라식 가두시위를 자정까지 벌였다. 부산역 광장에서는 시민들의 시국토론이 벌어졌고 왜곡보도를 일삼던 부산일보는 시위대가 던진 돌로 사옥의 유리창 19장이 박살났다. 이날 서울의 명동성당 농성이 해산되었다.

경찰의 진압방식이 이전보다 더 난폭해지면서 6월 16일부터는 시위대의 대응도 격화되었다. 경찰버스 방화, 파출소 습격과 함께 언론사에 대한 항의성 시위가 이어졌다. 남포동 부근에서 시위하던 1만 명의 시위대는 시청 옆 MBC방송국으로 진출하여 연좌시위를 벌였는데 경찰의 무차별 최루탄 난사로 흩어졌다가 다시 국제시장, 대청동, 보수동 등지로 진출했다. 그중 대청동 사거리로 진출한 시위대의 일부가 가톨릭센터 앞에서 경찰의 포위 속에 대치하면서 장시간 싸우고 있었다. 이 시위대는 이날 저녁 가톨릭센터 안으로 들어가 농성을 시작했다. 명동성당 농성 해산의 소식이 전해지면서 맥이 빠지는 듯했던 전국의 항쟁을 다시 불붙인 부산 가톨릭센터의 농성이 시작된 것이다. 이 농성은 명동성당 농성의 해산 소식을 듣고 부산 국본의 현장 지도부가 기획한 것이었다. 학생들의 시위에 점차 많은 시민들이 참여하기 시작한 항쟁을 이어가기 위해서는 항쟁의 상징적 구심을 만들 필요가 있었다. 명동성당이 그 역할을 다했다면 부산에서 그것을 만들자는 강력한 공감대가 있었고, 16일 저녁 가톨릭센터 앞에 있던 고호석 사무국장, 임정남 상임집행위원, 배성한 부산대 사회부장 등을 중심으로 가톨릭 측과 교섭에 나섰다. 가톨릭 측에서는 박승원 신부가 적극적으로 중재해주었다. 시위대는 최루탄 가스를 뒤집어쓴 채 센터 안으로 들어갔다. 문을 잠근 시위대는 강당에 모여 대열을 정비한 후 농성을 계속할 것인지, 해산할 것인지를 놓고 토론을 벌였다. 결과는 가톨릭센터를 투쟁의 구심으로 만들자는 것으로 모여졌다. 시위대 중 장기 농성이 어려운 사람들은 내보내고 350명 정도가 남았고, 전체를 3개 조로 나누었다. 1조는 부산대학생, 2조는 동아대학생, 3조는 다른 대학생들과 시민들로 구성되었다. 각 조의 대표를 뽑아 3인의 공동대표단을 만들었다. 그리고 다음 날인 17일 농성단 대표들은 박승원 신부 등의 배석하에 내외신 기자회견을 갖고 자신들의 결의를 밝혔다. 대표들은 이 농성이 가톨릭센터 측의 협조 아래 이루어지고 있으며 직선제 개헌 요구가 관철될 때까지 투쟁할 것임을 천명했다. 이 회견에는 로이터, AP, AFP 통신사, 뉴욕타임즈, 아사히신문, NHK 등 세계 유수의 언론사 기자들이 참가하여 취재경쟁을 벌였다. 농성을 지원하기 위해 수녀원, 성당에서 순번을 정해 김밥, 주먹밥 등을 날라 왔고, 국제시장 상인들을 비롯한 인근 주민들의 성금과 기증품이 줄을 이어 농성단의 사기를 크게 높여주었다. 가톨릭농성 소식이 알려진 17일에는 학생들의 시위가 더욱 격렬해졌다. 이날 9시 30분경 1만여 명의 시민들이 부산역 광장에 모여 집회를 개최했다. 시민들은 부산역 근처의 KBS 방송국을 점거하자고 외치기도 했다. 왜곡 보도에 대한 저항이었다. 시위대는『민주부산』(국민운동 부산본부의 기관지),『절규』(부산대 총학생회 발행) 등의 유인물을 살포하였다. 시위대는 KBS 방송국 앞에서 경찰과 격렬한 투석전을 벌였다. 방송국의 유리창 수십장이 깨졌다. 이날 밤 10시가 넘자 시위대의 숫자는 3, 4만으로 불어났다. 자정을 넘기면서 전국에서 경찰 지원 병력이 부산으로 속속 도착했다.

제2단계는 6월 18일부터 25일까지다. 6월항쟁 중 가장 극적인 상황이 전개된 시기이다. 특히 6월 18일에 열린 '최루탄 추방의 날' 시위에는 서면에 30만의 인파가 운집했다. 경찰은 진압을 포기하다시피 했다. 거대한 해방구가 형성되었던 것이다. 시위는 시내 곳곳에서 전개되었다. 밤 10시경 서면의 시위대가 부산역 방향으로 전진하는 과정에서 범일동 고가도로 위에서 경찰이 난사한 최루탄에 청년 이태춘이 희생되었다. 고가도로에서 추락한 이태춘은 병원으로 옮겨졌으나 24일 숨지고 말았다. 19일 자정을 넘기면서 시위대는 경찰의 저지선을 뚫고 KBS 방송국 앞으로 진출했다. 2만 명이 넘는 시위 군중이 밤을 새워 투쟁했다. 방송국으로 화염병이 날아들어 집기를 불태웠다. 이 시위 도중 경찰의 무차별 최루탄 발사로 직격탄을 맞은 시민 문철수 씨가 실명하는 부상을 입었다. 시위대는 YWCA 앞에서부터 횃불시위를 벌이면서 일본 영사관에 투석, 유리창을 깼다. 과거를 반성하지 않고 전두환 독재를 지지하는 일본정부에 대한 항의 표시였다. 새벽녘이 되어서야 시위대는 해산했다. 이 무렵 부산에서는 차량 경적시위와 노킹시위*가 유행했다. '민주택시기사협의회'가 생겨 기사들이 밤늦은 시간에 차량시위를 벌였다. 기사들은 시위에 가담하거나, 유인물이나 화염병을 운반하고, 바리케이드의 역할을 하기도 했다. 학생들은 택시를 타고 파출소 앞에서 내려 화염병을 투척하고는 다른 택시를 타고 도주했다. 또 시민들은 경찰이 무차별로 쏘아대는 그 지독한 최루탄을 제조하는 공장을 습격하러 가자는 공론이 들끓었다. 집회 현장에서 나돈 소문으로는 양산에 있는 삼영화학의 최루탄 제조공장을 습격하기 위한 특공대를 모집한다는 것이었다. 그러나 얼마 후 그 계획은 포기한다고 했다. 이유는 그 공장을 탱크 수십 대가 에워싸고 있어 접근이 어렵다는 것이었다.

이렇게 투쟁의 열기가 무서운 기세로 끓어오르자 전두환 정권은 계엄령의 선포를 암시하는 담화문을 발표하여 시민들을 위협하였으나 항쟁의 기세는 꺾이지 않았다. 특히 가톨릭센터의 농성장에는 17일경부터 익명의 전화제보가 잇달아 걸려 왔다.

"공수부대가 곧 투입될지도 모르니 조심하십시오."

---

* 노킹시위란 차량의 엔진을 조작하여 폭음을 일으키면서 차량 시위를 하는 것을 말한다.

"군을 투입할 준비를 하고 있으니 빨리 대피하십시오."

신분도 밝히지 않는 사람들이 이런 얘기들을 하고는 전화를 끊었다. 정권 측의 심리전인지 아니면 사실인지 당시로서는 판단하기 어려웠으나 그런 전화가 거듭되면서 가톨릭센터 측도, 농성자들도 고민이 커져갔다. 가톨릭센터 농성자들은 군이 출동할 경우 어떻게 할 것인지를 장시간 토론했다. 그 결과 대오를 정비하기로 했다. 여성을 비롯하여 많은 사람들을 밖으로 내보냈다. 350명 정도의 인원이 100명 수준으로 줄어들었다. 그렇지만 남은 사람들의 결의는 굳건했다. 그들은 광주를 떠올렸다. 광주에서 마지막까지 도청을 지키다 죽어간 사람들을 생각하며 옥쇄를 각오했다. 광주에서는 고립 속에서 죽어갔지만 6월항쟁 때는 전국적으로 수많은 국민이 싸우고 있었다. 그래서 그들은 만약 공수부대가 들어온다면 대항 수단으로 가스통을 옥상으로 옮겼다. 공수부대가 들어오면 가스통으로 폭발 위협을 하면서 침탈을 저지하자고 다짐했다. 후일 밝혀진 것이지만 전두환 정권은 실제 계엄령을 준비하고 있었다. 그러나 항쟁의 열기가 너무 뜨거워서 내부에서도 반대가 많았고, 특히 반미감정의 확산을 우려한 미국이 반대함으로써 포기하고 말았다. 군 투입을 막은 것은 부산을 선두로 한 학생, 시민들의 가열찬 투쟁이었던 것이다.

19일과 20일은 비가 내렸지만 학생, 시민들의 시위는 계속되었다. 특히 20일에는 종교인들과 고등학생들의 시위가 눈에 띄었다. 대한예수교장로회 부산지역 전도사협의회 회원 50여 명과 대학생 5백여 명이 거대한 십자가를 앞세우고 행진했다. 또한 동의공고 학생 200명을 비롯한 500여 명의 고등학생들이 대학생 시위대열을 따라 시가행진을 벌이기도 했다. 21일에도 시위가 벌어졌는데 경찰 백골단*의 무자비한 진압으로 806명이나 연행되었다. 경찰의 과잉진압으로 부상자가 속출하자 부산의대와 치대, 고신의대, 인제의대 등에서 4학년생을 중심으로 진료반을 구성해 거리로 나와 부상자 치료에 나섰다.

6월 22일에는 가톨릭센터의 농성을 해제했다. 6월 21일 저녁부터 농성단은 해산 여부에 대한 토론을 벌였다. 호헌철폐 등 의미 있는 조치가 있기 전까지는 계속하고자 했던 농성을 해산하고자 한 이유는 다음과 같았다.

첫째, 20일 이후 시위 열기가 약화되고 있는데 시위대가 모두 가톨릭센터로만 모여드는 형국이었기 때문에 시위를 확대, 강화하는 데 농성이 역기능을 하므로 해산하는 게 좋겠다는 국본이나 현장 지도부의 판단이 수차례 전달되었다는 점, 둘째, 경찰 프락치들의 집요한 내부 분열공작과 이에 따른 농성단 내부의 불신 때문에 사기가 저하되어 있었다는 점, 셋째, 정권 측의 가톨릭교단에 대한 집요한 위협과 압박으로 인해 가톨릭센터 측의 해산 압력이 강해졌던 점, 넷째, 수그러드는 투쟁 열기를 되살리기 위해 농성장을 수세적으로 지키는 것보다 6월 26일로 예정된 '국민평화대행진' 집회를 더 크게 준비하는 것이 필요하다는 점 등이었다. 그러나 찬반양론이 팽팽히 맞서 쉽게 결론이 나지 않았다. 결국 투표로 결정하게 되었는데 처음에는 소강당에서 투표를 실시했으나 찬반의 우열이 가려지지 않아 두 번째로 옥상에서 투표를 했다. 총 90명 정도가 투표에 참여해서 해산 찬성 48

---

* 1980~90년대 사복경찰관으로 구성된 다중범죄 진압업무를 수행하는 경찰부대로 시위 진압 때 흰색 헬멧을 썼기 때문에 붙여졌던 별칭이다. 시민들에게 공포의 대상이었고 폭압의 상징처럼 여겨졌다.

명, 반대 44명의 근소한 차이로 해산이 결정되었다.

농성자들은 가톨릭센터 측의 중재로 경찰의 안전귀가 약속을 받고 3대의 버스에 분승하여 귀가길에 올랐다. 그런데 대연동을 거쳐 해운대 방면으로 가던 버스가 남부경찰서 앞을 지날 때 보복심에 불탄 전투경찰이 버스 속에 최루탄을 난사하고 항의하는 신부를 무차별 구타하는 사태가 발생했다. 이 사건으로 신부 등 17명이 메리놀 병원에 입원했다. 격분한 부산교구 소속 신부 80여 명은 23일부터 경찰 폭력을 규탄하며 가톨릭센터에서 무기한 농성에 돌입했다. 24일에는 각 대학에서 '가톨릭센터 농성 귀가자 폭행 보고대회'가 열렸다. 25일에는 괴정동 산정현교회에서 부산KNCC 주최로 시국기도회가 열렸다.

6월 24일, 전두환과 김영삼 사이에 이른바 여야 영수회담이 있었다. 시민들은 일말의 기대를 가지고 시위 참여를 자제하고 관망했지만 결과는 아무런 성과 없이 결렬되었다. 김영삼과 민주당은 경찰의 과잉진압에 맞선 시위대의 화염병 투척 등을 '폭력' '과격'으로 매도하는 태도를 취하여 많은 시민들의 분노를 자아내었다. 24일 밤 8시 40분경 병원에서 신음하던 이태춘 씨가 사망했다.

제3단계는 6월 26일부터 6월 29일까지다. 6월 26일의 평화대행진은 군부정권에게 결정타가 되었다. 전두환 정권은 더 이상 버티지 못하고 이른바 6·29선언을 하게 된다.

6월 26일 평화대행진의 서막을 연 것은 종교인들이었다. 가톨릭센터에서 농성 중이던 신부들은 신도 2천 5백여 명과 함께 중앙성당에서 '민주화와 인권회복을 위한 특별미사'를 열었다. 미사 후 신부, 수녀 등 400명을 위시하여 1만 5천 명의 시민들이 평화행진을 시작했다.

서면에서는 기독교부산방송국에서 부산KNCC, 인권위원회, EYC 공동추최의 시국기도회를 마치고 목사, 신학생, EYC 회원들이 대형 십자가와 플래카드를 앞세우고 시위를 시작했다. 150여 명으로 시작한 시위대는 삽시간에 수천 명으로 불어났고, 서면로터리로 향하던 부산대, 동의대 학생들을 막고 있던 경찰과 협공하는 양상이 되었다. 서면로터리 부근은 시위 인파로 넘쳤고 격렬한 시위가 벌어졌다. 이날은 운수노동자도 가세하여 서면에서는 시내버스, 택시, 트레일러까지 시위대를 위한 바리케이트 역할을 자청하면 참여했고 문현로터리에서는 시내버스 7대가 시위에 동참했다. 20일 이후 다소 소강상태로 들어갔던 분위기는 다시 상승국면으로 돌입, 부산에서는 전국 최대인 10만의 인파가 시위에 참여하였다.

1987년 6월항쟁 중 경찰의 최루탄으로 추락사한
고 이태춘 열사 장례식 후 침묵시위하는
최성묵, 노무현, 문재인 당시 국본 간부들

27일에는 오전 10시부터 고 이태춘 열사의 장례식이 그가 다니던 범일성당에서 시민 200여 명이 참석한 가운데 열렸다. 국민운동본부장(國民運動本部葬)으로 치러진 장례식을 마치고 최성묵 등 국본 임원들과 시민들은 도로를 따라 문현동 로터리까지 4킬로미터를 2시간 30분 동안 행진하며 침묵시위를 벌였다. 최성묵은 이태춘 열사의 영정을 안고 걸었다. 보도통제로 인해 참석자는 6백여 명에 불과했지만 장례식은 엄숙하고 정연하게 진행되었다.

28일에는 오후 3시에 중앙성당에서 '폭력종식과 인권회복을 위한 특별미사'가 열렸고, 미사 후에 5시부터 신부, 수녀, 신도 그리고 학생 등 3천여 명이 가두로 진출했다. 행진에 가세한 시민들까지 5천 명의 시위대에게 연도의 시민들이 박수와 환호로 성원했다. 이날은 노무현 변호사의 사회로 시민대토론회를 열어 시민들의 의견을 자유롭게 발표하도록 했다. 이러한 평화시위가 계속되자 마침내 군부정권은 타협의 카드를 내밀었다. 6월 29일 노태우의 이른바 '6·29선언'이 발표되었다. 대다수의 시민들이 항쟁의 승리로 받아들이고 환호했다. 하지만 비판도 만만찮게 제기되었다. 투쟁은 더 지속되어야 한다고 생각하는 사람들이 많았지만 이미 분위기는 '6·29선언'을 받아들이는 쪽으로 선회했다.

6월항쟁 기간 중에 시민들은 군사정권과만 싸운 것은 아니었다. 부산에 있던 현대자동차 영업소 4, 5개소도 화염병 공격을 받았다. 당시 현대자동차 노동자가 억울한 죽음을 당했다는 소문이 돌았기 때문이다. 항쟁에 참여한 계층도 다양했다. 대학생들이 주축을 이루었지만 부마항쟁 때처럼 하층 노동자, 서비스업 종사자들의 참여도 많이 목

1987년 6월 연세대 시위 중 최루탄을 맞고 7월 5일 사망한
고 이한열 열사 추모식에서 발언하는 최성묵

6월항쟁 중 민가협 어머니들에 대한
경찰의 무차별 폭행에 항의하는 농성장(신민당 박찬종 의원 사무실)에
최성묵의 용새로 당시 부산시경국장이 찾아와 사죄하는 모습

격되었다. 사상공단 등의 노동자들이 학생들과 혼연일체가 되어 시위에 참여하는 경우도 많았다. 그들은 "8시간 노동으로 생활임금 쟁취하자!", "노동자 단결하여 민주노조 결성하자!" 등의 구호를 외치며 노동자들을 선동했다.

6월항쟁 기간 중에 투쟁 기금을 모금하는 데 시민들이 얼마나 열성적으로 참여했는지도 기억되어야 한다. 김창룡은 6월 18일에 인권위원회 간사 김석호와 함께 시민들에게 성금을 모았다. 낮에 3시간 동안 모금했는데 금액이 191만 원이나 되었다. 밤에는 부산역 앞에서 유장현, 여성란 등과 함께 모금했는데 33만 원이 모금되어 18일 하루 동안 224만 원을 모금했다. 부산역 앞에서는 어떤 30대 후반의 부부가 10만 원짜리 수표를 흔쾌히 기부했다. 택시기사들의 호응이 가장 좋았는데 대부분 1만 원씩 내주었다. 생선장수 아주머니가 토큰 하나만 남기고 2만 원이나 넣었고, 소아마비 청년이 8차선 도로를 건너와서 100원짜리 동전 5개를 넣어주고 갔다. 국민학생이 동전을 넣어주기도 했다. 감동적이었다.

6월항쟁을 하는 동안 최성묵은 목회활동을 거의 중단하다시피 하면서 중부교회를 국본의 회의장으로, 때로는 농성장으로 제공하기도 했다. 밤 늦게까지 시위 현장을 확인한 국본 지도부 인사들이 마지막으로 중부교회에 들러 회의를 하고 다음 날의 계획을 세운 다음 헤어지곤 했다. 교인들의 불편이나 이웃 주민들의 불만이 없지 않았지만 경찰의 침탈을 막을 수 있는 다른 장소가 거의 없었기 때문에 스스로 부담을 안았다. 그래서 중부교회는 공개된 항쟁 본부이자 상징적인 장소였다. 6월항쟁에서 최성묵의 역할에 대해 문재인은 다음과 같이 회고한 바 있다.

특히 송기인 신부님의 도미 중에 맞이한 1987년의 6월항쟁 기간 동안 그는 부민협 회장으로서 부산 국본의 상임공동대표가 됨으로써 무거운 짐을 홀로 도맡았을 뿐 아니라, 중부교회를 항쟁의 본부로 제공하고 젊은이들과 함께 직접 가두에 나서 시위대의 선두에 섬으로써 처음부터 끝까지 항쟁의 중심이 되었다. … 당시 부산시민들은 유신체제를 끝낸 부마민주항쟁에 큰 자부심을 가지면서 6월항쟁에서도 부산시민들이 똑같은 역할을 해야 한다는 의식이 강하였다. 그러나 시민들의 항쟁의지를 결집시켜 어느 지역보다 뜨겁게 타오르게 한 데는 부산 국본의 상임공동대표였던 최 목사와 상임집행위원장이었던 노무현 변호사의 역할이 결정적이었다고 생각된다. 그때 그들은 단지 간판이나 상징적인 존재에 머물지 않고 직접 가두에 나서 플래카드를 들고 시위 대열의 선두에 섰고 최루탄을 맞으면서 경찰과 맞섰다.

목사, 신부, 변호사 같은 점잔 빼는 이들이 매일 일반 시민들과 뒤섞여 최루탄에 쫓겨 다니면서 가두시위에 참가하고 나아가서 선두에 서서 시위대열을 이끈 것은 아마도 6월항쟁 때의 부산밖에 없지 않았을까 싶다. 대표 최성묵, 집행위원장 노무현이라는 환상적인 콤비의 앞장 선 술선수범이 있었기에 가능한 일이었다. … 6월항쟁에서 그들이 보여준 행동은 지식인들의 사회참여 방식의 마지막 한계 같은 것을 훌쩍 뛰어넘는 것이었다. 아마도 이 땅의 민주화를 좌우할 결정적 국면이라는 역사의식이 있었기에 가능하였을 터이지만, 그렇다고 해도 사회적 체면 같은 것에 얽매였다면 불가능한 일이었을 것이다. 그래서 나는 그들이 특히 존경받

아야 마땅한 이유가 여기에 있다고 늘 생각하고 있다.(문재인,『그의 부활을 기다리며』, 333-336쪽)

42

87년 노동자대투쟁

1987년 6월항쟁이 6·29선언으로 매듭지어지자 곧 전국의 노동현장이 들끓기 시작했다. 울산현대조선의 파업으로 시작된 노동자대투쟁은 전국에 들불처럼 번지면서 그동안 억눌렸던 노동자들의 울분이 봇물처럼 터져 나왔다. 노동자들은 비록 조직적이지는 않았지만 6월항쟁에도 다른 시민들과 함께 참여했고, 6월항쟁이 일정한 승리를 거두자 스스로의 문제를 해결하기 위해 투쟁이 필요하다는 것을 자각했던 것이다.

87년 노동자대투쟁은 한국 노동자계급이 형성된 이래 최대 규모의 투쟁이었다. 지역별로 보면 영남권, 수도권을 비롯해 전라, 충청, 강원, 제주 등 전국 모든 지역에서 파업이 전개되었다. 그러나 건수를 보면 수도권이 1,413건(43.7%), 부산, 경남 등 영남권이 690건(21.3%)이었고, 파업 참가자 수는 영남권이 53만 명(43.3%), 수도권이 39만 명(32.1%)으로 2개권역이 전체의 3분의 2를 차지했다. 특히 중공업 거대사업장이 밀집한 경남이 투쟁을 주도했다. 노동자들은 우선적으로 임금, 노동조건 개선, 노조활동 및 경영 및 인사에 대한 요구사항 등 생존권과 노동권 등 권리 보장을 요구했다. 또한 노동자들은 노동현장의 민주화를 요구했다. 즉 군대식 규율 아래, 사무관리직과 직장, 반장의 가혹한 인격적 통제에 의존해온 억압적, 병영적 노무관리의 철폐를 요구한 것이다. 두발 자유화, 출퇴근 복장 자유화, 강제 체조시간 폐지, 강제 잔업 철폐, 폭언, 폭행 등 인격적 모욕 중지 등 작업 현장의 가부장적, 군사문화적 노무관리제도의 폐지 등을 노동자들은 주장했다. 또 생산직과 사무직, 남성과 여성 간의 차별, 식당 이용, 작업복, 명찰 등에서의 차별 철폐를 요구했다. 다음으로 노동자들이 핵심적으로 제기한 것은 집단적 노사관계의 민주화였다. 노조 결성과 노조 활동의 보장, 단체협약, 어용노조 민주화 등이었다. 1987년 6·29 선언 이후 10월 말까지 노사분규가 발생한 사업장 중 신규 노조가 설립된 사업장은 전체 건수의 20.6%에 해당하는 683건이나 되었다. 투쟁을 주도한 분야도 과거와 달리 중화학공업 대기업 생산직 노동자들이었다. 노동자들은 기업의 울타리를 넘어 지역별, 재벌그룹별, 산업별 연대도 시도했다. 이런 투쟁들은 기존의 노조가 주도한 것이 아니라 대부분 현장 노동자들의 자연발생적 투쟁으로 시작되었고, 파업, 농성, 시위의 형태로 나타났다. 부산에서도 도처에서 파업과 쟁의가 봇물처럼 터져 나왔는데 이는 신발, 합판 등 노동집약적이며 열악한 환경에 놓여 있던 경공업 사업장이 많았기 때문이었다.

6월항쟁을 주도했던 부산 국본은 노동자대투쟁에도 일정하게 대응해야 했는데 결코 쉬운 일이 아니었다. 부산국본의 참가단체로 부산민주노동자투쟁위원회가 있었지만 그 역량만으로 투쟁을 지원하기는 어려웠다. 그래서 부산민주시민협의회 산하에도 노조추진위원회를 두고 노조결성을 지원하였다.

7월 초부터 각계각층의 노동자들이 국본 사무실로 몰려와서 노조 설립과 투쟁 방향에 대한 상담에 시도을 기다렸다. 국민운동본부는 갑자기 봇물처럼 쏟아지는 노동자들의 요구에 대응하느라 눈코 뜰 새가 없었다. 실무자들은 상담을 하는 한편 직접 현장으로 달려가서 노조결성을 도왔다. 당시 그들은 국본의 사무실에 스티로폼을 깔아 놓고 먹고 자고 하면서 노동자들의 상담을 받았는데 끝이 없을 지경이었다. 한밤중에도 노동자들의 전화가 끊임없이 걸려 와서 노동조합의 결성이나 노동쟁의와 관련한 상담을 요청해왔다. 노재열이 직접 결성한 노조만 하더라도 15개나 되었다. 쟁의나 파업을 하는 회사에서 연락이 오면 노재열은 현장으로 달려간다. 가보면 입구는 봉쇄되어 있는 경우가 다반사였다. 그러면 담장을 넘어 가서 수백 명이 농성하고 있는 현장에 가서 마이크를 잡고 "여러분이 원하는 것을 얻고자 하면 노동조합의 결성밖에 다른 길이 없다. 동의하시느냐?" 하면 예외 없이 동의했다. 그러면 즉석에서 노조 결성 절차를 밟는 것이다. 그러면 바로 노조위원장 할 사람 나오라 해서 회의를 진행하고 회의록을 작성한다. 그리고 노조 설립 신고서를 작성하고 신고하게 했다. 노조 설립 신고서는 미리 준비해 가서 바로 쓸 수 있도록 했다.

노동자들의 투쟁에 대해 회사 측은 용역깡패까지 동원해서 폭력으로 짓밟는 경우가 많았다. 그러면 회사나 공장은 온통 살벌한 전쟁터로 변했다. 국제상사 쟁의가 그 대표적인 사례였다. 국제상사는 부산의 대표적 신발 제조공장이었다. 당시 신발 공장의 노동조건은 열악하기 그지없었다. 주로 여성노동자들이 최하층의 생산라인에 배치되었는데, 저임금에 장시간 노동, 그리고 폭력과 폭언으로 점철된 병영적 노무관리가 지배하던 사업장이었다. 1987년 7월 28일, 국제상사의 노동자들도 분연히 일어서서 권리를 요구하면서 쟁의가 시작되었다. 회사 측은 바로 다음 날부터 이틀간의 휴업공고를 내걸고 협상 대표단을 감금하여 경찰에 인계하려 했다. 노동자들은 단결하여 협상 대표들을 구출하고 투쟁을 계속했다. 7월 30일 아침 기숙사에서 철야 농성을 하던 여성 노동자들이 출근하는 동료들과 합류하기 위해 회사 정문을 들어가자 회사 안에 대기하고 있던 깡패와 관리자들로 구성된 구사대가 망치, 각목, 쇠파이프를 들고 대기하고 있다가 노동자들에게 무차별 폭력을 휘둘렀다. 구사대는 기숙사로 후퇴하는 노동자들을 쫓아가 기숙사로 난입, 폭행하여 노동자 58명이 부상을 당했다. 구사대의 무지막지한 폭력을 저지하기 위해 한 여성 노동자는 온몸에 신나를 끼얹고 분신을 기도하기도 했다. 신발을 만드는 데 사용하는 골(모형)은 무거운 납덩어리인데 구사대는 이런 것을 노동자들에게 마구 집어 던졌다. 맞으면 죽을 수도 있는 무서운 물건이었다. 그래서 30여 명의 노동자가 죽었다는 소문이 나돌았다. 사태가 악화되자 인근의 사상주민, 대학생, 노동자들이 모여서 밤을 새우며 구사대의 기습에 대비했다. 7월 31일, 대부분 어린 여성들인 농성 노동자들은 험악한 폭력의 공포에 질려 동요하는 가운데 회사 측이 휴가비 50%를 지급하고 8월 1일부터 4일간의 휴가에 들어간다고 발표하자 다수의 노동자들이 이탈했다. 소수의 여성 노동자들만 남아서 농성장인 기숙사를 지키고 있는 가운데 구사대가 농성장을 포위하고 언제 들이닥쳐 폭력을 행사할지 모르는 긴박한 상황이 조성되었다.

이때 고호석은 사태의 심각성을 파악하고 최성묵에게 국제상사 파업의 중재를 위해 나서줄 것을 요청했다. 최성묵은 선선히 함께 나섰다. 최성묵과 염영일 신부, 고호석 등 수명의 중재단이 어둠이 깔린 시간에 국제상사 정문을 향해 갔다. 하지만 회사 측은 문도 열어주지 않았다. 하는 수 없이 담을 넘어 들어가 보니 수일간의 전투로 공장 안은 온통 난장판이었다. 중재단은 농성장으로 가서 노동자들을 만났다. 굶주림과 공포에 떨고 있던 어린 여성노동자들은 중재단의 방문을 너무나 반가워했다. 노동자들의 상황을 파악한 후 중재단은 농성장을 나와 회사 측 직원과 구사대가 대기하고 있는 건물로 다가가서 면회를 요청했다. 한참 후에 중하층 간부쯤 되는 사람이 나왔다. 중재단은 노동자들의 농성을 해산할 수 있도록 중재를 하려고 왔으니 책임 있는 사람을 만나게 해달라고 말했다. 그가 들어간 후 시간이 지나도 아무런 응답이 없었다. 아무래도 심상치 않은 분위기가 감지되었다. 이대로 가다가는 구사대와 경찰이 들이닥쳐 농성 노동자들을 폭행하고 전원 체포할 것 같았다. 그래서 중재단은 농성장에 가서 노동자들을 회사 밖으로 빠져나가도록 했다. 경찰이 회사 밖에서 지키고 있었는데 경찰 측에는 노동자가 해산하니 방해하지 말라고 요구했다. 노동자들은 무사히 회사를 빠져나와 사상성당에 집결했다.

사상성당에 모인 40여 명의 노동자들은 폭력 탄압의 진상규명과 보복조치 금지를 내걸고 농성에 들어갔다. 8월 6일에 회사 정문에서 300여 명의 노동자가 모여 농성을 시작하자 대기 중이던 전경이 최루탄을 쏘며 들어와서 8명을 연행해 갔다. 노동자들은 옥상으로 밀려가면서 경찰을 부른 관리자 2명을 구금하여 경찰에 연행된 동료 노동자들과 교환했다. 8월 7일에는 구사대가 농성을 해산시키려고 사상성당에 난입하여 난동을 부리기도 했다. 이후 8월 중순에는 노사 간 합의가 이루어져 8월 17일부터는 정상조업을 하기로 했다. 하지만 회사 측은 보복을 하지 않겠다는 약속을 깨고 주동자들에 대한 탄압을 계속했다.

이처럼 노동자들의 투쟁 열기는 뜨거웠으나 그 투쟁을 조직적, 통일적으로 지도할 역량이 준비되지 못하고 고립분산적 투쟁에 그침으로써 뚜렷한 성과를 거두지 못했다. 그리고 노동자들의 투쟁을 과격, 불순행위로 몰아가는 지배층의 이데올로기 공세와 경찰력을 동원한 탄압공세가 가해지면서 9월 이후 투쟁은 점차 하강국면으로 들어갔다. 투쟁의 장기성과 완고성에 비추어 노동자대중의 정치적 각성과 진출은 바람직한 수준까지 이르지는 못했지만 87년 노동자대투쟁은 이후의 노동운동 발전에 거대한 초석을 놓았던 역사적 투쟁이었다.

6월항쟁의 격전을 치른 이 시기에 최성묵의 건강은 더욱 나빠졌다. 혈압도 높았고 스트레스도 컸지만 최성묵은 건강을 핑계로 해야 할 일을 미루거나 거절한 일은 한 번도 없었다. 국제상사처럼 살벌한 투쟁현장도 그는 피하지 않고 자신의 소임을 다하고자 했다.

43

제13대 대통령선거

　　　　　　　　　　6월항쟁 직전 제임스 릴리 주한미국대사가
민심도 살필 겸 부산을 내려와 중부교회를 방문한 일이 있었다. 미국
으로서는 부산이라는 곳이 매우 긴장하지 않을 수 없는 지역이었다.
1980년대 반미투쟁의 불을 붙인 부산미문화원방화사건이 일어났던
곳이기 때문이다. 릴리 대사 일행이 방문지로 중부교회를 선택한 것
도 그런 맥락이었을 것이다. 아마도 릴리는 5·18항쟁 때와는 달리 6
월항쟁 당시에는 미국이 전두환 정권의 강경 탄압노선에 반대한다는
점을 부각시키고 싶었는지도 모른다. 부산지역 민주화운동을 상징하
는 중부교회를 방문함으로써 그런 이미지를 기대했던 릴리에게 최성
묵은 따끔한 일침을 가했다.

　릴리 대사를 만난 최성묵은 "부산시민 중에는 민주화를 거부하는
세력을 돕는 미국의 태도에 격분해 미국인을 보면 테러를 불사할 각
오로 칼을 품고 다니는 반미세력이 1,000명도 넘으니 조심하라"고 경
고했다.

　6월항쟁 이후 정국은 노동자대투쟁과 함께 개헌 정국이 이어졌다.
6·29선언에서 공약한 직선제 개헌을 위한 여야 간의 정치협상이 노
동자대투쟁이 한창 불붙기 시작한 7월부터 시작되었다. 문제는 이 협
상에 6·29선언을 이끌어낸 가장 핵심세력인 재야민주세력은 빠지
고 보수적 제도권 정당들만 참여했다는 점이었다. 6월항쟁 과정에서
도 민중들의 치열한 투쟁을 불편해하고 있던 보수적 신민당은 더 이
상의 투쟁을 원치 않았고, 노동자대투쟁을 지원할 생각은 전혀 없었

1987년 중부교회를 방문한
제임스 릴리 주한미국대사 일행과 최성묵

다. 그들은 대통령 선거제도의 개선 등 권력구조의 문제에만 골몰했을 뿐이었다. 개헌 과정에 적극 개입할 생각을 하지 못했던 재야민주세력의 인식도 안이했다고 할 수밖에 없었다.

재야세력을 대표하는 국본은 8월 4일 제1차 전국 총회를 개최하여 하반기의 방향과 과제를 제시하였는데 그 방침은 다음과 같다. 첫째, 국민 대중을 부문별, 지역별로 국민운동전선 속에 결집시켜 국민운동을 강화한다. 둘째, 선거 승리를 위해 그리고 군사독재정권의 계엄령에 대비하여 다양한 대중 집회와 투쟁을 만들어간다. 셋째, 민주세력의 선거 승리를 위해 행동 통일을 이룩한다. 넷째, 민주화의 실질적 과제로서 민중생존권투쟁을 적극 옹호하고 방어한다. 이러한 방침에 따라 국본은 노동자대투쟁을 지원했지만 그 역량은 매우 불충분했다.

한편 기독교계는 노동자대투쟁과 개헌국면이 채 끝나기도 전에 선거문제를 제기하기 시작했다. 8월 4일, 민주화운동에 참여했던 기독교교단은 "민주쟁취기독교공동위원회"를 결성하고 결성 선언문을 발표했다. 이 선언문은 "선거를 통한 민주혁명으로 군부독재를 종식시키자!"는 구호 아래 다음과 같은 결성 취지를 천명했다. 첫째, 선거를 통한 민주혁명으로 군부독재를 종식시키고자 한다. 둘째, 선거를 통한 민주화를 성공시키기 위해서는 언론자유의 쟁취가 핵심적 고지이다. 셋째, 6·29노태우 선언의 실질적 실현을 촉구한다. 넷째, 현 정권이 '선거를 통한 민주화'에 진정으로 동의한다면 현 김정렬 내각을 해산하고 중립적인 인사들로 거국중립내각을 구성하여 깨끗하고 공정한 선거를 치루어야 한다. 다섯째, 우리는 최근 박희도 육군참모총장의 망언을 강력히 규탄한다.

개신교계의 큰 흐름에 따라 부산의 기독교계 민주인사들은 YMCA 회관에서 "부산민주쟁취기독교공동위원회" 창립총회가 열려 의장에 최성묵, 집행위원장에 김용환 목사를 선임했다. 그리고 공동위원회를 중심으로 기독교공정선거감시단(단장 김용환)을 결성하여 국본과 함께 공정선거감시운동에 나서기로 했다.

노동자대투쟁이 한 고비를 넘기면서 정국은 급속도로 선거 국면으로 빠져 들어갔다. 그러나 문제는 수많은 시민들의 피와 땀으로 쟁취한 직선제 대통령 선거를 앞에 두고 정권교체를 위해 살신성인해야 할 야당의 지도자들이 분열과 반목으로 치닫기 시작했다는 데 있었다. 국본 정책협의회는 9월 7일 첫째, 후보는 단일화되어야 하고, 둘째, 방식은 합의에 의해, 셋째, 시기는 가급적 빨리 등 후보단일화 3대 원칙을 결의했다. 이어 9월 21일 개최된 국본 상임공동대표·상임집행위원 연석회의도 양 김 씨에게 10월 5일까지 합의에 의해 단일화할 것을 공식적으로 요구했다. 이후 여러 차례에 걸쳐 국본은 김대중, 김영삼 씨에게 후보단일화를 촉구했으나 양 김 씨는 이를 받아들이지 않았다.

후보단일화를 둘러싼 논란이 지속되면서 국본을 구성하고 있던 재야세력의 분열이 일어났다. 분열을 촉발한 것은 민통련이었다. 민통련 중앙위원회는 10월 12일 특정 후보를 지지할 것인지, 지지한다면 누구를 지지할 것인지를 놓고 투표를 했다. 그 결과 김대중 후보에 대한 비판적 지지를 결정했다. 민통련의 비판적 지지 결정은 양 김 씨의 분열을 더욱 가속화하고 재야세력을 극심한 혼란과 갈등의 늪에 빠뜨렸다. 민통련의 지지를 업은 김대중은 대선 출마와 신당 창당을 향해 나아가기 시작했다.

이런 상황에서 최성묵은 김대중의 신당 창당은 돌이킬 수 없는 야권분열을 초래할 것을 우려하여 박상도와 함께 김대중, 김영삼 두 사람을 만나 국민의 염원은 야권 단합임을 간곡히 호소하였으나 뜻을 이루지 못했다. 수많은 사람들의 기대를 저버리고 김대중은 10월 28일 대통령 출마와 신당 창당을 공식 선언하고 30일 평화민주당 창당 발기인대회를 개최했다. 김영삼 역시 11월 9일 통일민주당 전당대회를 열어 대통령 후보로 선출되었다. 이로써 제13대 대통령 선거전은 복잡하고 혼미한 상황으로 빠져들어 갔다. 후보단일화 문제를 둘러싸고 결국 재야세력은 3가지 흐름으로 분열하게 되었다.

첫째는 김대중 후보에 대한 비판적 지지로서 11월 20일 '김대중 선생 단일후보 범국민추진위원회'라는 조직의 결성으로 이어졌다. 학생운동을 이끌었던 '서울지역대학생대표자협의회'(약칭 서대협)와 '전국대학생대표자협의회'(약칭 전대협)도 이 흐름에 동참했다. 둘째는 후보단일화의 흐름인데 이는 민통련의 결정에 대한 반발에서 비롯되었다. 민통련의 결정에 반대하는 인사들은 10월 31일 122명의 성명서를 발표하고 민통련의 결정을 비판하면서 후보단일화를 주장하였다. 이 주장은 선거가 4파전으로 갈 경우 승리가 불가능하다는 판단에 근거하고 있었다. 이 흐름은 11월 23일 '군정 종식을 위한 단일화쟁취 국민협의회'로 이어졌는데 여기에는 가톨릭농민회, 국본 노동자위원회, 서울 민통련, 국본 부천지부, EYC, 전국농민협회, 전국구속청년학생협의회 등 13개 단체가 참가했다. 셋째는 독자후보론의 흐름이었다. 이 흐름은 양 김 씨의 후보단일화 의지에 대한 의구심, 민중의 정치세력화에 대한 관심 등이 반영된 것으로 11월 27일 '민중대표 백기완 선생 대통령 후보 선거운동 전국본부'의 결성으로 나타났다. 여기에는 범제헌의회 계열의 단체들과 인천지역민주노동자연맹 등이 중심이 되었다.

선거 국면은 양 김 씨가 연고 지역을 중심으로 경쟁적으로 대중을 동원하는 세몰이에 나서고, 노태우를 앞세운 군부정권은 언론과 조직을 동원하여 양 측의 갈등과 대립을 최대한 조장하면서 대구, 경북의 지역주의에 의존하는 방식으로 진행되었다. 국민의 피와 땀으로 만들어낸 민주화의 성과를 또다시 군부세력에게 탈취당할 어처구니없는 상황이 벌어지고 있었다.

부산 역시 전국 상황과 마찬가지로 선거를 둘러싼 고민이 깊어질 수밖에 없었다.

부산 국본은 1987년 9월 30일 부산대학교 운동장에서 '민주화실천 및 후보단일화를 위한 부산시민대회'를 개최했다. 약 5천 명의 학생, 시민이 모인 이날 집회는 6·29선언의 기만성을 폭로하고 야권 후보 단일화를 촉구하는 열띤 토론회가 열렸지만 구체적 성과를 낼 수는 없었다. 양 김 씨의 경쟁이 가열되어 가던 10월 20일에는 국본 부산 본부와 전남 본부가 공동성명을 발표하여 군부독재 청산과 지역감정의 불식을 호소하였다. 국본의 두 지역 본부는 성명서에서 경상도, 전라도 양 지역의 감정 대립을 조장하는 것은 군부독재의 재집권을 위한 책략이며, 개발정책 등의 지역적 차별성 역시 독재세력이 의도적으로 조장해온 것으로서 나라의 민주화를 위해서는 지역감정의 극복이 선행되어야 함을 민중들에게 역설하였다. 11월 3일에는 부산노동자협의회에서 '대통령 후보에게 보내는 노동자 공개 요구서'를 통해 노동자의 입장에 서지 않는 사람은 결코 후보가 될 수 없음을 밝히고 8시산 노동세와 노동3권의 환진과 보장을 요구했다.

1987년 11월 26일에는 부산에서 '민주쟁취국민운동 공정선거감시 부산본부' 발대식이 열렸다. 이 발대식은 대통령선거가 공정하게 치러져야 한다는 시민의 염원을 모아 지역의 민주단체가 중심이 되어 조직하였고 최성묵 등 부산의 재야 지도자들이 앞장섰다.

선거전이 막바지로 치닫던 시점에서 부산에서는 매우 충격적인 선거 유세장 폭력사태가 일어났다. 1987년 12월 5일 수영만에서 민정당 노태우 후보의 선거유세가 열렸다. 이날 모인 청중 가운데 상당수는 일당을 받고 전국 각지에서 모아온 사람들이었다. '군부독재 종식을 위한 부산노동자 선거대책위원회'의 유인물에 의하면 부산의 국제상사(버스 40대 2,500명 동원), 동양고무(버스 7대), 대양고무(버스 5대 400여 명 동원), 진양고무(버스 3대 500여 명 동원) 등에서 점심과 일당(2천 원에서 5천 원 사이)을 지급하며 청중을 동원했다. 이 유세장에서 군부독재 청산과 5·18항쟁의 책임자 처벌을 요구하는 시민, 학생들을 민정당이 동원한 정치폭력배(민정당의 청년자원봉사단의 이름으로 활동)와 경찰이 폭행하는 사건이 일어났다. 유세 도중 청중 속에서 "노태우 물러가라!" "학살원흉 물러가라!"는 구호가 나오자마자 정치폭력배들은 준비한 각목, 쇠파이프 등으로 시민들에게 무차별 폭력을 행사했다. 이 폭력으로 수십 명이 다치고 50여 명이 경찰에 연행되었다. 이 사건으로 노재열 등 9명의 시민, 학생이 구속되었으며 이들은 부산진 경찰서 유치장에 수감된 상태에서 후보단일화 지지 단식농성을 벌이기도 했다.

유세장 폭력사태에 대해 부산의 민주화세력은 집회를 개최했다. 12월 8일 추운 날씨에도 부산대 운동장에는 3천 명의 노동자, 학생, 시민들이 참석했다. 부산국본과 '부산선거투쟁연합'이 주최한 이날 집회에서 최성묵은 국본 공동대표의 자격으로 대회사를 통해 노태우 후보 측의 폭력 만행을 규탄하고 후보단일화를 촉구하는 결의를 거듭 확인했다. 결의대회가 끝난 후 부산대, 동아대, 외국어대, 동의대 등의 학생 150여 명은 부산의 민주당과 평민당의 지구당사 10곳을 점거하여 후보단일화를 요구하면서 철야농성을 벌였다. 이처럼 학생, 시민들의 간절한 염원에도 불구하고 양 김 씨는 끝내 단일화를 하지 않았다. 후일 대통령이 되었던 김대중은 13대 대선에서 후보단일화를 하지 않았던 것은 자신의 큰 과오였다고 반성했다.

그래도 최성묵은 마지막까지 최선을 다해 지역을 돌아다니면서 군정 종식을 국민들에게 호소하였다. 김영삼 지지자들이 조직한 집회나 김대중 지지자들이 조직한 집회를 가리지 않고 기회가 있으면 사자후(獅子吼)를 토했다. 또한 부정선거를 방지하기 위해 '민주쟁취 국민운동 공명선거감시 부산본부장'을 맡아 선거 감시를 위한 준비도 게을리하지 않았다.

대통령 선거를 앞둔 마지막 후보단일화 노력은 12월 9일 비상정치 협상으로 나타났다. 백기완 후보는 12월 10일 김영삼 후보와 회동하고, 11일에는 평민당의 김대중 후보와 회동을 가졌다. 하지만 김대중 후보는 비상정치협상과 백 후보의 노력을 자신에 대한 사퇴 압력으로 인식하여 협상을 거부했다. 백 후보는 12월 12일 협상의 실패를 자인하면서 후보를 사퇴했다.

1987년 12월 16일에 치러진 제13대 대통령 선거에서 민정당의 노태우 후보는 36.6%의 지지를 얻어 대통령에 당선되었다. 김영삼 후보는 28%, 김대중 후보는 27.1%를 얻었고 김종필 후보가 8.1%를 획득했다. 이토써 군부독재의 종식을 위한 국민과 민주세력의 노력은 또 한 번

좌절되고 말았다.

13대 대선은 군부정권의 집권 연장을 위한 온갖 형태의 선거 부정이 동원되었는데 관권, 금권은 물론이고 대한항공 폭파사건의 혐의자를 선거 직전 언론에 부각시키기도 했다. 서울 구로구청에 설치된 투표소에서는 선거 부정이 발각되어 시민들의 농성과 경찰의 무차별 진압이 벌어져 아수라장이 되었다. 선거 집계에서 컴퓨터에 의한 조작설까지 퍼지면서 부정선거 무효화투쟁까지 일어났다. 부산에서는 12월 18일 서면, 남포동 등지에서 500여 명의 시민, 학생들이 "선거 무효", "독재 타도"를 외치며 시위를 벌였다. 하지만 이 시위의 참여자들은 비상경계를 펴고 있던 경찰에 의해 무차별 폭행을 당하면서 61명이나 연행되었다. 하지만 이러한 움직임들은 더 이상 국민들의 관심을 끌 수 없었다. 양 김 씨의 분열이 패배의 결정적 원인임이 분명한 마당에 군부정권의 선거부정은 중대한 문제로 제기조차 되지 못했다.

최성묵은 그런 참담한 상황을 비통한 심정으로 지켜보아야 했다. 정치지도자들의 잘못된 판단과 욕망이 나라를 망치고, 백성들을 도탄에 빠지게 한 사례가 역사적으로 얼마나 많았던가? 구약성서에 나오는 이스라엘 민족의 역사 속에도 그런 예는 숱하게 많다. 그런 생각을 떠올리면서 최성묵은 선거 결과를 방송하는 텔레비전 앞에 앉아 허탈한 웃음을 지었다.

대통령 선거도 끝난 1987년 겨울, 최성묵은 부산지역 운동단체 실무자들을 범어사 근처 술집으로 불러 그동안의 노고를 위로하는 술자리를 마련했다. 이 자리에 참석했던 최인순이 기억하는 다음과 같은 에피소드는 인간 최성묵의 진솔한 모습을 보여준다.

다들 떠들썩하니 술이 취해 가는데 저는 제 우울한 심사에만 푹 빠져 있었지요. … 목사님은 이 사람 저 사람을 잡고 사랑을 나누고 계셨습니다. "아이구 이 귀신들아, 내가 너거들 때문에 아직도 이러고 산다." 그 때 누군가가 말했습니다. "어이, 티나, 오늘 왜 그리 조용하냐?"(당시 저는 천사협의 실무자로 일하고 있었고 그래서 사람들은 제 가톨릭 영세명인 크리스티나를 줄여서 티나로 부르고 있었습니다.) 이 말을 놓칠세라 목사님이 술잔을 들고 제 옆자리로 오셨지요. "어이, 티나, 왜 그리 조용하냐?" 그러셨던 것 같습니다. 그 전에 단 한 번도 목사님과 이야기를 나눈 적이 없었는데 저는 싸늘하게 말했습니다. "어이, 늙은 귀신, 시끄럽다. 조용히 해라." 잠시, 정말 잠시, 분위기가 어색해지기도 전에 목사님이 호탕하게 웃으시면서 말하시더군요. "늙은 귀신? 하하하하. 그래, 그래. 늙은 귀신 조용히 해야지. 하하하" 그제서야 선배들도 웃으며 말했습니다. "하하, 그래, 하는 짓이 티나답다." … 그 때 못 드렸던 사과의 말씀과 감사의 마음을 전하고 싶습니다. 목사님이 아닌 그 누구도 그런 무례를 웃으며 받아주지 않았던 것 같습니다.(최인순, 『그의 부활을 기다리며』, 368쪽)

이 에피소드는 평소 최성묵이 독특하게 사용하던 언어들을 보여준다. 그는 가깝고 친근한 사람들을 자주 '귀신'이라고 표현했다. "귀신아 무어하냐? 나와라. 꼬이(커피)하자!"라든지 "귀신아, 어디 갔다 왔나?" 하는 식으로 썼다. 그 표현을 듣는 사람들은 특이한 친근감을 느꼈다. 또한 자신을 '머구사'라는 말로 지칭하기도 했는데 이것은 변변지 못한 목사, 목사답지 못한 목사라는 뜻이라고 한다. 이런 말들은 최성묵과 그 주변의 가까운 사람들 사이에서만 통하던 언어였다.

군사정권 시기, 밖에서 최성묵이 민주화운동을 하는 동안 김순이는 교회 일과 함께 수시로 터지는 연행 사태에 대처하느라고 고생했다. 경찰서에 연행되면 면회 갈 때 들고 갈 옷 보따리는 항상 집에 따로 준비해두었다. 게다가 사위까지 운동권 목사였기 때문에 남편과 사위가 번갈아 경찰서를 드나드는 통에 살림은 어떻게 하고 아이들은 어떻게 키웠는지 모르겠다고 술회했다.

44
설교와 신학사상*

최성묵은 평소 매우 감동적인 설교로 교인들을 감화시켰으나, 정작 자신의 설교집도 한 권 남기지 않았다. 어떤 신도는 최성묵의 설교가 청년들에게 도전과 감동을 주고 저항과 희망의 꿈을 늘 심어주었다고 회상하면서 자신이 중부교회로 적을 옮긴 이유가 최성묵의 설교가 좋았기 때문이라고 했다.

선생님의 설교는 아름다운 시적인 표현과 호랑이가 포효하는 듯한 격분과 때로는 너무나 사람냄새가 나는 인간적인 말씀이셨다. 생전에 선생님께 "선생님! 설교집 하나 만듭시다."라고 말씀

---

* 이 절의 내용은 『그의 부활을 기다리며』에 수록된 경성대 신학대학 김명수 교수의 글에 주로 의존하였음을 밝혀둔다.

드리면, "야! 그런 것 필요 없어."라고 하셨다. 당시 교인들이 선생님의 설교 내용을 개별 녹음한 사람도 있었지만 지금은 찾을 길이 없다.(임실근, 『그의 부활을 기다리며』, 289쪽)

최성묵이 자신의 설교집을 만들지 않았던 것은 자신의 이름이나 명예를 내세우지 않는 겸손함에서 비롯된 것이지만 그를 아는 많은 사람들에게는 아쉬움으로 남아 있다.

최성묵의 신학사상은 민중신학으로 요약된다. 이 민중신학은 1960년대 이래 박정희 군부정권에 의해 추진된 경제개발정책을 배경으로 한다. 이 시대의 민중은 근대화의 동력이면서 동시에 근대화의 혜택에서 철저하게 소외된 근대화의 타자로 머물러 있을 수밖에 없었다. 1970년대 한국사회의 화두로 떠오른 민중의 생존권 문제는 반민중적 경제개발정책의 필연적 결과였다. 민중의 소외를 끊임없이 재생산하는 사회구조의 개혁 없이 민중의 해방과 구원은 불가능했다. 반민중적 경제성장정책의 모순은 1970년 전태일의 분신사건과 1971년 광주대단지에서 일어난 철거민들의 항쟁에서 극적으로 표출되었다. 1960년대까지 개인의 영혼 구제에 주된 관심을 보여왔던 한국기독교계도 이들 사건을 계기로 새로운 각성을 시작했다. 기독교 복음에 대한 새로운 해석이 등장하기 시작했다.

예수 그리스도는 하느님의 아들이지만 자기를 낮추어 인간으로 오셨다. 예수는 가난한 목수의 집안에서 태어나 가난한 사람들과 동고동락하며 살았다. 예수는 30세쯤 가정과 고향을 떠나 곳곳을 떠돌며 하느님 나라의 복음을 전파했다. 가난한 사람들에게 하느님 나라가 임박했음을 선포하고, 하느님 나라는 바로 그늘에게 속해 있다고 가르친다. 예수가 있는 곳에는 언제나 가난한 사람들, 병든 사람들, 귀신 들린 사람들과 세리와 죄인 등 사회에서 인간 대우를 받지 못한 사람들이 따랐다. 예수가 있는 곳에 언제나 민중이 있었고, 민중이 있는 곳에 예수가 있었다. 예수가 전개한 하느님 나라 선교는 한마디로 민중선교라고 할 수 있다.

이러한 예수의 민중선교는 예루살렘 성전의 제사장 등 기득권 계층의 미움을 사게 되고 결국 성전정화사건을 계기로 체포되어 재판을 받게 된다. 예수는 결국 로마 총독 빌라도에 의해 정치범으로 사형 판결을 받고 십자가에서 처형된다. 이것이 복음서가 전하고 있는 복음의 핵심이다. 이러한 민중신학의 지평에서 볼 때 민중의 구원과 해방을 제외한 기독교 복음 이해는 불가능하다. 따라서 1970년대 한국 민중의 가난을 끊임없이 재생산하는 잘못된 사회구조의 개혁 없이는 민중의 구원은 부분적일 수밖에 없다는 것이 민중신학의 복음 이해이다. 기독교 구원은 부분적일 수 없고 언제나 전체성을 담고 있어야 하며, 개인과 사회를 분리할 수 없듯이 개인 구원과 사회 구원은 동전의 양면과 같이 분리할 수 없다. 이와 같은 기독교인의 사회적 책임을 강조하는 신학적 지평에서 한국의 고유한 민중신학이 태동하기에 이른다.

서남동, 안병무, 현영학, 김찬국, 서광선, 김용복 등 진보적 신학자들에 의해 형성된 한국의 민중신학은 오늘날 세계 신학계에서 높이 평가받고 있다. 기독교 복음은 민중의 해방을 담는 사회 복음(Social Gospel)을 도외시해서는 안 되며, 사회 구원(Social Salvation)을 배제한 개인 영혼 구원은 온전할 수 없다는 민중신학적 테제는 최성묵의 생애와 신학사상을 결정짓는 핵심으로 보인다. 최성묵은 기독교 복음이 가져야 하는 전체적 구원에 관심을 기울이며 그것을 선교적 삶에서 신앙적으로 실천하였다. 그는 한편으로 민중을 소외시키는 구조악에 저항하는 투쟁에 앞장서기도 했지만, 사회에서 소외된 다양한 민중들을 위한 사업을 펼쳤다. 다시 말해 불의한 권력에 저항하는 "예언자적 비판정신"과 민중의 일상적 삶의 고통을 덜어주려는 "사랑의 실천"이 그의 삶 속에서 균형을 이루고 있었다.

이러한 사상적 맥락 속에서 최성묵의 설교를 분석한 김명수는 다음과 같이 그 특징을 서술하고 있다.

> 최성묵 목사의 설교의 특징은 성서 본문과 오늘의 상황 사이에 균형(balance)과 조화(harmony)를 잘 이루고 있는데 있다. 한편으로 그의 설교는 성서 본문이 담고 있는 사회역사적 연구에 충실하면서도 다른 한편으로 이스라엘 민중이 겪는 고난의 현실과 오늘 한국 민중이 겪고 있는 고난의 현실이 그의 설교 메시지에서 하나로 합류한다. 아마도 그의 설교가 당시 부산지역의 비판적 지식인과 사회참여적인 청년학생들에게 감동을 주고 그들에게 상당한 영향력을 끼쳤던 것은 그의 설교가 이 두 가지 요소를 모두 충족시켜주었기 때문일 것이다.(김명수, 『그의 부활을 기다리며』, 35쪽)

김명수의 분석대로 최성묵의 설교는 성서에서 시작해서 오늘 이 땅의 구체적 현실을 파악하는 데로 나아간다. 그리고 그 현실을 하느님과 예수의 사랑을 통해 변화시키고자 하는 것이다.

최성묵은 "연대성의 지평"(1982)이라는 설교에서 가족 사랑은 이웃 사랑으로, 이웃사랑은 원수 사랑으로 확대되어야 함을 역설하고 있다. 히브리인들은 가족, 부족, 민족을 일종의 집단인격으로 생각했다. 주전 13세기 말 이스라엘이 형성한 지파동맹(支派同盟)은 외적의 침입에 대비해 지파의 연대성을 크게 강화했다. 연대성의 기본 단위는 가족인데 이웃은 자신이 속한 집단의 일원에 국한된다. 그러나 구약과 달리 예수는 이웃의 범주를 끝없이 확대시켰다. 그는 이웃과 원수, 동족과 이민족 사이의 대립을 해체하였다.

예수는 혈통, 국적, 계급, 가문 어느 것도 따지지 않고 사람을 있는 그대로 사랑했다. 예수의 사랑은 보편적이므로 원수까지 사랑의 대상이 되지만 예수가 각별히 관심을 기울인 사람들은 가난한 사람, 병든 사람, 불구자, 창녀, 세리 등이었다. 한마디로 가난하고 억눌린 민중에 대한 연대의 확대가 예수의 하느님 나라 선교의 핵심이라고 보았다. 예수는 배부르고 유식하고 삶의 여유를 가진 사람들에게 정신적인 위로를 주고 그들을 물질적으로 축복해주기 위해서 오지 아니하였다. 예수는 오히려 성문 밖에 내쫓긴 민중에게 더 많은 관심을 기울였다. 예수가 민중의 자리인 성문 밖에서 십자가에 처형되었다는 것은 예수가 전개한 하느님 나라의 민중선교적 특성을 잘 나타내준다. 성문 밖에서 십자가에 처형당한 예수에게서 히브리서 저자는 그가 살고 있는 시대의 민중이 당하는 수난과 죽음을 발견한다.

"땅의 평화"(1979)라는 성탄절의 설교에서 최성묵은 하늘의 영광을 땅의 평화와 연관성 속에서 설명한다. 로마 황제 아우구스투스가 통치하던 그 시대를 사가들은 '팍스 로마나(Pax Romana)'라고 부른다. 전쟁과 살상으로 얼룩진 로마제국의 침략의 역사 속에서 전쟁이 그치고 모처럼 평화가 깃들었던 시대라는 의미다. 예수는 바로 그 시기에 로마제국의 식민지 팔레스틴에서 태어났다. 누가복음이 전하는 성탄절 이야기에 따르면 아기 예수는 헤롯의 왕궁이 아니라 마굿간에서 태어났다. 별의 지시에 따라 먼 길을 달려온 동방의 점성술사들은 먼저 예루살렘의 헤롯왕궁을 찾아간다. 그들로부터 메시아가 태어난다는 이야기를 들은 헤롯왕은 베들레헴에서 태어난 두 살 이하의 어린 아이들을 무조건 학살하라는 명령을 내린다. 유아 학살의 현장이 곧 아기 예수의 탄생 장소이다. 이처럼 '팍스 로마나'의 배후에는 지배층에 의한 유아 학살의 현장이 놓여 있다. 지배자들이 외치는 로마의 평화는 실상은 거짓 평화에 불과하다. 예수의 평화는 약자와 피억압자의 구원에 초점이 있다. 가난하고 소외된 민중의 해방과 구원을 배제한 평화는 진정한 평화가 아니다. 하늘의 영광과 땅의 평화는 상호 대립적인 것이 아니다. 하늘의 영광 없는 땅의 평화도 아니다. 땅의 평화 없는 하늘의 평화도 아니다. 예수의 탄생은 땅의 하늘의 영광을 심는 사건이다. 그런데 오늘의 교회는 어떤가? 참 평화를 땅에 세우는 일을 게을리하고 하늘의 영광 만을 설교한다면 그것은 거짓 평화를 방조하는 결과를 초래한다.

"두 질서"(1989)라는 제목의 설교에서는 인과응보적 세상질서와 민중의 생명가치를 중시하는 하느님 나라 질서를 상호 대립시킨다. 팔레스틴에서는 일반적으로 9월 말에 포도를 따는데 곧 10월 초에 오는 장마철 이전에 수확을 해야 하므로 일손이 몹시 바쁘다. 포도원 주인은 이른 아침 해가 뜨자마자 거리에 나가 하루 1데나리온을 주기로 하고 일꾼을 고용한다. 그리고 9시, 12시, 오후 3시, 오후 5시에도 거리에 나가 배회하는 실업자들을 발견한다. 그래서 주인은 "당신들도 내 포도원에 가서 일하시오"라고 한다. 맨 마지막에 온 사람들이 일한 지 1시간이 지나자 해가 떨어졌다. 주인이 품삯을 지불하는데 맨 나중에 온 사람부터 한 데나리온 씩 균등하게 지불하였다. 맨 먼저 와서 하루 종일 일한 사람들이 항의한다. "막판에 와서 한 시간밖에 일하지 않은 사람에게 온종일 뙤약볕에서 수고한 우리들과 동일하게 대우하십니까?" 이들의 항의는 사회정의 차원에서 볼 때 정당한 것이 아닌가? 최성묵은 만일 우리가 이 비유에서 노동 정의의 근거를 찾으려 한다면 곧 딜레마에 빠질게 될 것이라 말한다. 이 비유는 하느님 나라에 대한 비유 말씀인데 여기서 말하고자 하는 하느님 나라 질서는 어떤 것인가? 이 비유의 초점은 나중에 온 일꾼에 대해서 품삯을 먼저 지불한 것에 있지 않다. 문제는 늦게 온 사람에게 그가 수고한 노동의 양과 관계없이 한 데나리온을 지불한 데 있다. 이것은 노동의 대가라기보다 주인의 선행이다. 주인의 행위는 인과응보의 질서와는 무관한 새로운 질서임을 알 수 있다. 그것은 은혜의 질서요, 선물의 질서이다. 하느님 나라 질서는 의무나 권리에 근거한 사회질서를 초월한다. 이같이 예수가 선포한 하느님 나라 질서는 철저하게 기존 질서와 가치를 뒤엎는 성격을 지닌다. 그 나라의 시민권은 기득권자들이 차지하지 않는다. 가난하고 소외당한 주변부 민중에게 주어진다. 포도원 주인은 현실의 질서를 있는 그대로 인정하고 그 한복판에서 새로운 질서와 가치를 창출한다. 여기서 세상 질서와 하느님 나라 질서는 긴장관계를 이룬다. 사랑의 현실과 의의 현실, 법의 현실과 은혜의 현실, 이 두 질서 사이에 인간은 실존한다.

"자유인, 곧 종"(1985)이라는 설교에서 최성묵은 세상 가치와 하느님 나라 가치의 질적인 차이를 더욱 극명하게 대조시킨다. 사탄이 지배하는 세상 권력이 지배와 압제의 권력이라면 하느님 나라의 권력은 사랑과 자발적인 섬김에 의해 통치된다. 진정한 위대함이란 사랑과 섬김에서 나온다.

"낙타와 바늘귀"(1985)라는 설교에서 최성묵은 그리스도인이 재물에 대해 가져야 할 자세에 대한 설명한다. 어느 날 유대인의 관리가 예수에게 와서 어떻게 해야 영원한 생명을 얻을 수 있는가 묻는다. 예수께서 그에게 십계명의 뒷부분을 알고 있는가 반문하자 그는 이 모든 것을 지켜왔다고 말한다. 그러자 예수는 그에게 모자란 한 가지 일을 더 제시한다. "… 있는 것을 다 팔아 가난한 사람들에게 나누어 주어라. 그리고 와서 나를 따르라. 그러면 하늘에서 보화를 얻게 될 것이다." 그러나 그는 큰 부자였으므로 이 말씀을 듣고 무척 마음이 괴로웠다. 그는 불행하게도 재산을 선택하였다. 이 담론은 모범적인 신앙생활을 하고자 하는 부유한 크리스천들에게 어떻게 해야 구원을 얻을 수 있는지 가르친다. 가난한 사람과의 연대적 삶이 그 길이다.

"오른 뺨을 치거든"(1981)이라는 설교에서 최성묵은 산상 설교에 등장하는 원수 사랑 계명이 단순히 비실제적이고 실현 불가능한 이상주의의 산물이 아니라고 본다. 그는 인류사를 보복과 폭력의 악순환으로 점철된 역사로 규정하면서 예수는 이를 종식시킬 수 있는 가장 현실적이고 실제적인 방안을 제시하고 있다고 말한다. 오른 뺨을 치거든 왼 뺨을 돌려 대며, 속옷을 달라고 하는 사람에게 겉옷까지 내어주어라. 오 리를 가자고 하면 십 리를 가주고, 달라는 사람에게 주며, 꾸려는 사람의 청을 거절하지 말라. 원수를 사랑하고 너를 박해하는 사람들을 위해 기도하라. 이러한 예수의 가르침은 약자의 윤리가 아니다. 그 가르침 속에는 오늘날 세계 문제를 풀 수 있는 열쇠가 들어 있다. 미움을 미움으로 앙갚음하는 것은 미움을 더 증대시킬 뿐이고 폭력적 내용은 폭력을 종식시키는 것이 아니라 또 다른 폭력을 불러일으킬 뿐이다. 빛만이 어둠을 몰아낼 수 있고, 사랑만이 증오를 몰아낼 수 있다. 악을 이길 수 있는 유일한 방법은 선이다. 증오 대신 사랑만이 원수를 친구로 변화시킬 수 있다. 우리가 살고 있는 사회에서 어둠을 몰아내고 평화와 자유와 정의를 세우는 일을 도모하고자 하는 사람은 누구나 예수한 말한 사랑의 방편을 사용하지 않으면 안 된다.

그래서 그는 기독교 복음의 핵심을 자유와 해방에서 찾는다. 복음에 있어서 해방과 자유의 근거는 예수 그리스도이다. 최성묵은 "해방자 예수"(1977)라는 설교에서 예수가 민중을 질병, 공포, 악령, 궁핍으로부터 해방시켰고, 인간을 걱정과 불안 등 실존적 허무로부터 해방시켰으며, 분노, 욕망, 증오로부터 해방시켰다고 말한다. 예수를 통해, 그 안에서 자유를 얻은 사람은 현실을 도피해서 안 되며, 인간을 억압하는 사회의 구조악을 좌시해서도 안 된다. 그래서 자유, 평등, 인권을 세우는 투쟁에 참여함으로써 역사의 한복판에서 그리스도의 해방과 자유의 영역을 확장시켜나가야 한다는 것이 설교의 핵심이었다.

또한 최성묵은 "새로운 가치에 사는 청년"(1981)이란 설교에서 한국 사회가 공업화로 인한 대기오염과 생태계 파괴에 직면할 것임을 예견하였다. 공업화를 통한 경제성장의 가속화는 필연적으로 아황산가스와 일산화탄소의 증가를 가져오고, 대기와 수질 오염을 가중시키고 환경을 파괴하게 된다. 인간을 자연과 적으로 만들고 인간의 본래성과 삶의 질을 황폐화시키는 결과를 초래할 것이다. 공업화 절대주의에서 인간과 환경을 우선적으로 생각하는 공업화가 되어야 한다고 주장한다. 또 그는 현대사회를 기술과학시대로 규정짓고 기술과학이

자본주의적 상업주의와 결탁하여 인간의 정신문명을 파멸시킨다고 경고하고 있다. 도구화된 합리성에 기초한 현대 기술사회에서 현대인은 인간성을 상실하고 주체성 없이 로봇처럼 살아간다. 3S(스크린, 섹스, 스포츠) 문화에 탐닉하며 말초신경을 자극하는 감각적 문화를 추구하고, 물질적 욕망을 추구하는 일에 현대인은 익숙해졌다. 생산과 상품을 우선시하는 가치관에서 인간성 중심의 가치관 회복이 절실히 요청된다고 설교하였다.

이상에서 살펴본 대로 최성묵의 설교와 신학사상은 1970~80년대 한국에서 형성된 민중신학의 한 전형을 보여주는 것이다. 이 시기 군사독재하의 한국사회에서 억압된 민중의 삶을 신학의 주제로 삼아 발전한 민중신학은 실천을 바탕으로 한 신학이었다. 민중신학은 단순히 추상적인 신학이론이 아니라 구체적인 현실 속에서 목회를 통해 그리고 사회적 실천을 통해 형성되고, 강화되고, 그 가치를 발현하는 실천 신학이라 할 수 있다. 따라서 민중신학에서 가장 중요한 것은 목회적 실천, 사회적 실천이다. 그 속에서 민중신학은 살아 숨쉬는 신학이 되는 것이다. 이미 살펴본 대로 최성묵은 이 민중신학을 구체적 목회 현장에서 또한 민주화투쟁의 일선에서 몸으로 실천함으로써 민중신학에 생명력을 불어넣었던 대표적 성직자로서 높이 평가되어야 할 것이다.

45

노태우 정부와
민주화운동

　　　　　　　　　1987년 대통령선거가 군부정권의 재집권으로 끝난 이듬해 1988년 4월에 치르진 총선거는 야 3당(평민당, 민주당, 공화당)의 의석이 집권 민정당보다 많은 사상 초유의 여소야대 정국을 만들어내었다. 이는 야권 분열과 대선 패배의 후유증으로 인해 총선에서 야당의 패배가 예견되었던 상황에서 나타난 의외의 결과였다. 민정당은 33.9%의 득표율로 125석을 차지했고, 평민당 19.2%로 70석, 민주당 23.8%로 59석, 공화당 15.5%로 35석을 점하여 야당의 의석 수를 합하면 172석으로 과반을 넘고, 득표율 합계도 66%(무소속 포함)에 달했다.

　부산에서는 재야민주화운동을 주도했던 김광일, 노무현 변호사가 민주당의 공천을 받아 국회의원에 당선되었다. 당초 민주당은 4월 총선을 앞두고 부산에서 재야세력 몫으로 3명의 공천을 제안했는데 김재규 국본 상임집행위원은 여러 가지 이유로 고사하여 두 사람만 출마하게 되었다.

　4월 총선의 결과는 지역주의 투표 경향이 강화된 점, 국민들의 민주화 욕구의 분출 그리고 소선거구제로 결정된 국회의원 선거제도의 영향 등이 복합된 것이었다. 이러한 여소야대 정국의 형성은 독재정권하에서 장기간 행정부에 종속되어 있던 의회의 기능과 역할을 부활시켰다. 대통령의 막강한 권력을 제한하고, 의회의 권한을 강화하기 위한 다양한 입법 조치가 마련되었다. 국정조사, 국정감사, 고위 공직자 임명에 대한 국회의 임명 동의권, 청문회 제도의 도입 등이 채택되었다. 또한 유신체제와 전두환 정권 아래서 비민주적으로 제정된 악법들이 개정 혹은 폐지되었다. 헌법재판소법, 안기부법, 정당법, 집시법, 사회보호법 등이 이에 포함되었다. 또한 야당은 '5공 비리 특별위원회'와 '광주 특별위원회'를 설치하여 군사독재정권의 과거 비리를 조사하였다. 1988년 서울올림픽이 끝난 후 열린 5공 비리와 광주항쟁에 대한 국회 청문회에 전 국민의 관심이 집중되었다.

1989년 7월 25일 열린 부마항쟁기념사업회
발기인 대회에서 발언하는 최성묵

5공 비리 청문회는 전두환 친인척들의 권력형 부정축재와 비리를 밝혀내었고, 광주 청문회는 피해자들의 육성 증언을 통해 권력의 억압으로 인해 널리 알려지지 못했던 5·18항쟁의 진실과 신군부의 잔악한 만행들이 폭로되었다. 이 청문회를 통해 이른바 청문회 스타가 등장했는데 광주 청문회에서 활약한 노무현 의원이 대표적인 경우였다.

민주화라는 시대적 압력과 군부세력 내부의 권력 갈등이라는 요인으로 인해 결국 노태우 정권은 5공 청산으로 나아가지 않을 수 없었다. 노태우는 5공 비리를 수사할 특별수사부를 설치했고, 특별수사부는 전두환 정권하에서 비리를 저지른 친인척 및 관련 공직자 47명을 구속, 기소하기에 이르렀고 결국 전두환 부부는 백담사에서 은둔 생활에 들어갔다.

이러한 상황에서 수세에 몰린 노태우 정권은 민주화와 여소야대 정국이라는 변화의 흐름을 역전시킬 프로젝트를 고안했는데 그것은 공안 통치와 3당 합당이었다. 공안 통치란 민주화를 통해 활성화된 다양한 민중운동을 공안기구를 앞세워 탄압하는 통치방식으로 노태우 정권 동안 3당합당을 전후로 하여 2차에 걸쳐 실행되었다.

문익환 목사의 방북(1989. 3. 25)을 계기로 본격화된 1차 공안통치는 1989년 4월 3일부터 시작되었다. 노 정권은 공안합동수사본부(약칭 공안합수부)를 설치하고 방북사건뿐 아니라 통일 관련 모든 재야단체에 대한 수사에 착수했다. 공안합수부는 대검 공안부장을 본부장으로 하고 전국 12개 지방검찰청의 공안담당 부장검사를 부장으로 하는 '지역공안합동수사본부'를 설치했다. 또 관계기관들의 정책 협의를 위해 다양한 기관을 망라한 '공안합동정책협의회'를 만들었다. 이 공안통치는 민주화운동에 대한 무차별 탄압을 개시함으로써 많은 희생자를 양산했는데 1989년 5월 부산 동의대학교에서 발생한 5·3사태는 대표적인 사례였다. 동의대 학생들의 시위에 경찰이 과잉진압하면서 원인 불명의 화재가 일어나 진압 경찰 6명이 목숨을 잃는 참사가 발생했던 것이다. 이 화재의 원인은 아직도 명확히 밝혀지지 않았는데 정권과 경찰은 학생들의 행위로 단정짓고 다수의 학생을 구속, 중형을 선고했다.

여소야대 정국을 역전시키는 또 하나의 프로젝트인 3당합당은 물밑에서 은밀히 진행되다가 1990년 1월 22일 노태우, 김영삼, 김종필의 청와대 회동 직후 발표되었다. 그 결과 민정당, 민주당, 신민주공화당이 합쳐진 민주자유당(약칭 민자당)이라는 거대 여당이 탄생했다. 각 정파의 이해관계에 따라 내각제 개헌을 고리로 하여 이루어진 합당이었다. 이 3당합당은 반호남 지역주의에 기초한 보수대연합의 결정판이었다. 3당합당으로 인해 민주화를 중심으로 한 정치적 대립구도가 지역주의적 대결 구도로 변하는 퇴행적 결과를 낳았다. 또한 3당합당의 결과 의회정치의 실종, 개혁입법의 후퇴, 악법개폐의 중단, 전노협에 대한 탄압, 무노동 무임금 강행, 노동법 개악의 강행 등 정치의 전반적 보수화가 진행되었다.

민주당과 김영삼이 하루아침에 군부보수세력과 야합하면서 야합에 반발하는 민주당 의원들은 민자당 불참을 선언하고 민주당을 고수하려 했다. 꼬마민주당이라고 불린 이 당에는 이기택, 김광일, 김정길, 노무현 의원과 무소속의 이철, 박찬종, 홍사덕 등 7명의 현역의원과 제정구, 조순형, 정기욱 전 의원이 모여 있었다.

민주당과 김영삼 세력이 하루아침에 여당으로 변신하면서 부산의 민주진보세력의 충격과 위기감은 컸다. 부산시민들 역시 곤혹스럽기는 마찬가지였다. 하지만 김영삼 세력은 그들의 변신이 결국 차기 집권을 위해 어쩔 수 없이 "호랑이를 잡기 위해 호랑이굴로 들어가는" 고육지책이라는 식의 합리와 논리를 유포하면서 동요하는 민심을 집

으려 애썼다. 결국 지역주의적 정서에 사로잡혀 있던 다수의 시민들
은 김영삼에 대한 지지를 철회하지 않았다. 김광일, 노무현, 김정길 의
원 등이 반대를 표명하고 탈당을 했지만 큰 영향력을 발휘하지는 못
했다. 6월항쟁에 함께했던 제도권 야당의 이탈은 민주화운동 세력이
대중의 지지와 참여를 이끌어내는 데 커다란 장애로 작용했다.

3당합당 직후인 1990년 2월, 부산지역 시민사회단체들은 '민자당
장기집권 음모 저지 및 민중기본권 쟁취 부산시민운동본부'를 결성하
고 지역의 운동세력을 반민자당투쟁이라는 공동전선으로 묶는 조직
적 연대를 확산하고 3월 이후 다양한 활동을 전개하였다. 전국 단위
에서도 '민자당 일당독재 음모 분쇄 및 민중기본권 쟁취 국민연합'이
결성되었고 부산에서도 2월에 결성한 조직을 국민연합 부산본부로
개칭하였다. 이후 계기가 있을 때마다 집회와 캠페인 등을 통해 반민
자당 투쟁을 전개하였다.

부산의 정치지형 변화가 구체적으로 드러난 것은 1991년 6월의 지
방자치선거를 통해서였다. 지방선거 이전인 1991년 상반기에는 중대
한 대중투쟁들이 연이어 있었다. 3월에 국민연합 부산본부는 6공 최
대의 비리사건인 수서지구 특혜분양사건을 규탄하는 '수서비리 부패
정권 노태우정권 퇴진 국민대회'를 열었는데 1500여 명의 노동자, 시
민, 학생들이 참여하였다. 4월 26일에는 서울의 명지대학생 강경대 군
이 시위 중 경찰의 과잉진압으로 사망하는 사태가 발생하자 전국적
으로 대규모 시위가 일어났다. 이른바 5월항쟁이었다. 5월 4일 부산에
서 벌어진 시위에는 야간에 거의 4, 5만에 달하는 시민들이 운집하였
다. 5월 7일에는 박창수 한진중공업 노조위원장의 의문사가 발표되면
서 부산시민들의 분노는 더욱 높아졌다. 5월 9일 남포동에서 열린 '고

강경대 열사 살인폭력 규탄 및 민자당 해체, 노태우 퇴진 부산시민대회'에는 5만 명의 시민, 학생, 노동자들이 운집했으며, 서면으로의 가두행진에는 십수만의 시민들이 대오를 이루었다. 6월 1일에는 부산대학교에서 전국 178개 대학생 3만여 명이 전대협 제5기 출범식을 가졌고 1만여 명이 서면으로 진출하여 가두시위를 벌였다. 이처럼 6월 초에 이르기까지 한 달 이상 지속된 5월항쟁은 6월 3일 일어난 정원식 총리서리 폭행 사건으로 급격히 퇴조하였다.

하지만 5월항쟁을 통해 나타난 부산시민들의 반노태우 반민자당 정서의 바탕 위에 선전 선동과 투쟁을 통해 대중을 의식화, 조직화하고 민족민주진영의 정치세력화를 공고히 한다는 취지 아래 국민연합 부산본부는 6월의 지방선거에서 후보전술을 구사하였다.

그러나 부산 경남지역의 다수 유권자는 김영삼에 대한 지지를 철회하지 않았고 보수야합을 추인하는 결과로 이어졌다. 6월 20일 지방의원 선거에 국민연합 부산본부는 후보 3명을 내세웠는데 일정한 성과는 있었으나 당선자를 내지 못하였고 반면에 민자당은 47.6%의 지지를 얻어 광역의회 의석 51석 중 50석을 석권하는 결과를 낳았다.

전국적으로도 민자당은 41%의 득표로 65%의 의석을 얻었지만 평민당의 후신인 신민주연합당(약칭 신민당)은 22%, 꼬마민주당은 14%의 득표에 그쳤다. 신민당은 호남지역을 석권했지만 부산, 대구, 강원, 충북, 경북, 제주 등에서는 단 한 석도 확보하지 못했다. 6·20 지방선거의 결과는 반민자 비호남 유권자들의 지지를 기대한 꼬마민주당이나 일부 재야인사의 영입을 통한 전국정당화를 지향해온 신민당의 구상에 근본적으로 한계가 있음을 보여줌으로써 야당 통합의 압박 요인으로 작용하였다.

6월항쟁에 버금가는 치열한 5월투쟁이 벌어진 직후의 선거에서 확인된 이러한 정치지형의 변화는 부산지역 민주화운동 세력에게 커다란 충격을 안겨주었다. 다시 말하면 민자당의 승리는 반호남 지역주의에 기반한 것으로 부마항쟁과 6월항쟁에 앞장섰던 민주화의 도시, 부산의 정치지형이 퇴영적 지역주의의 영향하에 들어가는 매우 심각한 변화가 일어났기 때문이다.

46
정당에 몸을 담다

최성묵을 비롯한 부산의 민주인사들은 지역주의가 고착되는 상황을 무엇보다 우려했다. 6월항쟁으로 정권교체의 길을 열었는데 보수 야당의 두 세력이 대립함으로써 결국 군부정권의 연장을 허용해야 했고, 이제 3당합당이라는 보수야합의 결과 지역주의라는 퇴행성 암세포가 한국정치 전반을 지배하는 상황을 맞이하는 심정은 참담하기 짝이 없었다.

3당합당이라는 충격적 사태에 접한 1990년 1월, 최성묵은 "정체를 바꾸다"라는 제목의 설교를 통해 이스라엘 시대의 왕과 백성 간의 관계, 유대역사에서 남북 왕국의 멸망 등에 비유하여 한국의 정치사를 설명하면서 "김영삼은 6개월 전과 지금의 말이 다른 한순간의 변절자"라고 통렬히 비판했다. 이 무렵 통일민주당의 이기택은 고민 끝에 3당합당에 동참하려고 박관용, 김현규, 홍사덕 등과 함께 기자회견을 하려고 했으나 막상 기자회견장에는 나오지 않고 잠적하였다. 이후

이기택은 김대중의 정당으로 갔는데 이런 행보의 이면에는 최성묵의 영향도 있었을 것이라 짐작된다. 이기택은 최성묵의 고향 후배로서 평소에도 여러 가지 문제에 대해 최성묵에게 의논하는 사이였기 때문이다.

3당합당으로 더욱 악화된 지역주의를 막아내기 위해 최성묵은 특히 첨예하게 대립하게 된 영남과 호남의 지역감정을 완화하고 거대정당 민자당에 대항할 수 있는 야당 통합을 이루어내어야 한다고 생각했다. 그리고 그 중심세력은 현실적으로 남은 유일한 야당세력인 평민당과 김대중밖에 없다고 판단했던 것 같다. 평민당 중심의 야당 통합이 그나마 유일하게 남아 있는 가능성이라고 판단한 것은 결코 무리가 아니었다. 하지만 평민당과 김대중에 대한 부산 민주화세력의 평가는 절대로 호의적이지 않았다. 따지고 보면 부산 민주화세력은 13대 대선 이전에는 김영삼보다는 김대중에게 훨씬 더호의적이었다. 그랬던 것이 급격히 김대중에 대한 감정이 나빠졌던 이유는 1987년 13대 대선에서 보여주었던 김대중의 아집과 독선 때문이었다. 13대 대선의 결과도 그랬다. 김대중은 근소한 차이지만 김영삼에게 뒤졌다. 두 사람의 대권욕이 민중의 간절한 소망을 짓밟았던 점에서 비난은 두 사람에게 똑같이 돌아가야 했지만 김영삼보다는 더 나은 판단력과 정치력을 보여주리라는 기대를 받았던 김대중에게 더 많은 비난이 쏟아질 수밖에 없었다. 이전에 열렬한 김대중 지지자였던 김광일은 그 지지를 철회한 대표적인 인물이었다. 그는 목숨을 걸고 진주교도소에 수감되어 있던 김대중의 면회를 다녔던, 자타가 공인하는 DJ맨이었지만 13대 대선 이후 완전히 결별하였던 것이다.

김대중 당시 야당 지도자와 만나는 최성묵
(연도는 1987년 이후로 추정)

3당합당으로 인해 부산의 민주화운동 세력은 김영삼에게 결코 회복하기 어려운 최악의 배신감을 느꼈지만 김대중에 대해서도 쉽게 마음을 열 수 없었다. 당연히 평민당 중심의 야당 통합에 대해서는 불가피하다고는 여길지라도 그에 동참하려는 분위기는 없었다. 하지만 최성묵에게는 당시의 상황에서 별다른 선택의 여지가 없어 보였다. 정치란 때로는 싫어도 어쩔 수 없이 선택해야 하는 현실이었다. 거대 여당의 독주가 불을 보듯 뻔한데 가능한 어떤 행동도 하지 않고 좌시할 수 없는 심정이었다. 최성묵은 1991년 6월 지방선거를 치르기 전에 거대 여당 민자당에 맞서기 위해 우선 야당의 통합이 필요하다고 생각했다. 여기에는 평민당과 가까운 관계에 있던 개신교 민주화운동 인사들의 적극적인 권유도 크게 작용했다. 특히 이우정 교수가 최성묵의 참여를 간곡히 설득하였다.

　하지만 최성묵은 상당 기간 야당 참여 문제를 두고 고민했다. 최성묵이 현실 정치에 발을 딛는 데는 어려움이 한두 가지가 아니었다. 첫째는 부산의 재야 민주세력들의 압도적 다수는 최성묵의 정계 진출에 반대였다. 부산의 재야세력들이 민주인사가 정치에 진출하는 것 자체를 반대한 것은 아니었다. 1988년 총선에 노무현, 김광일 두 사람이 출마한 것만 보더라도 알 수 있는 것이다. 하지만 최성묵은 부산 재야의 대부 격인 위치에 있었고 목사라는 신분이었다. 다른 사람보다 더 정치적 행보에 신중해야 한다는 의견이 지배적이었다. 게다가 '김대중의 당'으로 인식되고 있던 신민주연합당으로 가는 것에 대한 거부감도 상당히 강했다. 그 이유는 앞서 언급했듯이 김대중에 대한 불신에서 비롯되었다. 둘째는 최성묵이 몸담고 있던 중부교회 교인들의 입장이었다. 최성묵은 그 동안 민주화운동을 비롯하여 사회사업 등 다방면의 활동을 벌이느라 중부교회의 목회에 충분히 신경을 쓰지 못했다. 그뿐 아니라 중부교회가 반독재운동의 현장이 되다 보니 걸핏하면 교회 주변을 경찰이 에워싸고 교인들을 힘들게 만들었다. 그동안 중부교회 교인들은 이런 불편함을 감수하면서 최성묵의 활동을 묵묵히 지지해주었다. 그런데 이제 현실 정치로 진출하면 서울을 드나들면서 활동해야 하는데 교인들 입장에서는 부담스럽지 않을 수 없었다. 장로들 가운데서도 반대하는 사람들이 많았다. 셋째는 가족들의 반대였다. 최성묵의 활동을 감내해왔던 가족들도 새롭게 정당 활동을 하는 것은 반대였다. 최성묵의 건강도 좋지 않은데다 최성묵의 대외 활동을 부담스러워 하는 교인들의 눈치도 보지 않을 수 없었다. 김순이는 최성묵의 신민주연합당 입당에 대해 이혼까지 입에 올리며 반대했다. 최성묵은 외로웠다. 반대는 넘쳐났지만 격려하는 사람은 거의 없었다. 자신의 소신대로 정당 활동을 한다 해도 평생 해보지 않은 일이라 부담스러울 뿐 아니라 그런 활동이 자신이 바라는 결과를 가져올지도 미지수였다. 하지만 그로서는 평생을 바쳐 싸워온 민주주의를 위해 무언가 하지 않으면 안 된다는 강한 의무감 같은 것이 가슴속에서 사라지지 않았다. 남북으로 갈라진 나라에서 또다시 영남과 호남, 충청 등으로 갈라져서 대립하는 모습을 보면서 지역주의의 벽을 넘기 위해 자신의 역할이 있다면 해야 한다고 생각했다. 최성묵은 최종적으로 김대중 중심의 신민주연합당 입당을 결심했다.

1991년 4월 9일, 재야인사 중심의 신민주연합당 준비위원회(신민연)와 김대중이 이끄는 평화민주당(평민당)이 통합하여 신민주연합당(약칭 신민당)이 창당된다. 최성묵은 이 자리에서 신민당의 최고위원으로 추대되었다. 당시 상황에 대해 박상도는 다음과 같이 증언하고 있다.

신민연의 중심인물이었던 이우정 교수가 최 목사님을 집요하게 설득하여 신민당 창당 1개월 후 최고위원으로 들어가게 되었다. 당시 나는 최 목사님에게 정당 참여를 반대하는 이유로 민주화의 진전으로 교회가 해야 할 최소한의 역할은 끝났으며 지금 입당하면 그 동안의 운동이 정치를 하기 위한 것으로 오해받을 것이라고 했다. 이에 대해 최목사님은 3당합당으로 보수대연합이 완성되었으므로 민주화를 기대할 수 있는 현실적 세력은 김대중의 평민당밖에 없다는 것, 향후 더 심각해질 조짐을 보이는 지역주의 때문에 동서화합이 절실하다는 이유로 굽히지 않았다. 그는 자신이 현실정치에 발을 들여 놓음으로써 목회자나 민주화운동 지도자로서의 명성이 훼손될 수 있음을 잘 알지만 그 길이 자신에게 주어진 십자가이며 그것을 팽개칠 수는 없다고 말씀하셨다.(박상도, 『그의 부활을 기다리며』, 85쪽)

최성묵이 입당한 후에도 가족과 교인 등 주변의 많은 사람들은 반대했다. 임실근 집사도 그랬다. 한번은 최성묵이 정당 참여 문제로 화가 나서 그에게 소리치기도 했다. 아마 주변 사람들이 자신의 진심을 몰라주는 것이 야속해서 그랬던 것 같다. 전점석도 다른 일로 최성묵을 만난 자리에서 왜 신민당에 입당했는지, 정치를 할 것인지 물어보았다. 최성묵은 허허 웃으면서 정당정치를 할 생각은 없다고 명쾌하게 말하고 지금의 우리 사회가 안고 있는 가장 큰 문제는 지역주의이기 때문에 그에 정면으로 도전하는 사람이 부산에서 나와야 한다고 말했다.

최성묵이 신민당에 입당한 바로 다음 달, 6월에 지방자치선거가 있었다. 이 선거에서 민자당은 41%의 득표로 65%의 의석을 석권한 반면 신민당은 호남지역은 석권했지만 부산, 대구, 강원, 충북, 경북, 제주 등에서는 단 한 석도 확보하지 못했다. 5월항쟁 직후 치러진 선거의 결과였기 때문에 더욱 참담한 마음이었다. 하지만 이왕 정당정치에 발을 내디뎠으니 꾸준히 노력할 수밖에 없었다. 최성묵은 신민당 최고위원회의에 참여하기 위해 한 번씩 서울로 올라갔다. 최고위원 사무실은 여의도의 한 오피스텔에 마련되어 있었다. 회의 전날 최성묵은 비행기로 서울에 올라가서 하룻밤을 오피스텔에서 묵고 최고위원회의에 참석한 후 부산으로 돌아오곤 했다. 하지만 정당 활동은 최성묵이 기대한 것과는 달랐다.

신민주연합당에 들어간 지 얼마 되지 않아 최성묵은 곧 한계를 느끼게 되었다. 최성묵은 정당 활동을 시작한 지 얼마 지나지 않아 14대 대통령 선거 때까지만 활동하기로 마음먹었던 것 같다. 그는 김순이에게 정당 정치가 자신이 생각한 것과는 너무 많이 달라서 선거만 마치면 그만둘 생각이라고 말했다. 권력정치의 생리에 적응할 수 없었던 최성묵으로서는 당연한 일인지도 몰랐다. 후에 최성묵의 장례식에 참석한 이우정 교수는 고사하는 최성묵을 자신이 적극 추천하여 정당에 참여시켜 죄송하다는 조사를 했으며, 김상근 목사는 최성묵은 결코 현실정치에 직접 참여할 의사는 없었던 것으로 안다고 말했다.

6월 지방선거의 참담한 결과는 야당 통합을 더 이상 미룰 수 없게 했다. 신민주연합당은 그해 9월 10일, 3당합당을 거부한 이기택, 노무현, 김정길 등 구 통일민주당 잔류파 5인 의원과 무소속 의원 박찬종, 이철 등을 중심으로 창당한 민주당(이른바 꼬마민주당)과 통합했다. 당

명은 다시 민주당으로 정했다. 이로써 거대 여당 민자당에 맞서는 야
당의 통합이 완료되었다.

1991년 4월 9일 열린 신민주연합당 통합대회에서 부총재로
추대되어 단상에 오른 최성묵

이 무렵부터 민주화운동은 시민운동, 노동운동, 교육운동, 통일운
동, 환경운동 등 다양하게 분화되기 시작했고 이들 분화된 운동들을
묶어내기 위해 연합운동이 나타났다. 부산에서는 1991년 12월 14일,
11개 재야단체의 연합체로서 '민주주의 민족통일 부산연합'(약칭 부산
연합)이 발족했다. 배다지, 박순보가 상임의장을 맡았고, 김진숙, 하동
삼, 윤부한, 오상훈, 손병호, 조성래 등이 공동의장을 맡았다. 이전 같
았으면 최성묵이 중심에 섰겠지만 이제 정당인 최성묵은 재야운동의
일선에서 물러서 있어야 했다.

47
거목의 최후

총선과 대선의 일정이 잡혀 있는 선거의 해, 1992년이 다가왔다. 그해 3월 24일에는 국회의원 총선거가 예정되어 있었고, 12월 18일에는 대통령 선거가 예정되어 있었다. 1992년 2월 14일에는 부산지역 50여 개 시민단체가 '공명선거실천시민운동 부산협의회'(약칭 부산공선협)를 결성하고 제14대 국회의원 총선거를 앞두고 본격적인 부정선거 감시활동을 시작했다. 2월 23일에는 부산연합이 부산대학생회관에서 노동자, 학생 등 1,500여 명이 모인 가운데 '민자당 심판과 민중생존권 쟁취를 위한 범국민 결의대회'를 개최했다. 2월 29일에는 부산 공선협이 YMCA 강당에서 '부정선거 감시를 위한 청년학생 자원봉사단'을 발족했다. 최성묵은 민주당의 최고위원으로서 서울과 부산을 오가면서 열심히 선거를 준비해나갔다. 1992년 3월 24일로 예정된 국회의원 총선거가 다가오고 있었기 때문이었다. 제14대 총선거에는 민자당에 맞서는 야당으로서 민주당과 함께 민중당이 등장했다. 민중당에는 최성묵의 사위 김영수 목사가 활동하고 있었다. 그는 가야동에서 우리교회를 세워 노동선교를 열심히 하다가 1990년 사직하고 민중의 정치세력화를 주장하며 민중당 활동을 시작했다. 그는 14대 총선에 부산진구에서 민중당 후보로 출마했다. 선거 유세가 한창이던 3월 어느 날, 부산 전포동의 전포중학교에서 열린 선거유세장에 최성묵과 김순이는 선거에 나선 사위를 찾았다. 최성묵은 웃는 얼굴로 "수고한다", "어떠니?", "열심히 해라"는 세 마디를 남기고 자리를 떴고, 김순이는 최성묵이 마련했다며 종이에 싼 돈 100만 원을 건넸다. 이때 김영수는 최성묵의 얼굴이 이전에 비해 많이 검다고 느꼈다. 이 무렵 그는 극도의 과로에 시달리고 있었다. 장녀 최혜림의 회상에 의하면 1992년 3월 22일에 잘 아는 사업가 한 사람이 최성묵과 최혜림, 두 부녀가 함께 있는 자리에 찾아왔다. 최혜림이 최성묵에게 그를 소개하자 "아, 그러신가요?" 하면서도 자리에서 일어나지 않았다. 평소의 최성묵은 비록 나이가 어린 사람일지라도 손님이 오면 반드시 일어나서 예의를 갖추어 인사를 했는데 그때의 모습은 달랐다. 최혜림은 과로가 아버지의 기력을 극도로 소진시킬 결과로 나타난 현상일 것이라고 생각했다.

그 일이 있은 후 그날 오후 최성묵은 거제도로 갔다. 다음 날 열릴 기독교장로회 경남노회에 참석하기 위해서였다. 최성묵의 건강이 좋지 않아 걱정이 된 김순이는 함께 갈 것을 자청해서 두 사람은 버스를 타고 거제로 갔다. 그날 저녁, 애광원 원장 김임순 장로가 최성묵 부부를 애광원으로 모셨다. 김 장로는 최성묵과 절친한 사이였다. 거기서 일박한 후 다음 날 아침, 최성묵은 경남노회에 참석했고 김순이는 근처 언덕에서 쑥을 캤다. 몸이 약한 최성묵을 위해 약에 쓰려는 것이었다. 경남노회를 마친 후 두 사람은 다른 차편으로 따로 부산에 도착했다. 부산에는 최성묵이 먼저 도착해 있었다. 최성묵은 사택 서재에서 김순이가 올라오는 것을 보고 내려오면서 편지 한 장을 흔들어 보였다. 그 편지는 둘째 딸 혜은이 미국에서 보낸 것이었다. 부부는 한울 사무실에 앉아 혜은의 편지를 읽었다. 미국에 간 혜은이 영어 공부를 잘하고 있다는 내용이었다. 서울대 미대에 다니는 막내아들의 징집영장도 같이 보았다. 그리고 최성묵은 다른 일을 보러 밖에 나갔다. 저녁 무렵이 되어 돌아온 최성묵은 일본교회에 있다가 온 심용환 목사를 위해 마련된 저녁식사 자리에 가려고 준비하면서 평소와 달리 옷을 갈아입으려 했다. 김순이에게 속옷도 달라고 해서 갈아입고 손톱, 발톱도 깎았다. 김순이는 지나놓고 생각해보니 최성묵의 행동이 평소와는 좀 달랐던 것 같았다. 그렇게 깨끗이 한 후에 저녁식사 자리에 나갔는데 저녁 늦게까지 들어오지 않았다. 그런데 밤 12시가 넘어 메리놀병원에서 전화가 왔다. 최성묵이 택시에 실려 와 있다는 것이었다. 그날은 토요일 저녁이어서 의사들도 거의 퇴근하고 없는 시각이었다. 깜짝 놀라 병원으로 달려가니 최성묵이 의식불명 상태로 누워 있었다.

그날 최성묵은 늦은 저녁식사가 끝난 후 김용환 목사와 다른 일행들의 숙소를 잡아주고 자정이 넘어서야 혼자 걸어서 부평동 시장통을 지나 중부교회로 향하고 있었다. 가게 문도 다 닫힌 어둑한 길을 혼자 걷던 최성묵은 갑자기 어지럽고 기운이 빠져 가까운 곳에 대어 있는 자전거에 몸을 기대려다가 그대로 쓰러졌다. 근처에서 가게 문을 닫고 있던 상인 한 사람이 이 장면을 목격하고 택시를 불러 메리놀병원으로 보냈다.

그래도 김순이는 최성묵이 자주 그랬듯이 치료를 하면 소생할 줄 알았다. 그런데 용태를 살피던 의사가 고개를 갸웃거리며 "아이고, 안 되겠는데요." 하는 게 아닌가. 깜짝 놀라 먼저 가까운 사람들에게 알려야겠다는 생각이 들어 밖으로 나가 서울의 시누이와 교인들에게 공중전화를 하고 다시 병실로 돌아와 보니 그 사이에 사람이 보이지 않았다. 병원에서는 운명한 즉시 시신을 영안실로 옮겨버렸다. 그 시각에 최성묵은 이미 운명했던 것이다. 김순이는 하늘이 무너지는 것 같이 온몸에 기운이 빠지고 멍한 상태로 한참을 앉아 있었다. 얼마 후 경찰이 오고 교인들과 지인들도 소식을 듣고 모여들었다. 최성묵의 갑작스런 소천은 사인(死因)에 대한 의혹을 유발했고 경찰도 의혹을 남기지 않기 위해 부검을 하자고 했다. 그때 김순이는 단호히 거부했다.

"우리 목사님이 비록 민주화운동을 해서 싫어할 사람들이 있을지 모르겠지만 누군가에게 죽임을 당할 만큼 원수진 일은 없다. 그러니 부검은 할 필요가 없다."

최성묵, 그는 그렇게 갔다. 어두운 길 위에서 홀로 시대의 무거운 짐을 지고 갔다. 편안하게 침상에서 임종하지 못하고 사울 알린스키처럼 거리에서 삶을 마감했다. 향년 61세. 평생을 민주화에 몸 바쳤던 민주화운동의 지도자이며, 훌륭한 목회자이며, 사회사업가였던 위대한 부산 사람 최성묵은 그렇게 갔다.

경북 경주군 강동면 국당리 선영에 자리한 최성묵의 묘소

에 필 로 그

최성묵의 삶을 돌아보면 그는 평생토록 시대의 소용돌이 속에서 살아왔다. 식민지, 분단, 전쟁, 독재로 점철된 한국현대사의 질곡을 한번도 비켜선 적이 없었다. 그 질곡의 한가운데서 그는 언제나 생명의 위협을 느끼는 위기를 겪어왔다.

그가 아직 10대의 어린 소년이던 일제 말기, 그는 부친 최석현 장로의 손에 이끌려 깊은 산촌에서 벌목 일을 도우면서 1년 동안 은거했다. 일제의 최후 발악이 살기등등하던 시절, 그들의 마수를 피하기 위해서였다. 이는 마치 조선 말기, 관헌의 탄압을 피해 깊은 산이나 골짝에 숨어 산 천주교도의 그것과도 같은 것이었다.

그리고 그가 청년기에 접어든 20대 초, 분단이 초래한 전쟁의 참화가 덮쳐왔다. 그는 흥해학도의용대의 부대장을 맡았고 그 때문에 동해지대 빨치산 대장의 손에 체포되어 총살형에 처해졌다. 생사의 갈림길에서 그는 기적적으로 목숨을 구했고 이후 상처를 치료하기 위해 인민군 야전병원을 따라 춘천까지 북상했다가 전세가 역전된 틈을 타서 고향으로 기적적으로 생환했다. 그가 생사의 갈림길에서 신음할 때 그는 만약 살게 된다면 남은 생을 하느님께 바치겠다고 맹세했고, 이후 그 맹세를 지키기 위해 신학교로 갔다. 신학교를 졸업한 청년시절, 그는 4월혁명과 5·16쿠데타라는 격변을 목격했고 이후 기독학생운동의 일선에서 활동했다. 그리고 기독학생운동의 통합을 이룬 후 부산으로 왔다.

5·16쿠데타 이후 그는 군사독재에 맞서 민주주의를 위한 투쟁의 길로 나섰고 또 한 번 생명이 위태로운 사태를 맞았다. 부마항쟁이 일어난 직후였다. 그는 유신독재의 하수인들에 의해 부마항쟁의 배후조종자로 조작되어 생명이 위태로운 상황이었다. 바로 그때 10·26정변이 일어나고 박정희가 사망함으로써 그는 죽음의 위기에서 벗어나게 되었다.

군사독재에 의한 두 번째 위기는 1980년 5월, 신군부의 쿠데타로 인한 것이었다. 신군부의 마수를 피해 서울로 피신했던 최성묵은 갑자기 뇌졸중으로 쓰러졌던 것이다. 생명이 위험할 뻔한 상황에서 박상도 등의 도움으로 아슬아슬하게 세브란스병원에 입원한 최성묵은 가까스로 죽음을 피할 수 있었다. 이처럼 최성묵은 개인사 자체가 시대의 아픔과 함께하는 삶이었다.

그러면 최성묵의 삶은 한국현대사에서 어떤 의미를 갖는 것일까?

한국현대사를 1945년 8·15를 기점으로 본다면 일제의 식민지배가 불러온 분단이 무엇보다 큰 역사의 질곡으로 등장했다. 남북 양쪽의 분단국가는 적대적 상호의존관계를 맺고 위기 속에서 공생함으로써 분단과 독재의 공존 혹은 상호의존이라는 악순환을 지속했다. 그럼으로써 분단국가 대한민국에서는 1960년대에 새롭게 등장한 냉전반공주의적 군사독재가 극복해야 할 당면한 최대의 문제가 되었다. 대한민국은 자유민주주의를 국가의 명분으로 삼았으나 정작 군사독재는 자유민주주의를 억압함으로써만 존립할 수 있었다.

반공을 국시로 삼고 출발한 박정희 군사정권은 안팎으로 통제와 억압을 강화했다. 정적은 모두 빨갱이, 공산분자, 불순분자로 몰아 제거했다. 국수주의와 파시즘 이외에 자유주의를 포함한 모든 사상은 검열과 통제의 대상이었다. 밖에서 들어오는 모든 출판물과 간행물은 검열의 대상이었다. 남북분단으로 고립된 섬과 같은 한반도의 남쪽은 새로운 사상과 운동의 불모지였다. 군사정권은 반공주의와 군사주의를 국민형성의 기제로 삼고 일상의 삶 속에 그것을 침투시키려 했다. 전 사회를 병영화하는 것. 그것이 군사독재의 목표였다.

이러한 조건 속에서 냉전반공군사주의를 극복할 수 있는 싹이 어떻게 자랄 수 있었을까? 군사독재에 저항한 1960~80년대 민주화운동의 주요 근거지는 대학교와 종교였다. 대학교는 학생운동의 거점이 되었고 교회는 민주화운동에 도덕적, 상징적 자원과 지원을 제공했다. 대학생 집단과 종교집단은 상호의존하면서 성장했다. 1960년대의 학생사회개발단 활동은 그 대표적인 사례였다.

하지만 한국교회가 처음부터 민주화운동에 참여한 것은 아니었다. 오히려 이승만 정권 시기부터 한국교회는 권력에 밀착하여 기득권을 누렸다. 미국의 원조에 기생하고 정권의 비호에 힘입어 교세를 확장했다. 교회는 반공냉전주의의 보루처럼 여겨졌다. 그러나 소수이긴 하지만 이승만 정권 아래서도 기독교의 각성을 촉구하는 목소리는 있었다. 그것이 김재준 목사를 비롯한 소수의 종교인들이었다. 최성묵은 그 가운데 속한 사람이었다. 김재준은 에큐메니칼 정신을 존중하면서 전세계 기독교의 전향적 흐름 속에 함께 호흡하고자 했다. 그리고 에큐메니칼 정신으로 조직된 WCC(세계교회협의회)에 참여했다. 이것은 폐쇄된 한국사회 속에 새로운 기운을 불어넣어 주었다. 제2차

세계대전 이후 서구의 기독교는 자신들이 전쟁과 식민주의를 막아내기보다 오히려 부추기는 역할을 했다는 반성과 더불어 새로운 신학을 모색하기 시작했다. 이런 흐름은 한국교회에도 신선한 자극을 주었다.

한국교회가 집단적으로 각성을 시작한 것은 4월혁명 때부터였다. 그리고 4월혁명의 결과 성립한 제2공화국은 1년을 넘기지 못하고 군사쿠데타로 전복되었다. 이때부터 한국교회의 진보적 기독교 지식인들은 위기감을 느끼면서 냉전반공주의를 넘어서는 새로운 신앙운동을 시작하게 되었다. 그들은 군사정권의 경제개발정책의 추진에 따라 억압과 수탈의 대상이 된 노동자, 농민, 빈민의 문제에도 눈을 돌리고 사회정의의 문제를 고민했다. 그리고 4월혁명 이래 시대의 흐름이 된 세대론에 입각하여 기독학생운동의 조직 정비와 교육에 힘을 쏟기 시작했다. 그 무렵 기독학생운동에는 현영학, 서남동, 오재식, 박형규, 강문규, 박영숙 등 훌륭한 지도자들이 모여 있었다. 그들과 함께 이 운동의 중심에 최성묵이 있었다. 그는 청년들과 함께 호흡하는 탁월한 지도력을 발휘했다. 그 지도력의 원동력은 헌신성이었다. 그는 자신의 모든 것을 쏟아 청년들이 올바른 신앙관과 가치관 갖고 한국사회를 개혁할 수 있는 안목과 능력을 길러주기 위해 힘썼다.

당시 기독학생운동의 조직은 KSCM, YMCA, YWCA의 3갈래로 나뉘어져 있었는데 이를 통합하기 위한 노력이 지속되었다. 이 통합과정에서 제시된 것이 학사단운동이었고 1968년 말 KSCM, YMCA가 통합하여 KSCF(한국기독학생회총연맹)이 발족하였다. 이 사업에 혼신의 힘을 다해 노력했던 최성묵은 그 일 때문에 쌓인 빚까지 결혼 후 처음 마련한 집을 처분하여 갚고 홀연히 부산으로 향했다.

최성묵이 부산으로 거처를 옮긴 것은 그의 인생에서 새로운 결단이었다. 군사정권하에서도 새로운 사상과 운동의 흐름과 세력이 존재하던 서울에 비해 부산은 제2의 도시라지만 너무나 외진 변방과도 같았다. 4월혁명 당시의 뜨거운 열기는 어디로 갔는지 1960년대 말의 부산은 고인 물처럼 정체된 공기가 지배했다. 그래서 최성묵이 부산으로 온 것은 꼭 필요할 때 필요한 사람이 온 것이었다. 하지만 부산 사회는 최성묵에게 쉽게 문을 열지 않았다. 최성묵은 인내하면서 기다렸고 우여곡절을 거쳐 YMCA 총무를 맡게 되었다. 이후 그는 소천할 때까지 부산에 자리 잡고 부산을 사랑했다. 언젠가 한신대 학장을 하던 김정준 박사가 최성묵을 한신대의 구약학 교수로 초빙한 적이 있었다. 그때 중부교회에서 시무하던 최성묵은 부산을 떠날 수 없다고 생각해서 그 초빙을 거절했다. 당시 부산의 민주화운동에서 차지하는 최성묵의 역할을 생각하면 그가 떠난 공백은 너무나 클 수밖에 없었다. 그래서 스스로 편한 교수 자리를 마다하고 묵묵히 고난의 길을 걸어갔다.

1970년대 이후의 부산에서 최성묵은 단지 기독교계의 지도자만이 아닌 재야민주화운동의 지도자였다. 1972년 10월 유신체제가 들어서면서 모든 여건이 어려워졌다. 그는 부산YMCA 총무로서 청년운동을 이끌었고 1977년 이후에는 중부교회 목사로서 중부교회를 부산지역 민주화운동의 소통 공간으로 만들어갔다. 이는 권력 측의 집중적인 견제와 감시를 불러냈다. 그러니 누군가는 그런 일을 말 맡고서 있었고 최성묵은 그 일을 피하지 않았다. 사실 최성묵이 시무하던 시절의 중부교회는 여느 교회처럼 교인들만의 교회가 아니었고, 사택은 가족들의 프라이버시가 보장되는 사적인 공간이 아니었다. 그렇게 그는 자신이 가진 것을 모두 내어놓음으로써 어려운 상황에 있던 모든 사람들에게 비빌 언덕이 되어주었다. 그리고 경제개발과정에서 소외된 노동자들의 문제에 대처하기 위해 1977년 4월 부산도시산업선교회를 결성했다. 위원장은 최성묵이 맡고, 박상도가 총무를 맡아 척박한 부산의 노동계에 노동운동의 씨앗을 심었다. 유신 말기 도시산업선교회는 정권의 집중적인 공격을 받았다. 특히 동일방직, YH사건 등이 발생하면서 정권과 기득권세력의 온갖 음해와 비난에 시달렸다. 그래도 그는 흔들리지 않고 산업선교 활동을 묵묵히 이끌어갔다. 노동문제에 대한 그의 관심은 전두환 정권하에서도 노동선교와 농민선교에 대한 지원으로 이어졌다. 그는 김영수, 유성일 두 목사의 선교활동이 가능하도록 음양으로 후원을 아끼지 않았다. 이러한 활동의 밑바탕에는 1970년대에 새롭게 정립되기 시작한 '민중신학'이 있었다. 민중신학을 정립한 신학자들은 따로 있었지만 이를 적극적으로 받아들여 목회 현장에서 실천했던 성직자가 최성묵이었다.

1979년 10월, 부마항쟁이 일어났다. 최성묵은 이때 위대한 민중의 힘을 보았다. 18년간의 독재에 저항하는 민중들의 투쟁은 상상을 뛰어넘는 역동성을 보여주었다. 박정권은 계엄령을 선포하고 공수부대를 보내 무자비한 진압을 감행했다. 그리고 최성묵 등 부산의 재야운동 지도자들을 체포하여 배후조종 혐의를 조작하려 했다. 최성묵은 이때 배후조종의 수괴로 지목되었다. 이러한 위기 속에서도 그는 의

연하게 버텨냈으며 자신의 안위보다 후배와 청년들의 고통을 더 걱정했다. 이 풍전등화의 위기에서 10·26정변이 터졌다. 유신의 심장이 파열되면서 부마항쟁 배후조종 혐의를 조작하려던 공작도 수포로 돌아갔고 재야운동 지도자들은 석방되었다.

하지만 권력의 공백을 노린 신군부의 쿠데타가 상황을 더 긴박하게 몰아갔다. 12·12쿠데타에 이은 5·17쿠데타가 5·18항쟁을 촉발하고 광주시민의 유혈 위에 새로운 군부정권이 들어섰다. 이때 서울로 피신한 최성묵은 뇌졸중으로 쓰러져 위험천만한 상황에 처하게 되었으나 가까스로 생명을 구할 수 있었다. 1979년에서 1980년에 이르는 짧은 기간에 그는 두 번이나 위험한 고비를 넘겼다. 신군부 정권의 등장과 함께 민주화운동은 엄청난 고난을 겪게 되었다. 온갖 반동적 탄압이 집중되었다. 그 가운데 1981년 부림사건과 1982년 부산미문화원 방화사건이 터졌다. 이 시기는 최성묵에게도 민주화운동 전체에도 시련의 시간이었다. 최성묵은 1985년에 결성된 부산민주시민협의회 등 여러 활동을 이끌어가면서 군부독재에 맞섰다. 그리고 마침내 6월항쟁을 맞아 부산 국본의 상임대표를 맡아 항쟁의 사령탑으로서 그 역할을 다했다. 6월항쟁에서 최성묵은 그의 생애에서 가장 빛나는 삶을 살았다. 그는 노무현 상임집행위원장과 함께 항쟁의 현장에서 온 몸을 던져 싸웠고 투사의 모범을 유감없이 보여주었다. 비록 1987년 대통령 선거에서 양 김 씨의 단일화가 실패함으로써 정권교체는 실패했지만 그로서는 최선을 다한 싸움이었다.

그에게 닥쳐온 마지막 도전은 3당합당이라는 사태였다. 정치인들의 거듭된 배신으로 지역주의의 고착화라는 끔찍한 시나리오가 현실화된 상황에서 그에 저항하기 위한 최후의 선택으로서 김대중이 이끄는 야당으로의 입당을 감행하게 되었다. 이 선택에 대해 주변의 대부분 사람들은 그의 입당을 만류했다. 하지만 그는 십자가를 지는 심정으로 자신에게 쏟아지는 비난 혹은 오해를 감수하며 입당했다. 그는 민선 부산시장을 한번 하고 싶다는 소망은 갖고 있었지만 직업 정치인이 되고 싶은 마음은 없었다. 그는 신민주연합당의 부총재로 입당했지만 얼마 지나지 않아서 정당 활동에 환멸을 느끼고 1992년 봄의 총선거만 끝나면 사직하려는 마음을 굳히고 있던 중 소천했다.

최성묵, 그는 평생에 걸쳐 자신의 모든 것을 바쳐 민중과 민주주의를 위해 헌신했다. 분단된 사회, 냉전반공주의가 지배하던 시대에 그는 반독재 민주화운동의 한 축으로서 민중신학을 실천하는 교회를 이끌었고, 노동의 문제에 깊은 관심을 갖고 산업선교를 실천했다. 청년, 학생들을 올바른 신앙과 가치관을 갖고 살 수 있도록 지도했다. 그럼으로써 사회 속에 민중, 민주, 자주, 통일의 가치를 확산시켜 나갔다. 그는 자기 시대의 모순에 대해 비켜서지 않고 온몸으로 그에 맞서 싸웠다. 하지만 그렇게 살면서 때때로 고독감을 느꼈던 것 같다. 막강한 독재권력이 지배하던 시절, 저항하는 지도자들은 항상 소수였다. 특히 열악한 부산의 상황에서 저항에 따르는 모든 부담이 몇 사람의 어깨 위에 지워졌다. 하지만 그는 그런 힘겨움을 내색할 수 없었다. 함께하는 동료나 후배, 청년들에게 그는 늘 넉넉한 선배였고 스승이었다. 그러나 인간인 이상 함께 나눌 수 없는 힘든 시간들, 고통스런 시간들이 얼마나 많았겠는가? 그런 탓이었을까? 그와 함께했던 이들은 최성묵이 가끔씩 보였던 허허로운 웃음이 무척 쓸쓸해 보였다. 그를 기억하는 사람들은 그 웃음 속에는 어딘지 모르게 선지자의 외로움 같은 것이 묻어 있었다고 회상한다.

물론 최성묵이 재야운동의 지도자로 활동할 수 있었던 데는 많은 사람들의 지원이 있었다. 먼저 중부교회의 장로, 신도들의 속 깊은 이해가 있었기에 그의 활동이 가능했던 점을 잊어서는 안 된다. 박순금, 조성항, 조문길 장로를 비롯한 많은 분들이 마음을 모아 지지해주었고 교인들 또한 당국의 압력에 따른 불편을 감수하면서도 불평하지 않았다. 그런 바탕이 있었기에 17년간이나 수많은 사건과 곡절을 겪으면서도 최성묵은 중부교회를 거점으로 민주화운동에 매진할 수 있었다.

또 다른 지원은 그의 가족들의 지지였다. 사실 가장으로서 그는 때로 무책임하게 비칠 만큼 가계에 대한 고민이 없었던 것 같다. 그는 평소에 최희준의 '하숙생'이란 노래의 가사처럼 "인생이란 빈 손으로 왔다가 빈 손으로 가는 나그네 길"이라는 지론을 갖고 있었다. 자신의 소유에 집착하고 경제적인 계산을 하는 일은 그와는 거리가 멀었다. 그랬기 때문에 어려운 살림은 김순이의 헌신적인 내조가 있었기 때문에 그나마 꾸려갈 수 있었다. 그는 자녀들에게도 직접적으로 훈계를 하거나 무슨 가르침을 주려고 한 적이 없었다. 그렇지만 장녀 최혜림은 그가 실천을 통해 어떻게 살아가야 하는지를 보여주었다고 기억한다.

최성묵이 지금까지 살았다면 오늘 이 시대를 그는 어떻게 보았을까?

3당합당으로 고착화된 지역주의가 여전히 기승을 부리는 오늘의 현실을 보고 통탄하지 않을까? 정의가 실종되고 특권과 차별이 제도화된 오늘의 현실을 슬퍼하지 않을까? 1990년대 초보다 더 후퇴한 민중들의 삶에 가슴 아파하지 않을까?

최성묵, 스스로 가진 것을 내어놓고 모든 이들의 비빌 언덕이 되어준 사람, 진정한 어른이 그리운 시대에 다시 불러보고 싶은 이름이다.

故 최성묵 목사 연보

1930년 11월 11일 경북 영일군 흥해면 중성동에서 출생

1944년 일제의 탄압을 피해 산촌에서 부친과 은거 생활

1945년 의창공립초등학교 졸업 및 포항중학교 입학

1950년 8월 빨치산에 의해 총상을 입었으나 구사일생으로 생환

1951년 7월 포항중학교(6년제) 졸업

1951년 4월 서울대학교 문리대 수학과 입학

1954년 12월 3일 김순이와 결혼

1954-5년 흥해중학교, 포항고등학교 교사 역임

1956년 4월 한국신학대학 2학년 편입학

1959년 3월 한국신학대학 졸업

1959년 충북 제천제일교회에서 전도사로 봉직

1960년 KSCM(대한기독학생회전국연합회) 대학부 간사

1964년 KSCC(한국학생기독교운동협의회) 총무

1964년 연세대학교 연합신학대학원 입학

1968년 연세대학교 연합신학대학원 졸업(신학석사 취득)

1968년 부산 이주

1970년 부산 미문화원 학생 담당 간사

1972년 4월 부산 YMCA 총무 취임

1975년 8월 부산 YMCA 총무 사임

1976년 1월 중부교회 전도사 취임

1977년 4월 3일 중부교회 담임 목사 취임

1979년 10월 부마항쟁 배후 혐의로 연행 조사 중 10 · 26 정변으로
석방

1980년 5월 5 · 17계엄 확대로 서울 피신 중 뇌졸중으로 쓰러짐

1985년 2월 한울장애인자활센터 설립

1985년 5월 부산민주시민협의회 발기인 참여

1987년 부산민주시민협의회 회장 취임

1987년 5월 호헌반대 민주헌법쟁취 범국민운동 본부 상임공동대표
로 취임

1990년 2월 민자당 장기집권음모 저지 및 민중생존권 쟁취 부산시민
운동본부 참여

1990년 7월 한울장애어린이집 개원

1991년 신민주연합당 최고위원 취임

1992년 3월 22일 부산 중부교회 부근 부평동 거리에서 과로로 쓰러져
소천

참 고 문 헌

강주화, 2010,『박상증과 에큐메니컬 운동』, 서울: 삼인

고호석, 2007,「부산지역의 6월항쟁」, (사)6월민주항쟁계승사업회 편, 『6월항쟁을 기록하다』, 서울: (사)6월민주항쟁계승사업회, 민주화운동기념사업회

김현장, 1994,『빈체시오, 살아서 증언하라』, 서울: (주)사회평론

문재인, 2011,『문재인의 운명』, 서울: 가교출판

민주주의사회연구소 편, 2012,「부산카톨릭센터 농성과 학생운동」(6월항쟁 학술자료집)

민주주의사회연구소 편, 2011,『양서협동조합운동』, (사)부산민주항쟁기념사업회

민주주의사회연구소 편, 2013,「87년 6월민주항쟁과 종교계의 역할」 (6월항쟁 학술자료집)

부마민주항쟁기념사업회, 1989,『부마민주항쟁10주년기념자료집』, 부산: 건양기획

부산민주운동사편찬위원회, 1998,『부산민주운동사』, 부산: 부산광역시

신홍범 정리, 2010,『박형규 회고록 - 나의 믿음은 길 위에 있다』, 서울: 창비

오재식, 2012,『나에게 꽃으로 다가오는 현장』, 서울: 대한기독교서회

전국민족민주유가족협의회 외 편, 1997,『살아서 만나리라』, 서울: 전

국민족민주열사희생자추모(기념)단체연대회의

조갑제, 1987,『유고 I, II』, 서울: 한길사

최성묵 목사 10주기 추모사업준비위원회, 2002,『그의 부활을 기다리며』, 부산: 인쇄골

한국기독교장로회중부교회50년사발간위원회, 2007,『중부교회 희년 50년』, 한국기독교장로회 중부교회

한국기독학생회총연맹, 1998,『한국기독학생회총연맹 50년사』, 도서출판 다락원

흥해제일교회100년사편찬위원회, 2006,『흥해제일교회 100년사』, 포항: 흥해제일교회

구 술 자 료

강문규 (전 세계교회협의회 의장, 작고)

강혜순 (당시 흥해제일교회 전도사)

고호석 (당시 인권선교협의회 간사)

김성재 (전 문화관광부 장관)

김순이 (고 최성묵의 사모)

김일석 (당시 부민협 회원)

김창룡 (당시 부민협 회원)

김형기 (당시 중부교회 집사, 현 경주 팔복교회 목사)

김희욱 (당시 부산양서협동조합 전무)

박광선 (전 산정현교회 목사)

박상도 (전 부산YMCA 이사장)

박종렬 (목사, 생명평화기독연대 대표)

박철수 (당시 부산양서협동조합 조합원)

박형규 (전 제일교회 목사)

송병곤 (부림사건 관련자)

안재웅 (현 한국YMCA 이사장, 목사)

오재식 (전 월드비전 회장, 작고)

유성일 (현 갈리리교회 목사)

이숙희 (전 중부교회 집사)

이직형 (전 한국기독학생회총연맹 총무)

임실근 (전 한국슈퍼마켓협동조합연합회 전무)

전점석 (전 진주 YMCA 사무총장)

정외영 (전 중부교회 신도)

조태원 (당시 중부교회 청년회원)

차선각 (전 고려대 안산병원 원목실장, 목사)

최혜림 (고 최성묵 목사의 장녀)

허진수 (당시 중부교회 청년회원)

홍점자 (전 한국교회사회선교협의회 간사)

문 서 자 료

최성묵의 포항중학교 학적부, 졸업증명서

최성묵의 서울대학교 재적증명서

최성묵의 한신대학교 졸업증명서

최성묵의 연세대학교 학위수여증명서

최성묵의 제적등본

김운조(흥해제일교회 장로)의 서신

*본 평전은 최성묵 목사 20주기 추모준비위원회의 후원에 의하여 발간되었습니다. 그동안 평전 발간을 위해 지원과 수고를 아끼지 않으신 모든 분들께 감사드립니다.

최성묵 목사 20주기 추모준비위원회

고정숙, 고호석, 김광수, 김광호, 김길구, 김동수, 김성재, 김재규, 김재천, 김하원, 김해몽, 김형기, 김희욱, 박상도, 박영관, 박찬성, 송기인, 여창호, 오동석, 오홍숙, 유성일, 윤미애, 윤정애, 이광호, 이영우, 이장진, 이태성, 이홍만, 임실근, 정외영, 조성삼, 조태원, 차선각, 차성환, 최광섭, 최동섭, 최준영, 최철원, 최혜림, 허진수, 부산중부교회, 부산YMCA, 부산민주항쟁기념사업회, 부산NCC, 민주화운동기념사업회

최성묵 평전

초판 1쇄 발행 2014년 3월 21일

지은이 차성환
펴낸이 강수걸
편집주간 전성욱
편집 양아름 권경옥 손수경 윤은미
펴낸곳 산지니
등록 2005년 2월 7일 제14-49호
주소 부산광역시 연제구 법원남로15번길 26 위너스빌딩 203호
전화 051-504-7070 | 팩스 051-507-7543
홈페이지 www.sanzinibook.com
전자우편 sanzini@sanzinibook.com
블로그 http://sanzinibook.tistory.com

ISBN 978-89-6545-243-0 03990

* 책값은 뒤표지에 있습니다.
* 이 도서의 국립중앙도서관 출판시도서목록(CIP)은 e-CIP 홈페이지
(http://www.nl.go.kr/ecip)에서 이용하실 수 있습니다.
(CIP 제어번호: CIP 2014008297)